Luise Rinser
Isang Yun

Der verwundete Drache

Dialog über Leben und Werk
des Komponisten

S. Fischer

© S. Fischer Verlag GmbH 1977
Umschlagentwurf unter Benutzung einer Photographie eines
Freskos in nordkoreanischem Königsgrab:
Roswitha + Eberhard Marhold
Satz und Druck Georg Wagner, Nördlingen
Einband G. Lachenmaier, Reutlingen
Printed in Germany 1977
ISBN 3 10 066020 x

Inhalt

Gottes ist der Orient!
Gottes ist der Okzident!
Nord- und südliches Gelände
Ruht im Frieden seiner Hände.

Goethe, ›West-östlicher Divan‹.

Vorwort

Man sagt mir, es sei nötig, diesem Buch ein Vorwort zu geben, in dem ich sein Entstehen erkläre; denn diese Entstehungsgeschichte sei selbst schon ein Kapitel des Buches. Nun gut. Ich will antworten auf die Frage, die gewiß gestellt werden wird: Wie kommt eine deutsche Schriftstellerin dazu, die Biographie eines koreanischen Komponisten zu schreiben, und kann sie das überhaupt, ohne Koreanerin und Musikerin oder Musikwissenschaftlerin zu sein? Und warum wählt sie so ein fernab liegendes Sujet?

Es war nicht ich, die es wählte, es wählte mich. Isang Yun und ich sind Freunde. Wir lernten uns als Mitglieder der Berliner Akademie der Künste kennen. Unsere Freundschaft ruht auf vier Pfeilern, vier Gemeinsamkeiten: der Philosophie des Tao, der modernen Musik, der Erfahrung politischer Verfolgung und Gefangenschaft unter einer Diktatur und der Arbeit für die Wiederherstellung der Demokratie in Südkorea. Eines Tages schlug mir Isang Yun vor, die Geschichte seiner Entführung durch den Koreanischen Geheimdienst (KCIA) aus der Bundesrepublik nach Südkorea aufzuschreiben. Es sollte ein rein politisches Buch werden. Jedoch: Isang Yuns politisches Leben ist seit seiner Jugend so eng mit seinem künstlerischen verbunden, daß man nicht vom einen reden kann, ohne das andre zu berichten.

Ich fand zunächst, die eindrucksvollste Form des Berichts sei die Autobiographie. Aber: abgesehen vom Problem der sprachlichen Gestaltung, die für ihn trotz seiner erstaunlichen Beherrschung des Deutschen zu mühsam wäre, kann er, so

9

sagt er, nur dann von sich sprechen, wenn er einen Zuhörer leibhaftig vor sich habe, und könne er von vielem nur berichten, wenn dieser Zuhörer ähnliche Erfahrungen habe und zudem auch fähig sei, die Pausen in der Musik als Musik zu erkennen. Dieser Zuhörer also war ich. Wir nahmen unser Gespräch, das mehrere Wochen dauerte, auf Band. Zusätzliches, beiläufig sonst Erwähntes stenographierte ich mit. Ich stellte Fragen, Isang Yun antwortete. So bot sich uns für das Buch die literarische Form des Dialogs ganz selbstverständlich an.

Um fragen zu können, muß man wissen. Was wußte ich, um richtige Fragen stellen zu können? Soweit es um fernöstliche Philosophie und Religion, um aktuelle Fernost-Politik und koreanische Kultur geht, besitze ich ein gerade ausreichendes Wissen. Da ich zudem in Südkorea war, habe ich den Geist der Landschaft in mich aufgenommen. Der Umgang mit Koreanern in Deutschland, vor allem mit Isang Yun, erschloß mir nach und nach die koreanische Art, zu denken und zu fühlen.

Aber: Isang Yun ist Komponist, und zwar ein moderner. Wer über einen Musiker schreibt, muß etwas von seiner Musik und von Musik überhaupt verstehen. Was kann die Autorin anführen zur Legitimierung ihres Unterfangens, als Nichtmusikerin über Musik zu reden?

Ich sehe mich zu einer Apologie gedrängt, obgleich die Approbation des Buches durch Isang Yun selbst eine solche Apologie eigentlich überflüssig macht. »Du hast verstanden«, sagte er. Ich will aber noch einiges anfügen: Musik und Musiker gehören zu meinem Schicksal. Mein Vater war im Nebenberuf Organist. Ich hatte jahrelang Geigenunterricht. Während meiner Schul- und Studienzeit gab ich mein gesamtes Taschengeld aus für Oper und Konzerte. Meine beiden Ehemänner waren Musiker: mein erster Mann, Horst Günther Schnell, Schüler von Paul Hindemith, Opernkapellmeister in Braunschweig und Rostock, 1943 als Antifaschist gefallen in einer Strafkompanie, war mir ein guter Lehrer für

Musiktheoretisches, bei ihm lernte ich Partiturlesen. Mein zweiter Ehemann war Carl Orff. Teilnehmend am Entstehen einiger seiner bedeutenden Arbeiten, vor allem am ›Oedipus‹, bei Proben und Schallplattenaufnahmen, bei Besprechungen mit Dirigenten, Regisseuren, Bühnenbildnern, Sängern, lernte ich viel über Operndramaturgie.

In den Jahren nach dem Zweiten Weltkrieg gab es in München die ›Musica Viva‹-Konzerte von Karl Amadeus Hartmann. Ich versäumte wenige und lernte nach und nach alles Neue und Neueste kennen, von Bartók und Strawinsky bis zur Wiener Schule und zur Elektronenmusik. So wuchs ich mühelos in die moderne Musik hinein. Das Hören der atonalen Musik Isang Yuns bot keine Schwierigkeit für mich, und auch der den westlichen Ohren unvertraute fernöstliche Klang war mir eher vertraut als fremd. So ging ich denn, was das Musikalische anbetrifft, wie eine Schlafwandlerin an mein Unternehmen, über diese Musik zu schreiben. Die Schwierigkeiten, die sich bei der Arbeit ergaben, waren andrer Art. Isang Yun, der sich das Buch gewünscht hatte, scheute plötzlich davor zurück, über sich zu sprechen. »Ich bin doch nicht wichtig«, sagte er, und er meint, was er sagt. Diese Haltung »Bescheidenheit« zu nennen, ist falsch. Isang Yun weiß schon, wer er ist und was er kann (auch was er nicht kann). Aber er weiß, als wisse er nicht. Das ist taoistisch. Sein Lebensgefühl ist anders als das westliche. Er pocht nicht wie wir auf das Ich-Sein, auf die Individualität, auf die unverwechselbare Persönlichkeit und ihre Dauer, er pocht nicht einmal auf die Dauer seiner Musik. Sich selbst darstellen, das bedeutet ihm ein Heraustreten aus der großen Harmonie. Nichtreden ist besser als Reden.

Koreaner sind zwar sehr kommunikativ, wahren aber größte Distanz im Privaten. »Ich kann doch nicht meine nackte Haut öffentlich zeigen«, sagt Isang Yun. Diese Schamhaftigkeit gehört zum ostasiatischen Stilbewußtsein, das ästhetischer wie ethischer wie religiöser Natur ist. Für uns im Westen, die wir an die Mode des süchtigen Sich-nackt-Präsentierens in der

Kunst und in der Nicht-Kunst der gängigen Memoiren gewöhnt sind, ist diese Keuschheit, die nichts zu tun hat mit
Puritanismus und Verdrängung, etwas Sonderbares. Ich finde
sie schön. Bei Koreanern kommt dazu die Scheu, über sich
sprechend, ihre starken Gefühle zu zeigen. Es bedeutet, »sein
Gesicht verlieren«.
Sosehr also der europäisch gewordene Isang Yun diese Biographie wünschte, so stark sträubte sich der Ostasiate in ihm
dagegen. In den Wochen unsrer Zusammenarbeit war es
meine tägliche Morgenmühe, ihn sanft, aber bestimmt zum
Weiterreden zu bringen, wenn er auf seine schwermütig-ge-
lassene Art störrisch wurde. Wer je mit Ostasiaten zu tun
hatte, der weiß, wie schwierig es ist, gegen sie anzukommen,
wenn sie sich mit ihrer uralten Weisheit und Passivität gegen
die westlich-intellektuell drängende Aktivität still und mäch-
tig sperren.
Das einzige Argument, mit dem ich Isang Yun jeweils zum
Weiterreden locken konnte, war ein politisch-humanes: es sei
ja doch nicht unsre vordringliche Absicht, über den Komponisten Isang Yun zu schreiben, sondern über einen Künstler, der
in einer Diktatur seiner Freiheit beraubt wurde und der mit
diesem Schicksal einer von vielen ist, ein Modellfall, ein
Zeuge, ein Mahner.
Eine andre Schwierigkeit ergab sich aus dem Umstand, daß
wir im politischen Teil Personen des öffentlichen Lebens in
Korea und in der Bundesrepublik belasten mußten. Isang Yun
wollte aber nicht, daß Menschen aus der Regierung seines
Gastlandes kritisiert würden, und er wollte nicht, daß der
Eindruck entstünde, er identifiziere die aktuelle Regierung
Südkoreas und den KCIA (dem freilich viele Südkoreaner
angehören) mit dem südkoreanischen Volk, das er liebt und
dem er sich ganz und gar zugehörig fühlt. Diese Rücksichten
gerieten oft in Konflikt mit seiner Ehrlichkeit und Genauig-
keit und meiner Verpflichtung zu sauberer Berichterstattung
nach vorhandenen Dokumenten. Bisweilen halfen wir uns,
indem wir Belastendes und belastete Namen wegließen.

Ich bedauere es auch, daß Isang Yun aus dem fertigen Manuskript einiges gestrichen haben wollte, was ihm als zu privat erschien. So fehlt einiges menschlich Ergreifende, seine tapfere Frau und seine Kinder betreffend. Ich sollte auch alle Stellen streichen, die von seinen Erfolgen berichten. Das war nun schlechterdings unmöglich.

Es gab übrigens auch Schwierigkeiten, die aus mir selbst kamen: obgleich ich, auch nach Isang Yuns Urteil, der fernöstlichen Welt nahe bin, so ist sie doch nicht ganz die meine. Gerade weil ich sie kenne, weiß ich, daß ich sie nicht genau genug kenne. Das zu wissen, brachte mich während der Arbeit in eine tiefe Mutlosigkeit. Je mehr ich zu erklären versuchte, desto deutlicher wurde mir, daß ich das viel Wichtigere, Größere, das Eigentliche nicht sagen konnte, weil es nicht sagbar ist. »Der Sinn, den man ersinnen kann, das ist nicht der Sinn«, sagte Lao Tse über den Taoismus, den ahnungsweise zu verstehen unerläßlich ist für den, der sich mit Isang Yun beschäftigt. Natürlich machte mir auch das Formale dieser Arbeit Schwierigkeit: auf lange Strecken hin war ich zur Arbeit eines Reporters gezwungen, besonders im politischen Teil. Dabei fühlte ich mich wie ein Jagdhund, der nicht von der Leine gelassen wird, um das Wild Sprache zu erjagen. Aber schließlich: es ging um das Phänomen Isang Yun. So unterwarf ich mich mehr oder minder willig den Zwängen, die sich aus der Sache ergaben. Die Sache selbst aber ist ganz und gar auch die meine: es geht um Kunst und um das Menschliche.

I

Kindheit in Korea

I.Y. Wenn in Ostasien eine schwangere Frau von einem Drachen
träumt, so bedeutet das, daß ihr Kind ein besonderes Schicksal haben wird. Meine Mutter träumte vor meiner Geburt von
einem Drachen, aber es war kein vollkommen glücklicher
Traum. Als ich sieben oder acht Jahre alt war, erzählte sie
mir: sie habe einen großen Drachen gesehen, er schwebte in
der Luft über dem Jiri-Berg, der meinem Geburtsort San
Chung Gun gegenüber liegt. Dieser Berg hatte für uns etwas
Mystisches, er war uns heilig. Über diesem Berg also lag der
Drache zwischen den Wolken, er flog, aber er stieg nicht hoch
zum Himmel, er konnte nicht, er war verwundet. Meine
Mutter erschrak über den Traum, denn er sagte ein schweres,
aber bedeutendes Schicksal für mich voraus.

L.R. Wie deutest du selbst den Traum?

I.Y. Du kennst mein Cellokonzert. Erinnere dich an den Oktavensprung gegen den Schluß zu. Dieser Sprung bedeutet das
Bedürfnis und Verlangen nach Freiheit, Reinheit, nach dem
Absoluten. Im Orchester glissiert die Oboe vom Gis zum A,
und dieses A wird von den Trompeten, die für mich in dieser
hohen Lage immer etwas Göttlich-Ermahnendes haben,
übernommen. Es sind zwei Trompeten. Sie blasen abwech-
selnd dieses A. Das Cello will es erreichen, aber es gelingt ihm
nicht. Es kommt mit seinem Glissando einen Viertelton höher
als Gis, aber höher nicht. Es gibt auf. Das unendlich und
unfaßbar Hohe, das Absolute, das A der Trompeten, das
bleibt bis zum Schluß.

L.R. Bis zu diesem überhöhten Gis zu kommen, ist schon sehr viel,

15

meine ich. Freilich: für den, der aufs A zielt, bleibt es ein Lebensschmerz, es nicht zu erreichen. Aber weiß man selber genau, wie hoch man kommt? Und ist nicht die Spannung aufs absolute Trompeten-A hin das, was dich schöpferisch macht?

I.Y. Ich habe dir schon oft gesagt, daß ich nicht weiß, ob ich wirklich zum Musiker, zum Komponisten, geboren bin. Vielleicht hätte ich etwas ganz anderes tun sollen.

L.R. In die Politik gehen?

I.Y. Ich weiß nicht.

L.R. Überzeugt dich dein Erfolg nicht davon, daß es dein Schicksal ist, Komponist zu sein?

I.Y. Erfolg, was ist Erfolg? Ein Schatten, der vorüberzieht. Weißt du, ob auch nur ein einziges meiner Stücke mich überlebt? Aber was würde das ausmachen? Ich arbeite so viel und so gut ich kann, und eines Tages möchte ich aufhören und wieder zurückkehren in meine koreanische Heimat und dort am Meer sitzen, ganz still, und fischen und Musik hören im Geist, ohne sie aufzuschreiben, und mich selber finden in der großen Stille. Und dort will ich auch begraben sein, in der Wärme meiner Heimaterde.

L.R. Erzähl von deiner Heimat und ihrer Wärme! Du bist in der Nähe von Tong Yong geboren, in einem Dorf, in der Nähe der Südküste. Du bist also Südkoreaner von Geburt. Heute hat es eine große politische Bedeutung, ob jemand in Süd- oder in Nordkorea geboren ist. Hatte es damals, am 17. September 1917, auch schon einen politischen Aspekt?

I.Y. Damals war doch Korea noch ungeteilt.

L.R. Aber es gab den Süden Koreas und den Norden. Gab es, wie in Deutschland etwa, ethnische Unterschiede, Unterschiede der Mentalität?

I.Y. Ja, das wohl. Die Nordkoreaner stammen zum Teil aus der Mandschurei. Ein temperamentvolles, kriegerisches, hartes Volk, zäh und unternehmend und organisatorisch begabt. Wir im Süden sind weicher, emotionaler, auch bequemer, wir lieben das Schöne, und wir sind besonders begabt für Dichtung und Musik. Man sagt bei uns: Schöne Frauen aus dem

Norden, schöne Männer aus dem Süden. Auf jeden Fall sind
wir Individualisten und Ästheten.

L.R. Deine Heimat ist schön. Ich kenne die Gegend um Pusan:
Hügel mit Kiefernwäldern, Buchten mit reinem blauem Meer
und Fischerbarken, die felsigen Ufer, die vielen Inselchen, die
milde Luft, ich verstehe dein Heimweh.

I.Y. Ich kam mit drei Jahren nach Tong Yong. Das war schon
damals eine Stadt, sie liegt auf einer Halbinsel, einer Land-
zunge, und sie ist berühmt wegen der Fischerei. Das gehört zu
meinen Erinnerungen: die Fischerboote auf dem Meer, nachts
unter dem klaren Sternhimmel, die Gesänge der Fischer von
Boot zu Boot, und am Morgen in den engen Straßen der Stadt
der Fischmarkt, tausend und tausend silberne Fische, ein
Gewimmel in den Körben, und manchmal sprang ein Fisch
wie ein Silberblitz hoch und aus dem Korb auf die Straße, und
wenn in der Frühe gerade ausgeladen wurde, lagen die Fische
zuerst einfach auf der Erde, und man mußte geradezu durch
Fischfluten waten. Es gab bei uns eine besondere Art von
Kabeljau, der fabelhaft schmeckt. Das Meer ist unendlich
fischreich dort. Jedenfalls war es so in meiner Kindheit.

L.R. Es ist wohl noch so. Dein Vater war kein Fischer. Er war – wir
würden heute sagen: ein Privatgelehrter, nicht wahr?

I.Y. So kann man sagen. Die Familie Yun, genau gesagt, unser
Zweig der Familie, kommt aus China. Yun ist ein chinesischer
Name. Die Yuns sind vor etwa siebenunddreißig Generatio-
nen in Korea eingewandert.

L.R. Ist das Familienlegende, oder beruht es auf geschichtlich
nachweisbaren Daten?

I.Y. Fast jede chinesische und koreanische Familie hat ihr Ahnen-
buch. Für einen Ostasiaten ist es sehr wichtig zu wissen,
welcher Familie er angehört und woher er stammt. In jeder
zweiten oder dritten Generation muß der jeweilige Familien-
vater das Stammbuch seiner Linie ergänzen, es wird in einem
eigenen Schrein aufbewahrt und nur bei großen Familien-
festen vorgezeigt. Wir Yuns kamen wahrscheinlich als Ge-
sandte mit einer kulturellen Funktion nach Korea. Damals

stand Korea unter dem politischen und kulturellen Einfluß
Chinas. Es war keine Kolonie wie in unserm Jahrhundert
unter den Japanern, es war selbständig, hatte aber enge
Beziehungen zu China. Es gab damals das, was man heute den
akademischen Austausch-Dienst nennt. So vielleicht kamen
die ersten Yuns nach Korea. Yun ist ein chinesisches Wort
und bedeutet Haupt, Führer, Anführer.

L.R. Auch dein Vorname ist chinesisch.

I.Y. Eigentlich heiße ich I Sang. Sang heißt Maulbeerbaum. Da
Yun der Führer heißt, bedeutet mein Name, der eigentlich
umgekehrt sein müßte, nämlich Yun I Sang: der Führer auf
dem oder unterm oder beim Maulbeerbaum.

L.R. Und was will das sagen?

I.Y. Mein Vater war ein guter Kenner der chinesischen Geschichte
und Literatur. So kannte er auch die Geschichte von I Yun.
Das war ein bedeutender Philosoph und Politiker der Yin-
Zeit, also vor rund dreitausend Jahren. Damals war ein Teil
Chinas von Kriegen und Naturkatastrophen heimgesucht und
verarmt. Der König, oder besser: der oberste Minister, wußte
nicht, wie es weitergehen würde. Da hörte er sagen, daß
irgendwo auf dem Dorf verborgen ein Weiser wohne, ein
Philosoph mit politischem Interesse, aber nicht aktiv, er lebe
ganz einfach, er schlafe unter einem Maulbeerbaum, da könne
man ihn finden. Zu diesem I Yun schickte der Minister einen
Boten, der ihn zu Hofe bringen sollte. I Yun aber ging nicht
mit. Da schickte der König einen zweiten Boten, aber I Yun
verließ nicht seinen Maulbeerbaum. Da ging der Minister
selbst zu ihm, redete mit ihm und überzeugte ihn von seiner
Aufgabe, das Land zu retten, und da ging er mit. Er wurde
hoher Beamter, und da hatte er einen großen Einfall: er muß
wohl beobachtet haben, daß auf seinem Baum Raupen wohnten, die sich in Kokons einspannen, und daß das Material, mit
dem sie sich einspannen, aus Fäden bestand, die man verwenden konnte. So ließ er im ganzen Land Maulbeerbäume
pflanzen.

L.R. Damit begann die Seidenraupenzucht.

Das alte Schulgebäude in Tong Yong

I.Y. Vielleicht. Ich bin dessen nicht sicher. Mein Vater liebte diese Gestalt sehr, und darum hat er mich nach ihr genannt.

L.R. Die Geschichte ist voller Bedeutung, bist du dir dessen bewußt? I Yun ist gegen seinen eigentlichen Wunsch Politiker geworden. Das Schicksal wiederholt sich: auch du bist gegen deinen Wunsch schon früh in die Politik verwickelt worden.

I.Y. In meiner Familie gab es immer hohe Beamte, Architekten, Marineoffiziere. Du hast das riesige Gebäude in Tong Yong gesehen, in dem ich zur Schule ging. Es wurde vor etwa vierhundert Jahren erbaut. Einer der Architekten war ein Yun, mein Ur-Ur-Urgroßvater. Mein Vater zeigte mir in dem Gebäude eine Tafel, auf der die Namen der beim Bau Beteiligten stehen. Darunter sind viele Yuns. Es gibt eine Geschichte von einem Yun aus dem vorigen Jahrhundert, von meinem Urgroßvater also. Er war Marineoffizier. Damals landete nach Jahrhunderten, in denen Korea hermetisch ab-

geschlossen war gegen das Ausland, das erste europäische
Schiff an unsrer Küste. Es war ein modernes Schiff, so eines
hatten und kannten wir nicht.

L.R. Dabei hattet ihr schon im 16. und 17. Jahrhundert höchst
erstaunlich raffinierte Erfindungen gemacht: eine Art Handgranaten, Feuerklöße genannt, und eine Art Kanonen, aus
denen ihr die, wie ihr sie nanntet, fliegenden Donnergeschos-
se schicktet, und eine Art Panzer, Feuerwagen genannt, und
die Schildkrötenboote, gepanzerte Unterseeboote. Alles zu
eurer Verteidigung, nicht zum Angriff, ihr habt ja keine
Angriffskriege gemacht seit vielen Jahrhunderten, ihr seid nur
viele Male überfallen worden. Aber dann seid ihr in eurer so
avantgardistischen Technik einfach stehengeblieben, und der
Westen hat euch überholt.

I.Y. Als damals das europäische Schiff landete, es war 1866,
konnte das für uns nichts Gutes bedeuten. Darum befahl der
König, das Schiff zu versenken. Tong Yong war Marinestütz-
punkt. Dort wählte man zwei hohe Offiziere aus, einer davon
war mein Urgroßvater, und die beiden nahmen ein paar
Dutzend Marinesoldaten mit, und sie tauchten unter das
Schiff und bohrten es von unten an. Eine tapfere Tat.

L.R. Und dein Großvater? Was tat der?

I.Y. Gar nichts Besonderes. Er besaß Land, nicht sehr viel, aber
genug, um sich davon gut zu ernähren. Er hatte einen Bruder,
der kinderlos war, und er selbst hatte eine Tochter und nur
einen einzigen Sohn, den die beiden Familien schrecklich
verwöhnten, das war mein Vater. Er wollte zuerst Medizin
studieren, das war bei uns damals Naturheilkunde; aber dann
gab er das auf und tat nichts mehr als lesen. Er las chinesische
Literatur, und er dichtete selbst. Nebenbei hatte er ein bißchen Land, das heißt, zuerst war es mehr, aber er mußte Stück
um Stück verkaufen. Er hatte auch einen kleinen Fischereibe-
trieb, aber er kümmerte sich nicht darum, und als dann einmal
der Kabeljau nicht kam, hatte er große Verluste, und er
mußte wieder Land verkaufen. Da wußte er nicht mehr, wie
er seine Familie ernähren sollte. Bei uns in Korea ist es so,

daß ein Yangban kein Kaufmann sein sollte, das war ein niedriger Beruf.

L.R. Was ist ein Yangban?

I.Y. Ein Gelehrter aus einer Familie mit Gelehrtentradition. Ein Yangban bleibt ein vornehmer Herr auch dann noch, wenn er ganz verarmt ist. Ganz verarmt war mein Vater nicht, doch mußte er etwas arbeiten, und es war einem Yangban erlaubt, ein Handwerk auszuüben. Mein Vater hatte dann eine kleine Möbelschreinerei, mit sieben oder acht Leuten. Sie machten kleine verzierte Tische. Ich war viel in der Werkstatt. Der Vater aber lag lieber in seinem Zimmer und las und schrieb Gedichte. Er war sogar ein angesehener Dichter. Damals konnten alle Gelehrten dichten. Sie schrieben im Stil der Tang-Dichtung, also wie Li Tai Po. Sie schrieben natürlich in chinesischer Schrift. Mein Vater war Mittelpunkt eines Dichterkreises. Wohin er kam – er war Mittelpunkt. Es gab damals oft Dichtertreffen, dabei wurden die Gedichte vorgelesen und kritisiert, und es wurde Wein getrunken, und dann kamen auch Kisaengs, das waren, du weißt, nicht einfach Prostituierte, sondern Mädchen, die singen konnten und ein Instrument spielen und auch selber dichten. Natürlich waren sie auch für den Eros da.

L.R. Sind Gedichte deines Vaters erhalten?

I.Y. Nein, darauf hat er keinen Wert gelegt. Es war auch nicht üblich, daß Gelehrte ihre Gedichte veröffentlichten, sie hatten in dieser Hinsicht keinen Ehrgeiz. Es genügte ihnen, sich wechselseitig die Gedichte vorzulesen. Ich habe oft im Zimmer meines Vaters solche Gedichtblätter liegen sehen, und es kümmerte meinen Vater nicht, wenn meine Mutter solche Blätter nahm, um mit ihnen Feuer zu machen. Übrigens dichtete mein Vater nicht nur, er machte auch kalligraphische Holzschnitte. Seine Bilder hingen damals in vielen Tempeln.

L.R. Du warst der älteste Sohn, nicht wahr?

I.Y. Der älteste Sohn aus meines Vaters zweiter Ehe. Aus der ersten stammen zwei Töchter, aus der zweiten drei Mädchen, ich und mein jüngerer Bruder. Ihn hat mein Vater sehr geliebt.

L.R. Dich nicht?

I.Y. Nein, mich nicht. Meine Mutter sagte einmal, es komme
daher, daß wir uns zu ähnlich seien. Ich habe aber doch
schöne Erinnerungen an meinen Vater. Er nahm mich oft
nachts mit aufs Meer zum Fischen. Wir saßen dann schweigend im Boot und horchten auf das Springen der Fische und
auf den Gesang der anderen Fischer, die sich von Boot zu
Boot zusangen, schwermütige Lieder, den sogenannten »Süd-
gesang«, das Wasser trug die Töne weit, das Meer war wie ein
Resonanzboden, und der Himmel war voller Sterne. Aber ich
hatte auch ohne meinen Vater meine Erlebnisse am Meer. Es
war mir verboten, nachts allein zum Fischen zu gehen. Ich
ging doch. Heimlich. Fünf Kilometer weit mußte ich laufen,
bis ich zum richtigen Platz kam: zu einem Felsenriff, das etwa
fünfzehn Meter steil zum Meer abfiel. Ich war nicht sportlich,
aber ich kletterte mutig die gefährlichen Klippen hinunter, in
einer Hand die Bambusangel, auf dem Rücken den Fischkorb.
Es ging mir nicht darum, Fische zu fangen, es ging mir ums
Dasitzen, allein unter dem Sternenhimmel, von dem im Sommer unzählige Sternschnuppen fielen. Diese menschenleere
Nachtwelt hatte eine magische Anziehung für mich. Auf dem
Weg zum Riff und beim Klettern hatte ich schreckliche Angst,
aber dann, wenn ich dort saß, war ich angstlos und vollkommen glücklich. Das Meer hatte noch andere Freuden für mich,
zum Beispiel den Krabbenfang. Bei Ebbe liefen wir Kinder an
den Strand. An bestimmten Zeichen im Sand erkannten wir,
wo ein Krabbenloch war. Wir wischten den Sand weg und
steckten ein kleines Stück Bohnenpastete ins Loch. Ich weiß
nicht, wozu: ob die Krabben das gerne fraßen oder ob es sie
im Gegenteil reizte und aus dem Loch trieb. Jedenfalls kam
dann bald eine Krabbe heraus. War es eine männliche, ließen
wir sie ins Loch zurückkriechen. Der weiblichen, die man
daran erkennt, daß ihr hinteres Ende viel weicher ist, banden
wir eine Schnur um dieses Ende, ehe wir sie ins Loch kriechen
ließen. Nach kurzer Zeit zogen wir sie an der Schnur wieder
heraus, und wir konnten sicher sein, daß ihr eine zweite sofort

nachfolgte. Warum das so ist, das weiß ich nicht. Aber auf solche Weise haben wir immer statt einer Krabbe deren zwei gefangen.

L.R. Hast du an deinen Vater noch andere Erinnerungen außer jener an den nächtlichen Fischfang?

I.Y. Ja, ich erinnere mich daran, wie er Zeremonien leitete, etwa zum Jahrestag eines verstorbenen Verwandten, eines unsrer Ahnen. An solchen Tagen stand er früh auf und badete und konzentrierte sich dabei, während in der Küche von den Frauen die rituellen Speisen bereitet wurden. Am Abend saßen wir alle schön gekleidet bei Kerzenlicht am Tisch und aßen. Wir, das waren natürlich nur die männlichen Mitglieder der Familie.

L.R. »Natürlich«, sagst du. Du meinst, »natürlich« im Sinne eurer Tradition, nach der Frauen an Zeremonien nicht teilnehmen und auch sonst nicht mit zu Tische sitzen. So ist es heute noch.

I.Y. Wir sind ein Volk der langen, der uralten Traditionen. Zu unsrer Tradition gehört, daß man bei einer solchen Feier den Ahnenschrein öffnet und daß alle Mitglieder der Familie vor ihm die vorgeschriebenen Verbeugungen machen. Es werden dabei auch alte heilige Texte vorgelesen, Huldigungen an die Toten. Mein Vater las sie sehr schön vor. Wenn der Verstorbene erst ein oder zwei oder drei Jahre tot ist, dann gehen alle an sein Grab. Später feiert man nur zu Hause. Dazu kommen viele Verwandte. Es gibt da einen alten Glauben: man serviert das Essen in Bronzeschüsseln, und wenn alle Gäste bei der Zeremonie ganz konzentriert sind, hört man einen ganz leisen Klang von den Bronzeschüsseln: es sind die Toten, die als erste essen. Ich habe mir immer viel Mühe gegeben, so konzentriert zu sein, daß ich den Klang hören könnte, und ich glaubte auch, ihn zu hören. An solchen Tagen und in dieser feierlichen und geheimnisvollen Atmosphäre war mein Vater der großartige Mittelpunkt. In solchen Stunden mochte ich ihn gern.

L.R. Da entsprach er deinem Bild von einer echten Vater-Figur. Und wie ist es mit der Mutter-Figur?

I.Y. Meine Mutter, ach, die hatte es nicht gut. Sie war die zweite
Frau meines Vaters. Aber sie war nicht ebenbürtig, sie war
keine Yangban-Frau, sie kam aus einer einfachen Bauernfa-
milie. Die Yangbans sind sehr klassenbewußt. Meine Mutter
wurde nicht gut aufgenommen in dieser stolzen Familie, und
sie litt. Alles war ihr fremd: die Familie, die Stadt, die Sitten,
und sie war immer traurig, und eines Tages hielt sie es nicht
mehr aus, und sie ging fort mit mir. Das erzählte sie mir viel
viel später. Ich war eineinhalb Jahre alt, ich bekam noch
Muttermilch, als sie fortging mit mir, ohne Geld, ganz heimlich. Manchmal wurde sie von Bauernwagen mitgenommen,
dann aber lief sie wieder zu Fuß, sie wollte heim zu ihren
Eltern. Unterwegs kam sie an einen Fluß, da war die Brücke
weggerissen von einer Überschwemmung, die Reisfelder standen tief unter Wasser. Da watete meine Mutter mit mir auf
dem Rücken durch die Flut. Aber in der Mitte riß der Fluß sie
mit, und mich löste er von ihrem Rücken. Sie schrie um Hilfe,
und ein Bauer rettete sie und mich.

L.R. Ich habe gehört in Korea, daß eine Frau, die ihrem Mann
wegläuft, von ihrer eigenen Familie nicht aufgenommen wird.

I.Y. Ja, das ist meistens so gewesen. Aber irgendwohin mußte
meine Mutter ja schließlich. Sie ist dann doch zu ihrer Familie
gegangen. Eines Tages kam mein Vater und bat sie zurückzukehren, und sie ging mit ihm.

L.R. Du hast gesagt, zu deinen schönsten Erinnerungen gehörten
die an die nächtlich singenden Fischer. Hast du andere Klang-
Erinnerungen?

I.Y. Ja. Sie hängen zusammen mit den Reisfeldern, die an unser
Haus am Stadtrand grenzten. Wenn die Felder im Frühling
unter Wasser standen, gab es dort unzählige Frösche. Die
Nächte waren voll von ihrem Geschrei. Für mich war es kein
Geschrei, es waren vielstimmige Chöre, fast kunstvoll komponiert: eine Stimme begann, eine andere fiel ein, eine dritte,
und plötzlich setzte der Chor ein mit hohen und mittleren und
tiefen Stimmen, und ebenso plötzlich verstummten alle, eine
Pause folgte, und dann begann wieder eine Solostimme, eine

andere setzte ein, und wieder der Chor, und so ging es die Nacht hindurch. Tagsüber sangen auf den Reisfeldern die Frauen. Sie sangen alte Volkslieder. Auch meine Mutter sang mit, sie hatte eine schöne Stimme.

L.R. Und dein Vater, der Dichter, konnte er ein Instrument spielen?

I.Y. Nein, er hat nicht einmal gesungen. Aber ich selbst habe gesungen. Ich hatte eine schöne, klare und kräftige Singstimme. Meine Mutter sagte, das komme daher, daß ich als Kind so viel geweint habe. Ich war bekannt als Wein-Kind. Ich war nicht krank, nur sehr sensibel.

L.R. Nun, es gibt einige Erklärungen für dein vieles Weinen, meinst du nicht? Bist du nicht beinahe ertrunken im Fluß, losgerissen vom Rücken deiner Mutter? Meinst du, das sei kein Schock gewesen für dich? Meinst du, davon bleibt kein Trauma im Unbewußten? Deine Angst stammt nicht aus der Gefängniszeit, die ist viel älter, die ist ungefähr so alt wie du! Und meinst du, die Traurigkeit deiner Mutter, ihr Leiden unter der Yangban-Familie, habe dich nicht beeindruckt? Und dein Gefühl, vom Vater nicht geliebt zu sein? Und vielleicht warst du überhaupt nicht gern auf dieser Erde. Ein verwundeter Drache hat es schwer.

I.Y. Du hast recht: der Drache lebt nicht sehr gern oder jedenfalls nicht leicht.

L.R. Hattest du eigentlich musikalische Anregungen außerhalb des Hauses? Was war mit den Wandertruppen, die Opern aufführten?

I.Y. Ja, das war etwas Faszinierendes. Diese Wandertheater stammen aus der alten höfischen Tradition. Bis zum Ende des koreanischen Kaiserreichs zu Anfang dieses Jahrhunderts waren die Sänger und Musiker angesehene Leute bei Hofe. Aber dann wurden sie entlassen und mußten sehen, wie sie ihr Brot verdienten. So schlossen sie sich zu Truppen zusammen und zogen von Ort zu Ort. Es war immer ein großes Ereignis, wenn sie in einen Ort kamen. Sie bauten ein Zelt auf und eine Bühne, ganz primitiv. Die Aufführungen waren abends und

25

nachts. Es brannten Öllichter und Fackeln. Das Publikum
stand oder saß stundenlang geduldig und begeistert da. Die
Truppen führten meist Ausschnitte aus alten Opern auf, so
wie ›Sim Tjong‹, das ist der Stoff meiner Münchner Oper zu
den Olympischen Spielen 1972. Weil unsere Stadt groß war,
kamen zu uns berühmte Truppen. Aber sie waren alle arm.
Man bezahlte keine festen Preise, man gab ihnen Geld, soviel
oder sowenig man eben geben wollte. Wenn sie Pech hatten
und es kam gerade Regenzeit, konnten sie nicht spielen und
mußten in irgendeinem billigen schlechten Quartier bleiben.
Sie mußten oft ihre Frauen als Pfand dalassen, um Geld für
Essen und Zimmer zu bekommen. Aber so arm sie waren, sie
spielten fabelhaft. Einmal, als sie in Tong Yong gewesen
waren, lief ich als kleines Kind ihnen einfach nach bis in den
nächsten Ort, und da saß ich wieder vor der Bühne und hörte
zu. Meine Eltern waren sehr in Sorge, und schließlich fanden
sie mich weit weg von zu Hause bei den Sängern.

L.R. Hatten diese Truppen ein Orchester?

I.Y. Richtiges Orchester habe ich erst anderswo gehört, nämlich
bei einem reichen Verwandten meiner Mutter. Der war aus
der Mandschurei gekommen und hatte Geld gemacht und gab
oft Feste, zu denen auch meine Mutter kam, mit mir. Es
kamen dazu auch immer Kisaengs, zehn oder mehr, die
sangen solistisch und auch im Chor, und sie spielten auf den
traditionellen alten Instrumenten, der mongolischen Geige,
Ho Gung genannt, und auf dem Zupfinstrument Go mung go.
Diese Musik war für mich faszinierend. Ihren Klang kann ich
nicht vergessen. Aber das Schönste dort waren die Nächte.
Wenn alles still war und alle schliefen, wachte ich auf und
hörte einen Gesang, eine Männerstimme sang irgendwo weit
weg in den Bergen, ich hörte deutlich das Lied, und ich hörte
es jede Nacht und jedesmal, wenn ich bei meinem Onkel war.
Wer da sang, weiß ich nicht, und niemand konnte es mir
sagen, denn niemand außer mir hat je diese Stimme gehört.
Es war eine überirdisch schöne Stimme.

L.R. Vielleicht war sie in dir selbst.

Der Vater, Ki Hyun Yun

I.Y. Vielleicht. Übrigens, das habe ich fast vergessen, hatten wir in Tong Yong ein Freilichttheater, das berühmt war für die O Kwang Dae-Aufführungen. Das ist ein Musiktheater. Der Inhalt der Stücke ist fast immer ein Klassenkonflikt, nämlich zwischen den Yangban und den unteren Schichten, den Bauern, Fischern, Dienern, Kaufleuten, auch Polizisten. Die Schauspieler waren alle Laien. Sie hatten ihre normalen Berufe im Alltag. Man hat manchmal behauptet, es seien Berufsschauspieler. Das stimmt nicht. Der Eindruck konnte dadurch entstehen, daß sich das Spielen in den Familien vererbte und natürlich immer mehr vervollkommnet wurde. Jetzt ist diese Art von Theater gestorben.

L.R. Nein, aber nein! Ich sah doch selbst in Korea solche Spiele im Freien, auf einem Universitäts-Campus in Seoul und in der Nähe der Nordgrenze, dahin fuhren wir eigens, denn dort gibt es eine berühmte Gruppe, die Maskenspiele aufführt, ebenfalls mit sozialkritischem Inhalt. Das Kulturministerium gibt sogar viel Geld aus zur Erhaltung dieser Spieltradition, und die Universität Seoul hat einen eigenen Lehrstuhl für Folkloristik. Die Studenten freilich benützen diese Zusammenkünfte nicht ganz im Sinne der Regierung. Trotz Anwesenheit des Geheimdienstes klatschen sie sehr bei allen Stellen, die man als Kritik an der Regierung Park verstehen kann.

I.Y. Übrigens waren solche Spiele während der Zeit der Besetzung durch die Japaner streng verboten wie alle Fortführung koreanischer Tradition. Man wollte uns mit Gewalt japanisieren. Davon später. Ich muß jetzt noch von einem andern sehr sehr starken musikalischen Eindruck erzählen. Du hast das Stück ›Namo‹ gehört. Ich schrieb es 1971. Das Erlebnis, das ich darin musikalisch verarbeite, liegt in meiner Kindheit. Die Schamanen – es waren meist Frauen – waren berufsmäßige Kultpersonen, eine Verbindung von Priester und Arzt und Zauberer. Man rief sie in die Familien, wenn jemand schwer krank war, denn sie konnten Krankheiten heilen und den Tod vertreiben. Man rief sie auch zu schon Gestorbenen. Ich erinnere mich daran, daß man sie rief, wenn das Meer ertrun-

kene Seeleute oder Fischer anschwemmte. Das waren un-
glückliche Seelen, denen mußten die Schamanen zur Erlösung
verhelfen. Für mich war der traurige Anlaß unwichtig. Mich
faszinierte die Form. Wenn die Schamanin kam, brachte sie
jüngere Gehilfen mit, darunter konnten auch Männer sein.
Aber die Hauptrolle hatte immer eine Frau. Die Schamanin-
nen waren wunderbar reich gekleidet und geschminkt, sie
trugen Schmuck und manchmal Masken. Sie bauten im Gar-
ten eine kleine Bühne auf mit einer Beleuchtung wie im
Theater und mit aufgehängten Stoffen als Kulissen. So eine
Aufführung kostete viel Geld, aber man gab das gern aus,
besonders wenn die Schamanin beliebt war. Es kamen immer
viele Zuschauer. So eine Darbietung dauerte drei Tage und
drei Nächte. Manchmal am Vormittag war Pause, da schlief
die Schamanin, aber dann ging's wieder weiter. Die Schamanin sang stundenlang, immer fort. Es gab irgendeine einfache
Spielhandlung, aber wichtig waren nur die Gesänge, epische
Gesänge, Beschwörungen, Gebete. Die Spiele wurden improvisiert nach einem allgemein bekannten Grundgerüst. Als
Kind hörte ich Stunde um Stunde diese Gesänge. Das war
schön, als Bild und Klang. Die Schamanin steigerte ihren
Gesang von Stunde zu Stunde, bis sie in Ekstase war und in
Trance. In meinem Stück ›Namo‹ habe ich diesen frühen
Eindruck in moderne Musiksprache umgesetzt. Man kann
aber auch in meinen andern Stücken, in jedem, deutliche
Spuren meiner auditiven Kindheitseindrücke finden. – Ach,
weißt du, ich hatte wirklich eine schöne, reiche Kindheit, trotz
einiger Leiden. Eben fällt mir etwas anderes ein: das Drachensteigen. Das war im Winter, im Januar. Bei uns ist es da
nicht kalt, wir haben Seeklima an der Südküste, wenn Seoul
minus zehn oder minus zwanzig Grad hat, dann blühen bei
uns die Kamelien. Also, im Januar war das Drachenfest. Das
Drachensteigen war nicht wie hier in Deutschland ein Spiel
für Kinder, sondern für Männer, fast ein Sport, ein Wettkampf. Jeder dieser Drachen war ein Kunstwerk, übermanns-
groß, so schwer, daß einer allein ihn nicht tragen kann. Und

die, die Drachen steigen lassen, die müssen Meister sein. Du mußt dir vorstellen: die Drachenmeister waren auf den Hügeln postiert, die an unsrer Küste liegen; auf jedem Hügel stand eine Gruppe. Der Meerwind trug die Drachen hoch und weit. Die Drachenschnüre waren oft tausend und mehr Meter lang, und so flogen die Drachen kilometerweit. Es geht dabei nicht darum, den eigenen Drachen möglichst hoch steigen zu lassen, sondern darum, mit der eigenen Schnur die des andern durchzuschneiden, in der Luft natürlich. Dafür hat man die Schnur sorgfältig präpariert: man hat sie mit Glaspulver eingerieben und trocknen lassen, dann ist sie hart und scharf wie ein Messer. Jeder Drachenmeister hat da sein eigenes raffiniertes Rezept. Man läßt also den Drachen im Wind steigen und versucht, die andere Drachenschnur durchzuschneiden, indem man die eigene scharf gegen sie führt. Aber es ist die Regel: man darf sie nur von oben her durchschneiden. Es gab dabei auch Dreier- und Viererkämpfe. So ein Wettkampf konnte zehn Tage dauern, so lange, bis nur mehr ein einziger Drachen in der Luft war. Es gab auch Mannschaften, eine Drachen-Liga, wie es hier Fußball-Ligen gibt. Das Zuschauen war so aufregend wie heute das Zuschauen bei einem Fußball-Wettkampf, nur ging es viel stiller zu. Es gab andere Feste, zum Beispiel das Azaleenfest. Südkorea ist im Frühling ein einziger blühender Azaleengarten. Die Kinder ziehen mit Körben aus und pflücken die Blüten. Die Frauen machen aus Reismehl und Eiern und Wasser einen Teig, in den streuen sie die Blüten und backen kleine Eierkuchen. An einem bestimmten Tag im März, zur Azaleenblüte, gehen die Menschen zu den Gräbern ihrer Ahnen, um sie zu pflegen. An diesem Tage sind alle Straßen gesäumt von kleinen Büdchen, in denen Azaleen-Pfannkuchen gebacken werden.

L.R. Gab und gibt es nicht zu Buddhas Geburtstag das Fest der zehntausend Laternen?

I.Y. Ja, im April ist es. Ich habe als Kind dieses Fest im Tempel am Fuße des Heiligen Berges Miruk erlebt. Da hingen wirklich Tausende von Lampions im Tempelgelände. Sie leuchteten

die ganze Nacht hindurch. Auf die Lampions waren Gebets-
worte und Zeichen gemalt. Alle Menschen wachten und bete-
ten die Nacht hindurch. Aus den Tempeln klangen die liturgi-
schen Gesänge der Mönche, und auf dem Tempelgelände
sangen die Pilger. Es gab auch ein anderes Laternenfest. Es
war eigentlich ein Schulfest und eine Art Wettspiel, aber ganz
ganz leise. Die Schüler bildeten eine Prozession. Jeder trug
eine Papierlaterne. Die großen Schüler hatten große Laternen, die kleinen kleine, und so zogen sie über die abgeernte-
ten Reisfelder, die ganze Nacht hindurch, es geschieht dabei
gar nichts, man geht und geht, bis die Laternen nach und nach
erlöschen und schließlich nur mehr eine einzige übrigbleibt.
Es ist unvergeßlich schön zu sehen, wie die Lichter, eins nach
dem andern, erlöschen in der Nacht. Es gab noch ein anderes,
vollkommen schweigendes Spiel: man ging bei Vollmond, in
einer bestimmten Nacht, über eine schmale Brücke. Die
ganze Stadt war auf den Beinen, und keiner durfte ein Wort
sprechen, hundertmal mußte man die Brücke überqueren,
und dabei sich etwas wünschen, und wenn man hundertmal
über die Brücke gewandert war, schweigend, so ging der
Wunsch in Erfüllung. Das schönste Fest aber war das Früh-
lingsfest. Die Gärten und Hügel um unsere Stadt waren voll
von Mandel- und Kirschbäumen. Im Frühling war das ein
Blütenmeer. Es lag zu Füßen des Heiligen Bergs und auch an
seinen Abhängen. Auf dem Berg liegt ein Tempel, vierhundert Jahre alt. Dorthin gehen an einem Tag im Mai alle
Bewohner der Stadt, Männer und Frauen, schön gekleidet,
die Frauen und Mädchen mit Blumen im Haar, und viele
haben eine sanduhrförmige kleine Trommel, das Djang-Go,
am Hals hängen und schlagen sie, und so, trommelnd und
singend, ziehen sie durch die Blütengärten hinauf zum Tempel. Dort gibt es kleine Tee-Kioske und Buden, wo man
Reiswein trinken kann, und es geht dann immer lustiger zu,
besonders wenn zuviel getrunken wurde. Aber Ausschreitun-
gen gab es nie. Für uns waren diese Feste nicht nur einfach
schön, sie hatten in der Zeit der japanischen Besetzung eine

31

wichtige Rolle: wir waren ein zum Schweigen und Dulden gezwungenes Volk, dem die Japaner seine Eigenart rauben wollten, um es ganz zu japanisieren. Uns halfen jene Feste, unser nationales Selbstbewußtsein nicht zu verlieren. So waren die Feste Zeichen und Ausdruck des stillen, zähen politischen Widerstands.

Jetzt erinnere ich mich plötzlich an etwas, woran ich lange nicht mehr gedacht habe: an die Affen-Vorstellungen. Damals kamen oft Chinesen, prächtig bunt gekleidet, mit ihren Affen, die sie tanzen ließen zu einer Musik, die wirklich »Affenmusik« heißt und eine sehr lange ehrwürdige Tradition hat. Sie ist schon im 7. Jahrhundert in China nachgewiesen. Dann kam sie nach Japan, und dort wurde sie die Musik zu den No-Spielen, also Musik auf hoher künstlerischer Ebene, sie heißt Sarugaku, wörtlich »Affenmusik«. Bei uns in Korea faßte sie nicht auf solche Art Fuß, sie wurde zur Begleitmusik der Dorfbelustigung des Affentanzes und der chinesischen Teller-Akrobaten. Diese Musik mit Flöten, Trommeln und einer Art Oboe machte mir starken Eindruck. Es gab auch andere, sagen wir, musikdramatische Eindrücke, an die ich mich sehr gut erinnere: die improvisierten Opernaufführungen. Es geschah oft, daß irgendein Mann aus einer Schenke kam, sich auf die Straße stellte und begann, aus einer alten Oper zu rezitieren. Ein andrer Mann kam hinzu und sang den dazugehörigen Part. Manchmal kamen richtige kleine improvisierte Opernaufführungen zustande. Um einen Begriff zu geben von unsrer Musikalität, will ich etwas erzählen, was in unsrer Provinz einmal geschah: Ein reicher Reishändler blieb in einer Herberge in der Nähe der Küste über Nacht. Er konnte nicht schlafen, denn der Vollmond schien so hell durch die Reispapierfenster. Plötzlich hörte er von fern her eine Stimme singen, eine wunderbar klare Stimme. Sie sang ›Boryom‹, einen Gesang zu einem Text aus dem buddhistischen Pali Canon. Eigentlich sollte er im Wechselgesang vorgetragen werden. Aber der singende Mann war offenbar allein. Der Reishändler hörte eine Weile still zu, dann hielt er es

Landschaft der Kindheit

nicht mehr aus im Hause, er stand auf und sang draußen die
fehlende Antwort. Die ferne Stimme antwortete wieder, der
Reishändler wiederum darauf und so fort, und im Singen
näherte er sich der Küste. Da sah er den Sänger, es war ein
armselig gekleideter Bursche. Wer bist du denn, der du da so
wunderbar singst? fragte der Reishändler. Der Bursche sagte:
Ich stamme aus der Provinz Chun La, wo ich ein kleines Stück
Land gepachtet habe, das aber so wenig einträgt, daß ich
gezwungen war, diesen Sommer hier mich bei einem Bauern
zu verdingen; nun muß ich heimkehren, das macht mich
traurig, und um mich zu trösten, sang ich. Der Reishändler lud
ihn ein, mit in die Herberge zu kommen. Dort weckte er
mitten in der Nacht die Wirtin, damit sie Wein bringe. Die
Sänger vergaßen ihre so verschiedene gesellschaftliche Lage
und wurden wie Brüder. Man muß bedenken, daß beide keine
Musiker waren, und doch fähig, diesen schwierigen, kunstvol-

33

len Gesang zu singen. Aus der Provinz Chun La stammen unsere allermusikalischsten Menschen.

L.R. Du bist doch als Kind zur Schule gegangen. Welche Art Schule war das? Und hast du da eine musikalische Ausbildung bekommen?

I.Y. Natürlich ging ich zur Schule, schon mit fünf Jahren, also früher als die andern, aber die Schule war keine moderne, solche gab es auch, die Japaner hatten das europäische Schulsystem eingeführt und eine ganz neue Bildungsmethode. Aber mein Vater war ein Feind der Japaner und aller Moderne, darum schickte er mich in eine private Schule, die in der klassischen chinesischen Tradition stand. Ich mußte also Chinesisch lernen, das heißt nicht die gesprochene Sprache, sondern die chinesischen Schriftzeichen, natürlich nur ein paar tausend. Ich lernte rasch, und mit sieben, acht Jahren konnte ich chinesische Klassiker lesen wie Kung Fu Tse und Dschuang Dse, freilich ohne daß ich ihre Philosophie verstand. Aber immerhin, ich las sie. Mir machte es große Freude, die chinesischen Schriftzeichen mit dem Pinsel zu malen. Ich soll dafür besonders begabt gewesen sein, ich wurde viel gelobt. Ich erinnere mich auch, daß ich nicht nur klassische Gedichte schön abgeschrieben habe, sondern selber dichtete, natürlich ganz konventionell und ohne Wert. Drei Jahre blieb ich in dieser Schule, die nur Kalligraphie, chinesische Literatur und Philosophie lehrte.

L.R. Keine Musik?

I.Y. Keine, nicht einmal Singen. Dann schickte mich mein Vater doch in eine allgemeine Volksschule mit europäischem Unterricht. Er selber trug noch seinen Zopf, ich übrigens auch in der chinesischen Schule, aber mein Vater dachte, daß sein Sohn doch für eine andere Zukunft erzogen werden müsse. In der neuen Schule trug ich noch koreanische Kleider. Damals war ich acht Jahre alt. Die Volksschule war in jenem schönen alten Gebäude in chinesisch-koreanischem Stil, bei dessen Bau meine Urahnen beteiligt gewesen waren. Als mich mein Vater zum erstenmal in diese Schule führte, mußte ich in einem Vorraum warten, während er mit einem Lehrer sprach. Da stand ein seltsames Möbelstück, dessen Zweck mir ganz unerklärlich schien, bis ein Mann kam, ein Lehrer, sich davorsetzte und auf die weißen und schwarzen Plättchen drückte. Da gab es Musik!

L.R. Ein Klavier?

I.Y. Nein, warte. Der Mann ging dann weg, und ich schlich mich zu dem Ding und wollte auch Musik machen. Aber es gab nicht einen Ton.

L.R. Es war ein Harmonium, und du wußtest nicht, daß man dazu durch Treten die Luft erzeugen muß, nicht wahr?

I.Y. Ja, das hatte ich in der Aufregung nicht beobachtet.

L.R. Das Harmonium ist sicher durch die westlichen Missionare zu euch gekommen. – Das also war deine erste Begegnung mit dem westlichen Musikklang. War der Klang schön für dich?

I.Y. Schön? Nein, aber überraschend, aufregend, so laut und so viele Töne auf einmal, so massiv. Ich war ganz benommen. Unsere Instrumente geben nur einen Ton, keine Harmonie, und die Töne sind viel leiser, man hört jeden Ton einzeln, hier aber hörte man so viele gleichzeitig. Sehr fremd war das. Obgleich – ich hatte schon europäische Musik in mein Ohr aufgenommen, aber ohne es zu wissen. In der Nähe unseres Hauses war eine Kirche, eine evangelische, und da wurden westliche Lieder gesungen, und der Wind trug die Töne über die Reisfelder zu uns herüber, ich lernte sie rasch, ich konnte sie singen, ehe ich zur Schule ging.

L.R. Mit koreanischem oder japanischem Text?

I.Y. Mit koreanischem. Die europäisch-christlichen Missionare haben nie mit den Japanern kollaboriert, im Gegenteil, sie waren auf unsrer Seite. Während der ganzen Japanerzeit waren sie unsre Stützen im Widerstand.

L.R. Du hast später in der Kirche mitgesungen. Aber du warst kein Christ.

I.Y. Das machte doch nichts aus. Übrigens habe ich eine Zeitlang, ich weiß nicht wieso, christlichen Unterricht bekommen, aber nicht lange genug, um mich zum Christen zu machen.

L.R. Hast du in der neuen Schule Musikunterricht gehabt?

I.Y. Ja. Wir lernten kleine Lieder singen zur Harmonium-Beglei-
tung. Europäische Lieder waren das, und leicht zu singen,
ganz anders als die einheimischen, die schwermütig waren und
sehr verziert und kunstvoll. Die europäische Tonskala gefiel
mir, weil sie so klar war.

L.R. Schienen dir diese Lieder nicht viel ärmer als eure?

I.Y. Sie interessierten mich. Ich begriff das System sehr rasch. Wir
hatten einen Lehrer, der von der Pädagogischen Hochschule
kam. Ich freute mich immer sehr auf diese Stunde. Der Lehrer
kam ins Klassenzimmer, ging an die Tafel mit den fünf
Notenlinien und schrieb die Noten eines neuen Liedes auf,
bevor er es uns vorsang. Ich folgte genau, und wenn er sich
umdrehte, hob ich die Hand und sang das Lied vom Blatt,
ohne Fehler, mit do-re-mi-fa und so weiter. Der Lehrer war
begeistert. Wir waren etwa 70 Schüler in einer Klasse, aber
ich war der erste, der vom Blatt singen konnte.

L.R. Du hast also sofort europäisch gesungen, das heißt ohne
Verschleifungen und Stimm-Farbwechsel?

I.Y. Ja, ganz europäisch, als hätte ich nie anders singen hören. Ich
wurde in der ganzen Schule berühmt für mein Talent, und da
ich auch eine schöne Stimme hatte, durfte ich bei den Schul-
festen solo singen.

L.R. Ein Instrument hast du nicht gelernt?

I.Y. Ein wenig Geige. Als ich etwa dreizehn war, wohnte ein
junger Mann in unserer Nähe, der in Tokio studierte – nicht
Musik, das war nur sein Hobby –, und der hatte eine Geige,
und bei ihm habe ich geigen gelernt, nicht lang, nicht gut, aber
schnell genug, daß ich bald einfache Stücke spielen konnte.
Aber Technik lernte ich nicht.

L.R. Hattest du denn eine Geige?

I.Y. Eine ganz billige, primitive. Meinem Vater war das Kratzen
ein Greuel. Damals habe ich bei einem andern jungen Mann
Gitarre spielen gelernt, das war leichter als Geige und viel
leichter als unsre koreanischen Zupfinstrumente. Damals kamen über Japan westliche Schlager zu uns, die lernte ich.

L.R. Hast du außer Schlagern europäische klassische Musik ken-
    nengelernt?

I.Y. Durch Schallplatten. Einiges, nicht viel. Eigentlich lernte ich
    die europäische Musik erst bei meinem Musikstudium in
    Japan kennen. Aber als ich dreizehn war, dachte ich: Warum
    soll ich eigentlich nur das singen und spielen, was andere in
    Noten aufgeschrieben haben? Warum sollte ich nicht selber
    meine Musik schreiben? So begann ich zu komponieren,
    zuerst einfache Lieder, dann etwas kompliziertere Musik, für
    einige Instrumente, mit Harmonisierung, so wie ich sie mir
    vorstellte. Es war, würde ich sagen, gehobene Unterhaltungs-
    musik. Und sie wurde aufgeführt, denk dir! Allerdings wußte
    niemand, daß sie von mir stammte. Das kam so: In unserer
    Stadt gab es zwei Kinos. Es war Stummfilmzeit. Zwischen den
    Filmen war eine Pause, in der man Musik machte, eine Art
    Konzert mit westlicher Musik, mit Strauß-Walzern und der-
    gleichen. Das Publikum kam nicht nur der Filme wegen, auch
    dieser Konzerte wegen. Und eines Tages hörte ich eine Mu-
    sik, die mir sehr bekannt vorkam, ich traute meinen Ohren
    nicht, aber es war so: mein Stück! Meine Freude war groß,
    aber ich begriff das Ganze nicht. Erst viel später erzählte mir
    jener Student mit der Geige, daß er mein Stück den Musikern
    gegeben habe. Der Leiter hat es ein wenig umarrangiert für
    ein kleines Orchester. Niemand wußte, von wem es war. Man
    hat es immer wieder gespielt.

L.R. Warum bist du nicht zu den Musikern gegangen und hast dich
    ihnen vorgestellt als der Komponist?

I.Y. Was denkst du: ich war ja noch fast ein Kind, und ein
    koreanisches dazu, und die Musiker waren Erwachsene, wie
    konnte ich einfach mit ihnen sprechen?!

L.R. Warst du ein schüchternes Kind?

I.Y. Sehr sehr schüchtern.

L.R. Und deinen Eltern hast du nichts gesagt?

I.Y. Aber nein! Ich wußte, daß sie das nicht freuen würde. Du
    weißt doch: mein Vater war ganz und gar dagegen, daß ich
    Musik studierte. Obwohl er selber ein Künstler war, wollte er

nicht, daß ich einer würde, berufsmäßig. Zuerst nahm er mein Interesse an Musik nicht ernst, mein Geigen und mein Gitarrespielen. Das ließ er hingehen. Aber allmählich merkte er, daß es mir sehr ernst war mit der Musik. Und eines Tages fragte er mich: Du willst wirklich Musik studieren? Ich sagte schüchtern, aber ganz fest: Ja! Da wurde er sehr böse und sagte: Niemals wird mein Sohn Musiker werden. Letztes Wort.

L.R. Warum eigentlich war er so dagegen?

I.Y. Ja weißt du, er kannte nur Leute, die Musik als Hobby betrieben, das hätte er mir erlaubt. Aber Musik als Beruf!! Musiker, das war etwas Niedriges. Mein Vater stellte sich meine Zukunft so vor, daß ich mit der Geige oder Trommel und Trompete durch die Stadt lief und Theater- oder Kino-Reklame machte. Oder er dachte, ich würde mit einer der Theatertruppen armselig von Ort zu Ort ziehen. Um mich vor einer solch jämmerlichen Zukunft zu retten, beschloß er eine drastische Maßnahme: er brachte mich zu einem Mann, der sehr gut Geige spielte, als Hobby natürlich, und ließ mich vorspielen. Das war sicher ein abgekartetes Ding. Der Mann sagte, mein Vater habe recht, wenn er mich nicht Musiker werden lasse, das sei für mich ein Beruf ohne jede Chance. Und damit schien über mein Leben entschieden. Ich ging heim und weinte und sprach tagelang kein Wort, und ich spielte auch nicht weiter Geige. Aber ich komponierte. Seit dem Tag, an dem ich meine Musik aufgeführt hörte, war ich innerlich ein Komponist. Ich war sehr fleißig. Nebenbei hörte ich viel Musik auf Schallplatten.

L.R. Kannst du dich erinnern, welches die ersten westlichen Komponisten waren, die du kennengelernt hast?

I.Y. Das habe ich vergessen. Aber ich weiß, daß ich Opern hörte und daß sie mich faszinierten. Es war überhaupt immer der Gesang, der mich faszinierte. Ich erinnere mich gut der Stimme Schaljapins. Mich interessierten auch unter den Instrumenten jene, die etwas Arioses haben, das Cello vor allem. Aber zum richtigen Verständnis der Musik, vor allem der symphonischen, fehlte mir jede Voraussetzung. In der Schule lernte ich dazu nichts. In der ganzen Stadt gab es keinen Menschen, der mich hätte in Musiktheorie unterrichten können. Aber damals schob sich mir zwischen das musikalische Interesse ein anderes: das politische.

L.R. Wann bist du dir eigentlich der politischen Situation Koreas bewußt geworden? Hat dein Vater, der Japan-Gegner, mit dir darüber gesprochen?

I.Y. Nicht direkt, aber er hat mir viel von chinesischer und koreanischer Geschichte erzählt. Das war seine Art, mich antijapanisch zu erziehen. An sich war er ein unpolitischer Mensch, ein weltabgewandter Gelehrter. Daß er mit den Japanern überhaupt nichts zu tun haben wollte, auch nicht geschäftlich, das hatte schlechte wirtschaftliche Folgen für uns. Damals war Korea überflutet von Japanern. Die Japaner hatten in Korea die Wirtschaft in Händen, bei uns die Landwirtschaft und die Fischerei, die Haupteinnahmequelle. Sie waren ungeheuer fleißig und zahlreich, und drängten uns Koreaner in Tong Yong vom Stadtkern an die Peripherie und aus den guten Geschäftslagen heraus, und so wurden wir ärmer und ärmer und hatten keine Macht. Das sah und verstand ich schon als Kind. Natürlich war die koreanische Bevölkerung antijapanisch, bis auf jene, die mit den Japanern kollaborierten, besonders auch die Polizei und später das Militär. Die älteren Leute in Korea waren aber fast alle antijapanisch, denn sie hatten miterlebt, wie die Kolonialherrschaft der Japaner begann, und sie hatten den Freiheits-Aufstand 1919 erlebt, den die Japaner so blutig niederschlugen. Das haben sie nie vergessen. Unter der Jugend in Tong Yong gab es zwei Gruppen: die eine war militant revolutionär und wollte einen neuen Aufstand gegen die Japaner. Die andre war national und wollte durch beharrliche Betonung der eigenständischen Kultur das Nationalbewußtsein stärken. Beide Gruppen waren sehr aktiv – jede auf ihre Weise. Tong Yong war nicht Universitätsstadt. Es waren also nicht Studenten, die sich politisch betätigten, sondern Arbeiter, Söhne von Bürgern und Gelehrten. Der Kampf war sehr ernst und gefährlich. Immer wieder wurden junge Koreaner von der Polizei, der japanischen und der einheimischen, verhaftet. Dann kam der große Volksaufstand von 1919 mit den Massenerschießungen. Ich erinnere mich, daß ich oft über den Friedhof ging und von weitem sah, wie die japanische Polizei von den Grabsteinen Inschriften abkratzte, die erzählten, daß dieser Tote ein tapferer Freiheitskämpfer gewesen und von den Japanern ermordet worden war. Ich sah auch, daß diese Inschriften immer wieder erneuert wurden. Aber nach dem Aufstand von 1919 waren die Koreaner vorsichtig geworden und verlegten das Hauptgewicht der politischen Arbeit auf den kulturellen Sektor. Und da war ich schon als Kind beteiligt, ohne ganz zu verstehen, was ich tat. Es gab immer kleine Gruppen, die Demonstrationen vorbereiteten. Kinder konnten hierhin und dorthin gehen und Nachrichten überbringen, sie verdächtigte man nicht. Kinder konnten auch Bücher aus versteckten Bibliotheken abholen, verbotene Bücher, solche, die unser Nationalbewußtsein und unsern Freiheitswillen stärkten. Natürlich gab es solche Bücher nur mehr in Privatbibliotheken. Da war zum Beispiel die Geschichte des Admirals Li Sun Shin, die mit der Geschichte unserer Stadt eng verbunden ist. Er lebte vor 400 Jahren, und von seiner Tapferkeit erzählen viele Anekdoten und Geschichten. Sie waren mündlich überliefert, später aufgezeichnet worden. Dieser Freiheitsheld begeisterte uns. Wir waren stolz, in der Stadt zu leben, in der er gelebt hatte, und wir sprachen viel über ihn. In jenen Jahren lernte ich mein Land bewußt lieben.

L.R. Aber politisch aktiv wurdest du erst später.

I.Y. Einige Jahre später.

II

Jugend in Korea und Japan

L.R. Was hast du eigentlich im Alter von fünfzehn Jahren getan?

I.Y. Als mein Vater mir verboten hatte, Musik zu studieren, mußte ich eine Handelsschule besuchen. Ich hatte nicht das geringste Interesse dafür. Als ich siebzehn war, ging ich nach Seoul.

L.R. Moment: du gingst nach Seoul? Was heißt das?

I.Y. Ich ging nach Seoul, um Musik zu studieren.

L.R. Aber dein Vater hatte es dir verboten.

I.Y. Ja, aber ich bin einfach von zu Hause weggegangen.

L.R. Ohne Erlaubnis deines Vaters? Du, ein konfuzianischer Sohn?

I.Y. Ja. Ich mußte das tun.

L.R. Ohne Geld?

I.Y. In unserer Familie gab es jemand, der mir half.

L.R. Also: du gingst eines Tages einfach nach Seoul. Mit siebzehn Jahren. Und dein Vater hat dich nicht von der Polizei zurückholen lassen?

I.Y. Nein, er hatte mich wohl ganz abgeschrieben.

L.R. Und wie lebtest du in Seoul?

I.Y. Ich hatte von einem Musiker gehört, der als Geiger und Komponist einen guten Namen hatte. Er komponierte in westlicher Art, aber mit koreanischer Stimmung. Zu dem ging ich. Er nahm mich als Schüler. Bei ihm habe ich nun zum erstenmal von Grund auf Harmonielehre gelernt. Dieser Lehrer war ein Schüler eines Schülers, dessen Lehrer ein Deutscher war, ein preußischer Offizier, der die Militärkapelle dirigierte. Er hieß Franz Eckert.

41

L.R. Wie kam denn der nach Korea?

I.Y. Auf dem Umweg über Japan. Der japanische Kaiser hatte ihn engagiert. Dieser Deutsche schrieb sogar die Nationalhymne für Japan. Er führte zum erstenmal das westliche Tonsystem in Ostasien ein. Als er schließlich pensioniert wurde, holte ihn der koreanische Kaiser, damit er auch in Korea so eine Militärkapelle aufbaue. Das war zu Anfang unseres Jahrhunderts. Eckert starb 1916 in Seoul. Er hatte seine Musiker nicht nur instrumental geschult, sondern sie auch in westlicher Harmonie- und Kontrapunktlehre unterrichtet. Er hatte Schüler, und der Schüler eines dieser Schüler also wurde mein Lehrer. Er hatte nichts mehr zu tun mit Militärmusik, er arbeitete für den Rundfunk, die Japaner hatten die erste Rundfunkstation bei uns gebaut, und er komponierte. So lernte ich Musiktheorie. Daneben studierte ich eifrig Partituren, ich ging oft in die Nationalbibliothek und fand dort neben den Klassikern auch für damals Modernes: Strauss und Hindemith. Ich blieb zwei Jahre in Seoul, dann ging ich wieder heim.

L.R. Wie nahm dich dein Vater auf?

I.Y. Gar nicht, sozusagen. Wir waren uns ganz fremd und hatten uns kein Wort zu sagen. Ich blieb nicht lange. Ich wollte nach Japan und dort weiterlernen. Mein Vater sagte: Gut, aber du mußt dort eine Handelsschule besuchen; nebenbei kannst du Musik studieren. Ich sagte zu, er gab mir Geld, und ich fuhr nach Osaka. Ich studierte dort Theorie und Komposition.

L.R. Mußtest du eine Aufnahmeprüfung machen?

I.Y. Ja, sie war leicht für mich. Ich zeigte einige meiner Kompositionen vor. Ich erinnere mich nur an ein Streichquartett mit atonalen Elementen, ohne richtige theoretische Grundlage.

L.R. Weißt du, was mich wundert: Du hast bis jetzt nie von Mozart, Bach, Beethoven gesprochen. Kanntest du sie nicht?

I.Y. Nicht gut. Ich hatte mich nie richtig mit westlicher Klassik auseinandergesetzt. Meine Kenntnis war umfangreich, aber oberflächlich. Was ich wollte, war etwas anderes: ich wollte meine eigene Musik schreiben. Ich habe damals viel auf der

Geige improvisiert. Ein Klavier hatte ich nicht und fand auch keins zum Üben.

L.R. Wie ist das mit dem Cello, deinem Lieblingsinstrument?

I.Y. In Osaka mußte ich mir eins kaufen zum Üben. Aber ich hatte sehr wenig Geld und konnte mir nur ein billiges kaufen. Und ich konnte nicht soviel üben, wie ich sollte, ich mußte Geld verdienen. Die Zeit in Osaka war für mich sehr hart. Ich wohnte im ärmsten Stadtviertel, wo nur Koreaner wohnten. Das war ein Ghetto. Da leben sie heute noch.

L.R. Wieso?

I.Y. Unter der japanischen Besatzung ging es vielen Koreanern sehr schlecht. Sie mußten das Land verlassen und nach Japan gehen, um Arbeit zu finden.

L.R. Gastarbeiter also.

I.Y. Ja, aber ganz rechtlos. Sie wurden miserabel bezahlt und hatten keine Gewerkschaft. Viele Koreaner waren überhaupt zwangsverschickt worden nach Japan, dort durften sie nur allerniedrigste Arbeit tun: Lumpen sammeln und Straßen kehren. Die Kinder hatten keine Aufstiegsmöglichkeiten, denn sie konnten die höheren Schulen der Japaner nicht besuchen, und eigene durften sie nicht haben. So blieben sie immer gleich arm und ungebildet.

Ich habe selbst erlebt, wie man Koreaner behandelte: als ich mit meinem Freund Choi zum Studium in Tokio war, gingen wir auf Zimmersuche. Da sahen wir, daß an vielen Türen Schilder hingen mit der Aufschrift: »Zimmer zu vermieten, aber nicht an Koreaner.« Schließlich verabredeten wir, zu verschweigen, daß wir Koreaner sind. Wir hatten das Glück, daß die Vermieter unser nicht einwandfrei ausgesprochenes Japanisch für jenen Dialekt hielten, der auf der Insel Kyu Shu gesprochen wird. Der Hausherr war Polizei-Oberwachtmeister. Wir vermieden es möglichst, mit ihm zusammenzutreffen. Aber eines Abends lud er uns zum Essen ein. Wir tranken ein bißchen zuviel, und plötzlich vergaß mein Freund, daß er für einen Japaner von Kyu Shu zu gelten hatte: er sagte ein paar Sätze in Koreanisch zu mir. Der Hausherr sagte sofort:

43

Aha, ihr seid von drüben! Am nächsten Tag mußten wir das Haus verlassen.

L.R. Du sagtest, die Koreaner, die heute noch in Japan sind, seien noch in der selben Lage. Aber warum kehrten sie nicht nach Korea zurück?

I.Y. Nach so vielen Jahren waren sie fremd in Korea. Und sie hätten dort überhaupt keine Arbeit gefunden und wären von einer Unterdrückung in die andre geraten. Die politische Teilung Koreas machte ihre Situation doppelt schwierig. So blieben sie, wo sie es gewöhnt waren zu sein.

L.R. Und Präsident Park kümmert sich nicht um sie?

I.Y. Nein. Die japanische Regierung auch nicht. Sie sind vergessen. Sie dürfen ja auch gar nicht ausreisen, sie dürfen keine Japaner heiraten, keine staatlichen Hochschulen besuchen, nicht aus den Slums in bessere Wohngegenden ziehen. So ist es heute, so war es damals, als ich mitten unter ihnen lebte. Das Los dieser Recht- und Besitzlosen erweckte in mir das soziale Bewußtsein und steigerte mein politisches Interesse. Aber ich hatte noch keine Möglichkeit, aktiv zu werden. Ich mußte ja Musik studieren und sollte auch, nach dem Willen meines Vaters, die Handelsschule besuchen. Mein Vater schickte Geld, aber wenig. Ich blieb zwei Jahre. Dann ging ich wieder nach Tong Yong zurück. Inzwischen war meine Familie weiter verarmt. Ich mußte sehen, möglichst rasch Geld zu verdienen. Ich suchte eine Stelle als Lehrer. Es gab noch national eingestellte Privatschulen. Dahin schickten solche Leute, die stark nationalbewußt waren und antijapanisch, ihre Kinder. Die Japaner kümmerten sich nicht darum, sie ließen die Sache einfach laufen, sie schien ihnen ungefährlich. Natürlich mußten solche Schulen staatlich, das heißt von den Japanern anerkannt sein, und wir mußten japanisch unterrichten. Aber ich suchte bei jeder Gelegenheit, das nationale Bewußtsein der Kinder zu stärken und auch koreanisch mit ihnen zu sprechen. Damals durfte man das noch, später, im Krieg, stand schwere Strafe darauf.

L.R. Und deine Musik in jener Zeit?

Als Volksschullehrer, 1939 (Dritter von rechts)

I.Y. Ich habe weiter komponiert, natürlich, und ich hatte jetzt ein Harmonium zur Verfügung, nämlich auf der Missionsstation. Es waren evangelische Missionare aus Australien. Bei ihnen habe ich mit meinen Freunden musiziert. Ich habe Opernarien gesungen. Ich habe damals viel Opernliteratur studiert. Eines Tages las ich in einer japanischen Zeitung, daß ein japanischer Komponist, der in Paris studiert hatte, zurückgekommen sei und große Erfolge habe. Ich packte meine Kompositionen ein und fuhr nach Tokio. Der Komponist hieß Tomojiro Ikenouchi. Er ist einer der bedeutenden Musiktheoretiker. Er schaute sich meine Arbeiten an und nahm mich sofort als Schüler. Ich fühlte mich sicher bei ihm. Er hatte wirklich ein gründliches Wissen von westlicher Musik. Bei ihm begann ich cantus firmus zu üben. Aber die Zeit war schlecht, für mich und alle. Ich hatte kein Geld, ich mußte es verdienen, ich schrieb Noten aus, ich war also Kopist. Man

45

spürte schon den kommenden Krieg. Japan hatte enge Kontakte mit Deutschland, in Europa war bereits Krieg, und Japan rüstete. Wir Koreaner fürchteten den Krieg, aber andrerseits erhofften wir ihn, denn er konnte uns Befreiung bringen. Wir rechneten damit, daß Japan verlieren würde gegen die Amerikaner. Wir koreanischen Studenten in Japan schlossen uns zu einer Untergrundgruppe zusammen, und wir trafen uns heimlich weit außerhalb Tokios in einer einsamen Gegend, Musashino, wohin nie ein Mensch sonst kam. Dort besprachen wir die Lage und berieten darüber, wie wir uns verhalten sollten bei Kriegsende. Ich hatte damals gerade ein Cellokonzert fast fertig geschrieben, das ich für einen japanischen Wettbewerb einreichen wollte. Aber das ließ ich jetzt liegen, dafür war nicht die rechte Zeit. Unmittelbar vor Kriegsausbruch, beim Überfall der Japaner auf Hawaii, kehrten wir alle nach Korea zurück. Die Stimmung war unheimlich gespannt. Überall errichteten die Japaner ihre Stützpunkte, und überall waren Agenten, die uns überwachten. Von den zurückgekehrten Freunden kamen viele ins Gefängnis und ums Leben. Die Japaner konnten nicht darauf zählen, daß wir begeistert für sie, unsre Unterdrücker und Feinde, kämpfen würden. Natürlich, ich sagte das schon, gab es auch projapanische Koreaner. Solche käuflichen Kreaturen gibt es in allen Ländern. Wir heimgekehrten Studenten aber hatten einen klaren Plan: wir sagten uns, daß ein Krieg gegen Japan ein Krieg auf dem Meer sein würde. Dabei würden die Japaner gegen Norden gedrängt werden, also an unsere Küste. Dann mußten wir bereit sein, die Japaner auch vom Land her anzugreifen. Wir waren uns darüber klar, daß nur die Amerikaner uns befreien konnten. Aber wir wollten ihnen zeigen, daß auch wir für unsere Freiheit kämpften. Wir wollten damit unserm Land eine gute Ausgangsposition für die Verhandlungen nach dem Krieg schaffen.

L.R. Aber: wie wolltet ihr kämpfen ohne Waffen, oder . . .?

I.Y. Wir hatten Waffen. Wir hatten Jagdgewehre umgebaut, wir hatten Munition und Material, um kleine Bomben zu machen.

L.R. Aber ihr wart doch so streng überwacht?

I.Y. Einer von uns besaß eine kleine Insel vor Tong Yong. Dort konnten wir eine Weile heimlich arbeiten. Wir hatten den Plan, dort eine unterirdische Munitionsfabrik, eine kleine und primitive, einzurichten. Wir sammelten immer mehr Leute um uns, die bereit waren, gegen Japan zu kämpfen. Wir probierten unsere Gewehre aus in den Bergen, weit weg, und auch unsere Bomben. Alles funktionierte. Aber unsere Insel auszubauen, dazu kamen wir nicht, denn wir wurden verhaftet, 1947. Einer von uns war lange bespitzelt worden. Er hatte immer den US-Kurzwellensender abgehört und die Nachrichten oft in unvorsichtigen Briefen weitergegeben. Die Post wurde zensiert.

L.R. Eine Zwischenfrage: Wieso warst du eigentlich nicht beim Militär? Die koreanische Jugend wurde doch zum Wehrdienst geholt?

I.Y. Nicht alle, nur jene, die den Japanern als sicher gelten konnten.

L.R. Ach so, die Japaner fürchteten, daß sich innerhalb des Militärs eine koreanische 5. Kolonne bilden würde. Aber irgendwie mußten doch junge Männer wie du im Kriegsdienst eingesetzt werden. Gab es einen Ersatzdienst?

I.Y. Ja, den gab es. Ich war eingesetzt in einem Militärlager, wo man Reis hortete. Die Bauern mußten zwangsweise Reis abliefern. Wir mußten auf die Dörfer gehen und den Reis abholen. Eines Tages, als ich gerade mit den Bauern verhandelte, kamen zwei japanische Polizisten und legten mir Handschellen an und sagten, sie hätten den Haftbefehl, wüßten aber nicht weshalb, und sie entschuldigten sich bei mir, aber mitnehmen mußten sie mich doch. Sie brachten mich zum Polizeirevier. Das lag auf einer Insel, und ehe das Schiff abging, mußte ich in Tschang Shing Po, einer kleinen Stadt auf der Insel Ko-Je, in einem Gefängnis warten, zwei Tage und Nächte. Das Gefängnis war entsetzlich schmutzig. Auf dem Boden lag lauter weißes Zeug, in der Dunkelheit dachte ich, es sei Reis, aber es waren kleine weiße Würmer, die

47

zerplatzten, wenn man darauftrat. Nach zwei Tagen brachte man mich gefesselt nach Tong Yong. Das Gefängnis dort war voller junger Leute, alle gehörten dem Widerstand an, aber verschiedenen Gruppen. Jeder einzelne aber war wegen irgend etwas anderen angeklagt. Ich fürchtete, man habe von unsrer geheimen Waffenproduktion erfahren, aber Gott sei Dank war es nicht so. Ich war wegen etwas eigentlich Lächerlichen angeklagt: man hatte bei einer Haussuchung von mir komponierte Lieder gefunden.

L.R. Politische?

I.Y. Nicht ausdrücklich, aber es waren koreanische Lieder, und die Japaner hatten doch alles Koreanische verboten. Wer nationale Lieder sang und gar schrieb, der war national, also antijapanisch, das ist klar.

L.R. Eine Zwischenfrage, eine Gewissensfrage: Du bist ein Mensch, dem das Leben andrer Menschen heilig ist; du bist jeder Gewalttat abgeneigt. Aber damals warst du bereit zur Anwendung von Waffengewalt.

I.Y. Damals, ja. Aus Verzweiflung. Es war wie im Krieg, in dem die Anwendung von Waffen erlaubt ist. Mir schien, es gebe kein anderes Mittel, Korea zu befreien und dem koreanischen Volk seine Würde zurückzugeben. Nicht mein Gewissen, sondern das Schicksal verhinderte, daß ich tötete. Statt Täter zu sein, wurde ich Opfer: man verhaftete mich. Man ließ uns zuerst ohne Verhör im Gefängnis. Wir mußten uns auf den nackten Boden setzen, unbeweglich, Stunde um Stunde. Unsere Beine wurden gefühllos. Es war qualvoll. Wenn ich es nicht mehr ertragen konnte, habe ich mich noch strenger gequält.

L.R. Wie das?

I.Y. Ich habe mir überhaupt jede kleinste Körperbewegung verboten, die mir eine Erleichterung bringen konnte. Dabei habe ich mich darauf konzentriert, nicht nachzugeben. Eine Woche später wurde ich nachts zum ersten Verhör geholt. Man wollte wissen, ob ich einer Untergrundgruppe angehöre. Ich sagte nein. Da begannen sie mit der Folter. Sie warfen mich auf den

Boden und schlugen mit Stöcken auf Waden und Unterschenkel. Ich schrie, sagte aber immer nein. Dann kam die nächste Art Folter: dabei steht der Folterer auf einem runden Holzprügel, der rollen kann, und auf dem rollt er über die Unterschenkel des Angeklagten. Ich lag also da, und so einer rollte auf mir hin und her. Das tat entsetzlich weh. Und von überall her hörte ich die Schreie der anderen Angeklagten. Ich sagte immer nein. Schließlich brachten sie mich wieder in die Zelle. Meine Freunde wurden schlimmer gefoltert. Sie bekamen die Wasserfolter: man wird an Händen und Füßen gebunden und über eine Stange gehängt wie ein geschlachtetes Tier, dann legt man einem ein nasses Tuch dicht übers Gesicht, und dann gießt man Wasser darauf, immer von neuem, und man erstickt fast, und man wird ohnmächtig. Es gab auch die Folter mit den Bambussplittern, die sie einem unter die Fingernägel bohrten. Und die Folter des Schlafentzugs: drei, vier, fünf Tage stießen sie einen immer dann, wenn man am Einschlafen war, mit Stöcken wach. Damals begannen die Luftangriffe, und wir hörten nachts die Bomber und die Sirenen, und wir dachten, wir würden getroffen.

L.R. Das kenne ich: wir wurden, es war im Winter 44 und 45, in den Korridor des Gefängnisses gesperrt. Die Wärter brachten sich in Sicherheit. Wäre eine Bombe gefallen, wir hätten uns nicht retten können. Ich dachte immer an meine beiden ganz kleinen Kinder, die vielleicht in der Stadt meiner Eltern eben von den gleichen Fliegern aus bombardiert würden. Erinnerungen . . . Wie lang bliebst du da im Gefängnis?

I.Y. Zwei Monate. Eines Tages, am 17. September, an meinem Geburtstag, wurde ich herausgeholt. Da saß neben dem Polizeioffizier ein Japaner. Ich erfuhr, daß er der Leiter der Reissammelstelle war, für die ich gearbeitet hatte. Er übernahm die Bürgschaft für mich. Ich weiß nicht, warum. Aus Sympathie für mich, meine ich. Und nun war ich frei. Ich mußte sofort nach Hause. Mein Vater war gestorben, schon vorher, als ich aus Japan zurückkam, und er hatte mir nichts hinterlassen als Schulden und die Pflicht, für meine Familie zu sorgen. Das muß immer der älteste Sohn tun, er tritt an die Stelle des Vaters. Ich hatte zwei Schwestern im heiratsfähigen Alter.

L.R. Und? Fanden sie keinen Mann?

I.Y. Aber du weißt doch, wie es in Korea war und auch noch ist in den konservativen Familien: Sie konnten doch nicht selbst wählen! Das mußte doch der Vater oder der älteste Bruder tun. Der Vater war tot, der älteste Bruder, nämlich ich, im Gefängnis. Sie warteten sehnlich auf mich. Als man nicht wußte, ob ich je aus dem Gefängnis zurückkäme, hat meine Schwester einfach doch heiraten müssen, aber die Ehe wurde unglücklich, der Mann erwies sich als krank, und auch die Ehe der zweiten Schwester wurde nicht gut, und das war für mich sehr schlimm, denn daran war ich schuld. Ich hätte mich darum kümmern müssen.

L.R. Aber ich bitte dich: es war doch nicht deine Schuld, daß sie heirateten, während du im Gefängnis warst!

I.Y. Ein ältester Sohn darf sich eben nicht in eine solch exponierte Lage begeben. Er muß zuerst an seine Familie denken.

L.R. Wie bist du doch konfuzianisch! Aber ich verstehe: das war ein echter Konflikt: hier die Pflicht gegenüber der Familie, dort die gegen das Vaterland und seine politische Zukunft. Das scheint aber zu deiner Schicksals-Grundfigur zu gehören, zwischen den Pflichten zu stehen. Es war doch auch vor 1967 so: eigentlich mußtest du komponieren und sonst nichts. Aber du hast dich in eine politische Lage begeben, die deine ganze Zukunft als Komponist vernichten konnte. Und auch jetzt nimmt dir die politische Arbeit mehr Kraft weg, als es gut ist für deine Musik.

I.Y. Weißt du, das ist so: mein Vater tat nie eine richtige Arbeit, er lag da und las, das war sein Leben. Aber manchmal kam eine Überschwemmung, und unser Haus war in Gefahr. Da stand selbst mein Vater auf und half Dämme bauen. Damals, nach meiner Freilassung, wurde ich in eine andere Stadt versetzt, wieder zum Ersatzdienst bei der gleichen Gesellschaft. Dort hatte ich im Dienstgebäude ein Zimmer. Ich war also praktisch überwacht oder leicht zu überwachen, wenn nötig. Mein Zimmer war im zweiten Stock. Dorthin kamen oft junge Menschen, denn ich hatte schon wieder eine Untergrundgruppe gegründet. Eines Nachts, Anfang 1945, kam ein Mann zu mir, ein Militärpolizist. Er war einmal mein Schüler gewesen. Er sagte: Herr Yun, ich komme nicht als Polizist, sondern als Ihr ehemaliger Schüler, Ihnen droht Gefahr, Sie müssen sofort fliehen, für morgen ist Ihre Verhaftung geplant. Ich dankte ihm sehr, und er ging. Aber wie sollte ich fliehen? Die Tür war bewacht, da war ein Aufseher, ein Koreaner. Ich konnte aus dem Fenster klettern, gut, aber ich wollte mein Cello nicht zurücklassen. Was tun? Ich ging einfach zu dem Aufseher und sagte ihm alles ganz offen, ich baute auf sein menschliches Herz, das habe ich angefleht. Und er half mir. Er stand unter dem Fenster, aus dem ich an einer Schnur mein Cello hinunterließ und dann selbst nachkletterte. Es war eine helle Mondnacht, und ich mußte immer wieder warten, bis eine Wolke den Mond verdeckte. Der Mann brachte mich zu seinem Haus am Stadtrand, dort mußte ich den Morgen abwarten, denn ich wollte den ersten Bus nehmen, der irgendwohin fuhr. In dieser Nacht habe ich nicht geschlafen, ich habe mit dem Mann geredet und ihn politisch aufgeklärt, und später hörte ich, daß er danach selbst einer Untergrundgruppe angehört habe. Am frühen Morgen fuhr ich bis zur ersten Bahnstation, die war sechzig Kilometer entfernt. Aber da gab es ein Problem: jeder Koreaner mußte damals auf Befehl der Japaner ein Namensschild tragen, mit Tinte auf ein Stück Stoff gemalt und auf die Kleidung sichtbar aufgenäht. Aber, ach, ich schäme mich heute noch, es zu sagen – unsere Namen waren japanisiert. Ich hieß Ihara. Mit diesem Namen aber war ich der Polizei bekannt. Ich mußte ihn wechseln, ich wählte den Namen Kanamoto, das war ein sehr gebräuchlicher Name, so wie in Korea Kim und in Deutschland Schulz oder Müller. Vor dem Bahnhof gab es eine Kontrolle. Zufällig war der Polizist ein Bekannter. Er schaute sehr erstaunt auf mein Namensschild. Ich sagte: Still, still, reden wir nicht darüber.

51

Und ich verschwand. Ich nahm den Zug nach Seoul. Aber da gab es immer wieder Kontrollen, und ich mußte oft in der Toilette verschwinden. Ich war sicher, daß schon nach mir gefahndet wurde. Schließlich wurde es mir zu gefährlich im Zug, und ich stieg aus. Ich blieb ein paar Tage bei Bekannten, dann fuhr ich weiter nach Taegù. Da nahm mich ein Freund auf, der selber eine Untergrundgruppe leitete. Er hatte ein kleines Kohlengeschäft, da ließ er mich schlafen zwischen den Kohlen. Aber ich ertrug den Kohlenstaub nicht, und so fuhr ich weiter, nach Seoul.

L.R. Und immer mit deinem Cello?

I.Y. Das einzige, was ich noch besaß. Ohne mein Cello hätte ich mich ganz verlassen gefühlt. Das Cello war mein Freund, mein Partner. So kam ich nach Seoul. Ich fand in einem billigen Hotel ein Zimmer. Das Problem war das Essen. Damals gab es Lebensmittelkarten, ich hatte keine, denn ich war ja ein Illegaler. Wer keine Reiskarte hatte, der mußte Schlange stehen vor Restaurants, in denen es etwas gab, nicht Reis, sondern ein anderes Getreide, das sonst Viehfutter war. Ich stand also Schlange, stundenlang. Das waren keine richtigen Restaurants, sondern Notküchen, im Krieg eingerichtet, das Essen war abscheulich, und ganz wenig, so daß man dann zur nächsten Notküche lief und wieder Schlange stand für ein bißchen schlechtes Essen. Und noch ein anderes Problem: ich hatte keinen Ausweis, und ins Hotel kamen Polizeikontrollen, so mußte ich mich verstecken und fliehen, immer wieder. Das war alles sehr schlimm: Hunger, Schlangestehen, Furcht, Flucht. Ich brauchte unbedingt einen Ausweis. Ich schrieb einem guten Freund nach Tong Yong, der dort in der Stadtverwaltung saß, der besorgte mir einen Ausweis auf den Namen, den ich gewählt hatte, und er schrieb mir dazu, ein Mann namens Kanamoto sei in Japan gestorben und nicht abgemeldet, ich könne also ruhig unter diesem Namen leben. Den Ausweis schickte er mir postlagernd. Nun hatte ich also einige Sicherheit, aber gar kein Geld mehr. Da fand ich in der Zeitung eine Anzeige: eine private Druckerei suchte eine

Arbeitskraft. Ich ging sofort hin und fand einen sehr freundlichen Mann, der mir Arbeit gab. Ich war fleißig, mußte aber tagsüber oft weglaufen und mich um Essen anstellen. Und eines Tages sah mich am Fenster der Druckerei ein Jugendfreund. Er kam herein und las voller Erstaunen mein Namensschild: Kanamoto. Mein Chef stand daneben. Da beschloß ich, meinem Chef alles offen zu sagen. Er hörte sich meine Geschichte an, und dann lächelte er und sagte: Sie können ganz ruhig sein, bei mir sind Sie sicher. Er war Volksschullehrer in der Nähe Tong Yongs gewesen, und er war, wie viele Lehrer damals, links und im Widerstand, er war verhaftet und gefoltert worden und hatte drei Jahre Gefängnis hinter sich. Er stand auf der schwarzen Liste. Für mich war dieses Zusammensein mit einem Mitkämpfer einerseits gefährlich, andrerseits wunderbar und tröstlich. Aber gesundheitlich ging es mir schlecht. Nachmittags hatte ich immer Fieber. Ich war auch unterernährt und elend. Eines Tages konnte ich nicht mehr, und ich ging ins Krankenhaus. Man stellte Tuberkulose fest. Man behielt mich gleich dort. Ich hatte aber kein Geld. Nun: ich blieb einfach liegen. Drei Wochen, und ich fühlte mich schon besser. Eines Tages ging ich auf den Korridor, da waren Lautsprecher aufgestellt, und da hörte ich eine bekannte Stimme, es war die des Tenno, des japanischen Kaisers, und er verlas die Kapitulation. Vor den Lautsprechern standen weinend die japanischen Ärzte und Krankenschwestern. Ich war außer mir vor Freude. Ich lief aus dem Krankenhaus auf die Straße. Die Zeitungsjungen riefen die Nachricht aus, und die Menschen konnten die Nachricht noch kaum glauben. Ich lief und lief. Ich riß mir mein Namensschild ab und lief weiter. Leute schlossen sich mir an, so liefen wir laut jubelnd durch die Stadt, und alle schrien ›MANSE!« Vivat Korea! Das war die Geheimparole gewesen für die Leute im Widerstand. Alle waren nun Freunde und Brüder. Freiheit, Freiheit nach sechsunddreißig Jahren! Ich blieb drei Tage und Nächte in der Stadt, dann ging ich ganz erschöpft ins Krankenhaus zurück. Der Arzt war entsetzt. Er sagte: »Das kann Ihr Tod sein.« Aber das war mir jetzt gleich. Nun, es war nicht mein Tod, aber der Arzt sagte, ich würde, wenn ich meine Lunge nicht ausheilte, lebenslang krank bleiben. Aber auch das war mir jetzt ganz unwichtig. Ich ging weg, ich wollte arbeiten, mithelfen, unser Land wiederaufzubauen.

III

Umwege zu Beruf und Selbstfindung

I.Y. Es gab schon provisorische politische Organisationen. Parteien
entstanden. Die Kommunisten hatten besonders stark im Widerstand gearbeitet, allerdings mehr vom Exil aus. Sie kamen
jetzt zurück. Und Syngman Rhee kam aus den USA zurück, und
auch die nationalistische Exilregierung kam aus Schanghai zurück. Alles war in Bewegung, alles im Aufbau. Ich wollte dabei-
sein. Unmittelbar nach der Befreiung war ich eines Tages ins
Büro der kommunistischen Partei gegangen. Man fragte mich
nach meiner politischen Einstellung. Ich sagte: Ich bin Koreaner, ein Patriot, sonst nichts als ein Musiker, ich bin nicht politisch, aber ich möchte etwas tun beim Wiederaufbau unseres
Landes, etwas im Sinne des Sozialismus, eines, so würde man
heute sagen: national-demokratischen Sozialismus. Aber ich
war nicht parteipolitisch geschult. Die Kommunisten hatten
ihre geschulten Leute. Mich konnten sie nicht brauchen, sie ließen mich einfach im Büro sitzen. Ich las immer Zeitungen. Mir
wurde bald klar, daß sich verschiedene politische Richtungen
scharf gegeneinander abzusetzen begannen. Bei den Kommunisten gab es eine radikale und eine liberalere Richtung, aber es
gab daneben schon eine sehr nationalistische Partei, und sie fingen an zu streiten. Es war eine feindselige Stimmung im Land.
Das eben befreite Volk befeindete sich nun im Innern. Ich war
tief enttäuscht und zog mich bald ganz zurück. Ich fuhr zu meiner
Mutter nach Tong Yong. Damals kamen viele Intellektuelle und
Künstler zurück aus dem Exil, auch aus Japan und aus den Ge-
fängnissen, und wir gründeten die Kulturgesellschaft Tong
Yong.

L.R. Was du da erzählt hast, könnte ich erzählen von der Zeit im Deutschland nach dem Krieg, mit einem Unterschied: unsere Intellektuellen und Künstler kamen nicht alle zurück, viele blieben im Ausland, sie mißtrauten dem deutschen Frieden. Wir andern gründeten auch Kulturgesellschaften und fühlten uns mitverantwortlich für den Wiederaufbau unseres Landes. Aber eine andere Frage: Eure Provinz, vor allem Tong Yong, war im Zentrum wenigstens doch zu neun Zehnteln japanisch gewesen. Was geschah jetzt mit den Japanern, denen doch viele Geschäfte gehörten und welche die Beamten gestellt hatten?

I.Y. Sie waren zuerst, nach dem Kriegsende, noch an der Macht, sie saßen vor allem im Polizeipräsidium. Überall waren japanische Polizisten. Sie hatten noch keinen Rückzugsbefehl bekommen, sie warteten und blieben zusammengeschlossen. Natürlich waren jene Koreaner, die mit den Japanern kollaboriert hatten, längst weggelaufen, sie fürchteten sich. Allgemein wollten wir Koreaner jetzt endlich unsere eigene Verwaltung, unsern eigenen Bürgermeister, unsren eigenen Polizeichef. Da aber die Japaner nicht freiwillig gingen, mußten wir sie schließlich mit Gewalt zwingen: wir bildeten eine Selbstverteidigungsfront und vertrieben die Japaner mit Waffengewalt. Sie schossen zurück und töteten dabei einen Koreaner. Das war das Signal zu einem Massenaufstand. Das Volk zog zum Polizeipräsidium und besetzte es. Nun wurden jene Koreaner, die projapanisch gearbeitet hatten, auch als Denunzianten, verhaftet, allerdings nur die wirklich schlimmen. Die andern nahmen wir in Schutzhaft, sonst hätte das Volk sie gelyncht. Wir Koreaner sind ein friedliches, stilles Volk, du weißt, daß wir seit mehr als tausend Jahren keinen Angriffskrieg gemacht haben. Aber wenn wir einmal über unsere Kräfte gelitten haben und in Zorn ausbrechen, können wir auch grausam sein. Wir Intellektuellen und Künstler haben damals intensiv dafür plädiert, daß das Volk ruhig blieb und keine Grausamkeiten beging. Nach kurzer Zeit schien sich die Situation nochmals zu verändern: die Japaner bereiteten einen Gegenschlag vor, eine militärische Invasion in Tong Yong. Aber der Plan wurde offenbar, alle Lautsprecher der Stadt alarmierten uns, und wir empfingen die Japaner mit Waffen. Sie schossen hysterisch in die Massen, mußten sich aber nach einem kurzen Gefecht zurückziehen. Ein paar Tage später kamen die Amerikaner. Wir erhielten zuerst eine amerikanische Verwaltung. Die Lage blieb noch chaotisch. Viele Koreaner wollten die Häuser und Geschäfte und Güter der Japaner haben, die nun herrenlos waren. Da gab es viel Verwirrung. Auch politisch herrschte Unfrieden: auf der einen Seite die Kommunisten, auf der andern die Nationalisten.

L.R. Und du?

I.Y. Ich gehörte zu keiner Partei, nur zu unsrer Kulturgesellschaft. Aber die verlor im allgemeinen Chaos an Bedeutung. Es war jetzt nicht die Zeit für »Kultur«. Es ging ums nackte Überleben, um Realpolitik, um Wirtschaft. Da bot sich mir eine Aufgabe: täglich kamen koreanische Kinder und Jugendliche aus Japan zurück. Die meisten hatten im Krieg ihre Eltern verloren. Sie wurden in Pusan ausgeladen und dann sich selbst überlassen. Sie strichen durchs Land und bettelten und stahlen und wurden schwer kriminell. Niemand tat etwas für sie. Da nahmen meine Freunde und ich uns ihrer an. Wir hatten wenig Geld, aber die Amerikaner halfen uns. Sie überließen uns ihre Lastwagen, und mit denen fuhren wir über Land und sammelten die streunenden Kinder ein. Mit Zwang. Wir gaben ihnen zu essen, wir wuschen sie, wir kleideten sie ein. Wir gaben ihnen Unterricht in der koreanischen Muttersprache, die sie nicht mehr kannten, und versuchten, sie zusammenzuhalten. Aber sie liefen weg. Da hatten wir eine Idee: sie auf eine kleine Insel an der Westküste zu bringen. Auf dieser Insel stand ein großes leeres Gebäude. Wir dachten, auf dieser schönen Insel ein Kinderparadies zu errichten. Aber die Kinder blieben nicht. Viele schwammen einfach durchs Meer zurück, sie wollten nicht so isoliert und in Ordnung leben. Wir mußten den Inselplan aufgeben. Aber ich hatte einen andern: es gab in der Nähe von Pusan ein städtisches

Heim, ein Internat mit Schule, ein Waisenhaus. Dorthin ging ich und brachte viele Kinder unter. Ich wurde der Leiter dieses Heims. Ich mußte alles tun: das Heim verwalten, als Lehrer unterrichten und die Kinder erziehen. Die Kinder kamen aus Japan und konnten kein Koreanisch mehr und waren völlig verwahrlost in jeder Hinsicht. Sie waren in verschiedenem Alter, zwischen sechs und achtzehn Jahren. Die Stadt zahlte etwas, und die Amerikaner halfen mit Lebensmitteln. Aber sie brachten immer nur Bonbons und Zukker und Trockenmilch, während die Kinder Proteine brauchten: Fisch und Reis. Ich machte also Tauschgeschäfte und konnte die Kinder einigermaßen gut ernähren. Ich lebte ganz mit ihnen, auch nachts, ich schlief wie sie auf dem Fußboden. Viele von ihnen waren krank, einige hatten Anzeichen von Lepra, die mußten wir wegbringen in Krankenhäuser. Andere wurden kriminell, sie stahlen. Nun, ich habe immer versucht, ruhig und vernünftig mit ihnen zu reden. Das hat viel geholfen. Oft ging ich mit diesem oder jenem besonders schwierigen Kind spazieren zwischen den Feldern, auf denen den ganzen Herbst hindurch die Cosmea blüht, rosa und lila und weiß, wunderschön ist das, und wenn es Abend war und der Wind darüber wehte, war eine friedliche Stimmung über dem Land, und die Kinder waren geneigt, auf mich zu hören, und gerade die schwierigsten kamen dann in eine weiche Stimmung und öffneten mir ihr Herz. Oft nahm ich auch alle Kinder mit hinaus und erzählte Märchen oder sang mit ihnen. Tagsüber mußten sie, so gut sie konnten, Garten- und Feldarbeit tun, und abends versuchte ich, ihnen das verlorene Elternhaus ein wenig zu ersetzen. Ich war glücklich in jener Zeit, so schwer sie auch äußerlich war.

L.R. Der Schweizer Pestalozzi hat, wie du, nach dem Krieg, dem Napoleonischen, die Kinder, die Waisen, gesammelt und sie erzogen und unterrichtet, und er hat diesem seinem Sozialberuf den eigentlichen, den dichterischen, geopfert. Aber er ist gescheitert, weißt du das? Man hat ihn verdächtigt . . .

I.Y. Ich weiß. Auch mich hat man verdächtigt. Es gab in unserm

Waisenhaus einen Mann, den ich als Lehrer berufen hatte. Sein Onkel war in der Stadtverwaltung, und unser Haus unterstand ihm. Er hatte den Plan, seinen Neffen zum Leiter des Hauses zu machen und mich wegzubringen. Aber wie? Durch Verleumdung. Er sagte, ich bereichere mich durch den Verkauf des amerikanischen Zuckers und Milchpulvers. Ich erklärte öffentlich, daß ich nichts verkaufe, sondern nur tausche, und gewiß nicht zu meinem eigenen Gewinn, sondern nur, um die Kinder gut zu ernähren. Er sagte nichts mehr, aber mein Glück war dahin. Sollte ich aufgeben, sollte ich bleiben? Beides schien mir nicht gut. Eines Tages öffnete ich die Tür zum Lager, ich war allein, und da kam mir der Gedanke, ich könnte mich wirklich bereichern an diesen amerikanischen Lebensmitteln. Ich erschrak sehr tief über diesen Gedanken und dachte: Wenn ich hierbleibe, kommt mir vielleicht dieser Gedanke im Ernst, und ich werde zum Dieb. Ich machte die Tür zu und schrieb mein Gesuch um Entlassung und ging. Später habe ich gehört, daß ein andrer sich bereicherte, eben der Neffe des Mannes, der ihn zu meinem Nachfolger bestimmt hatte. Ich ging nach Hause.

L.R. Und in all dieser Zeit, wo war die Musik?

I.Y. Ach, die Musik . . . Ich war gar nicht mehr gesund, ich hatte zu meiner Tbc auch starke Ischiasschmerzen, weil ich immer auf dem kalten Boden geschlafen hatte, und ich mußte dringend Geld verdienen, also Arbeit suchen. 1948 hat man mich an ein Mädchen-Gymnasium in Tong Yong berufen, als Musiklehrer. Ich war dreißig Jahre alt. Aber bald berief man mich nach Pusan an die Pädagogische Hochschule. Dort war ich hauptberuflich Musiklehrer. Ich habe einen Chor gegründet und ein kleines Orchester, ich habe Quartett gespielt, Haydn, Mozart, Schubert, Beethoven, und Musikveranstaltungen gemacht, bei denen unser Orchester, dem ich angehörte, immerhin leichtere Haydn- und Beethoven-Symphonien spielen konnte. Alles war etwas primitiv, alles im Aufbau, aber es war endlich wieder Zeit für Musik! Ich habe sogar wieder komponiert, Lieder und Streichquartette. So ging es mir eigentlich sehr gut. Aber eines Tages spuckte ich Blut, sehr viel Blut, und wurde sterbensschwach. Man brachte mich in die Klinik. Später erzählte man mir, der Arzt habe mich nicht aufnehmen wollen, weil ich ein Sterbender sei. Ich war halb bewußtlos, und in den wachen Augenblicken habe ich gebetet, zum erstenmal in meinem Leben: »Gott, hilf mir. Du kannst mich heilen. Und dann werde ich meine ganze Lebenskraft einsetzen, um anderen Menschen Gutes zu tun.«

L.R. Darf ich dich fragen: Zu welchem Gott hast du gebetet?

I.Y. Zum Christengott.

L.R. Und wurdest du geheilt?

I.Y. Es gab ein ganz neues Mittel gegen Tbc: Streptomycin. Ich bekam es. Ich lag nur zwei Wochen im Krankenhaus, dann durfte ich heim. Dort kurierte ich mich innerhalb von drei Monaten einigermaßen, wenn auch nicht vollständig, aus. Ich mußte um jeden Preis rasch gesund werden. Wir hatten keine Krankenkasse und keine Arbeitslosenversicherung. Als ich einigermaßen ausgeheilt war, kehrte ich an meine Schule in Pusan zurück. Dort begann ein neuer Abschnitt meines Lebens: ich lernte Su Ja kennen, meine künftige Frau. Sie war Lehrerin an der selben Schule, sie war ganz frisch von der Universität gekommen, zweiundzwanzig Jahre alt, aus guter Familie, der Vater war Bankier. Wir wollten bald heiraten. Aber Su Jas Familie war ganz dagegen. Ihr schien meine wirtschaftliche Lage unsicher. Zudem war ich ein Mann mit Tbc. Aber schließlich hat Su Ja es doch durchgesetzt, daß wir heiraten konnten. Die Hochzeit war am 30. Januar 1950.

L.R. Im Jahr des Ausbruchs des Koreakrieges!

I.Y. Wer dachte im Januar daran, daß einige Monate später Krieg sein würde? Wir jedenfalls nicht. Wir heirateten, als wäre ewiger Friede. Su Jas Familie wünschte eine große Hochzeitsfeier im besten Hotel von Pusan. Vierhundert Gäste! Und wir, du wirst lächeln, auf Europäisch gekleidet: Su Ja im weißen Brautkleid mit Schleier und ich im Smoking. Ja, wir hatten uns nach dem Zweiten Weltkrieg rasch europäisiert oder amerikanisiert. Wie auch immer: es war ein schönes Fest.

Meine Freunde sangen Lieder, die ich komponiert hatte. Und dann begann unser Eheleben, und Su Ja wurde bald schwanger, und dann, am 25. Juni, geschah das Schreckliche: der Bruderkrieg.

Ich war eben bei einer Schulsitzung, da kam die Blitznachricht: die Nordkoreaner sind in Seoul einmarschiert. Wir glaubten es nicht, das war doch unmöglich, ohne Kriegserklärung. Es waren schon vorher immer wieder Nachrichten von der Nordgrenze durchgekommen, daß es kleine Feindseligkeiten gab. Aber ein Krieg?! Nun, Syngman Rhee hatte immer gesagt, er würde eines Tages seine Armee in Nordkorea einmarschieren lassen. Wir glaubten nicht, daß er es tun würde, wir nahmen es als bloße Drohung. Aber jetzt waren ihm die Nordkoreaner zuvorgekommen, und der Krieg war in unserm Land, nicht in Nordkorea. Die Armee marschierte im Sturm gegen Süden. Stündlich langten neue Flüchtlinge in Pusan an.

L.R. Und ihr habt keinen Widerstand geleistet? Ihr wart also doch nicht gerüstet?

I.Y. Auf einen Blitzkrieg waren wir im Süden nicht gefaßt. Die Nordkoreaner stießen in kürzester Zeit bis Taegù vor. Da erst kamen uns die UN-Truppen zu Hilfe.

L.R. Inzwischen war Seoul zerstört und vieles andere. Aber irgendwie müßt ihr doch gekämpft haben?

I.Y. Ja, verzweifelt, aber schlecht organisiert. Es gab junge Leute, die sich mit Handgranaten vor die nordkoreanischen Panzer warfen, um den Einstrom nach Süden zu verzögern. Aber alles war vergeblich. Nur Pusan, die Hafenstadt, war noch unbesetzt. Sie wurde verteidigt von der südkoreanischen Armee, die sich dorthin zurückgezogen hatte. Und dort unterstützten uns die Amerikaner. Jetzt wurde auch in Südkorea mobilisiert, und ich mußte fürchten, zum Militär eingezogen zu werden.

L.R. Fürchten? Du hast dich gefürchtet?

I.Y. Ich wäre jederzeit in den Krieg gegen japanische Invasoren gezogen, ja, aber nicht in einen Bruderkrieg. Ich konnte nicht glauben, daß der Konflikt nicht friedlich ausgetragen werden könnte. Ich verstand dieses schreckliche Morden des eigenen Volkes nicht. Darum wollte ich nicht kämpfen. Wenn Militärpolizei kam, um junge Männer zu rekrutieren, versteckte ich mich. Das Leben wurde unerträglich schwierig. Die Schulen wurden geschlossen, wir hatten kein Geld mehr, und Su Ja erwartete unser erstes Kind. In meiner Not wandte ich mich an einen Freund, der Militärkapellmeister war. Er gab mir Aufträge, Lieder zu komponieren und bei einer Blaskapelle und einem Militärchor mitzuwirken. Wir zogen damit von Ort zu Ort im unbesetzten Gebiet. Dafür bekamen wir Lebensmittel. Aber der Krieg nahm kein Ende, und bald gab es keine Blaskapelle mehr und keine Lebensmittel. Die reichen Leute hatten längst sich und ihr Geld in Sicherheit gebracht: sie hatten Schiffe gekauft und waren nach Japan geflohen. Mit Geld konnte man alles machen. Die Korruption blühte. Aber ich, ich hatte kein Geld. Ich hätte nur im Meer schwimmend mich nach Japan retten können. Ich blieb und wartete. Und dann, im November 1950, war es soweit, daß Su Ja Wehen bekam. Wir hatten nichts mehr, buchstäblich nichts mehr zu essen und auch keine Medikamente, und kein Petroleum und keine Kerzen, kein Holz für heißes Wasser und Heizung, und die Kliniken waren mit verwundeten Soldaten überfüllt, und eine Hebamme war auch nicht in der Nähe.

L.R. Und eure reichen Verwandten, waren die auch in Japan?

I.Y. Ach weißt du, sie waren schon im Land, aber sie hatten unsre Heirat nie gern gesehen, und jetzt waren wir zu stolz, um ihnen unsern armseligen Zustand zu zeigen. Am Abend des 29. November ging ich dann doch fort, um einen Freund um Essen und Holz zu bitten, aber er war nicht zu Hause. Es war so schlimm zu denken, daß wir nicht einmal Licht hatten. Unser Kind sollte also in der Dunkelheit geboren werden. Ich ging noch einmal fort, aber der Freund war noch nicht zu Hause. Dieses Fortgehen nachts war verboten. Aber was tun? Ich ging wieder heim und nahm Su Ja in den Arm, und wir warteten. Wir waren sehr glücklich, trotz allem.

Familie Yun, Pusan, 1956

L.R. Und wenn das Kind geboren worden wäre in dieser Nacht, was hättest du getan?

I.Y. Ich hatte eine Schere gerichtet, um die Nabelschnur durchzuschneiden, das war alles, was ich hätte tun können. Aber es wurde Morgen, und das Kind war noch nicht da, und da erfuhr Su Jas Tante von unserer Lage. Sie ging sofort zu uns und brachte Su Jas Mutter und eine Hebamme mit, und Reis, und so kam unsre Tochter doch bei Licht zur Welt und inmitten der Verwandten und in feierlicher, freundlicher Stimmung.

L.R. Ihr habt sie Tjong genannt, vermutlich nach jener Tjong, über die du dann jene Oper, Sim Tjong, schriebst?

I.Y. Nein, Djong, das heißt: stiller reiner Wasserstand. Es ist chinesisch und kommt oft vor in der klassischen Literatur.

L.R. Und dann ging der Krieg weiter, noch drei Jahre lang. Wie habt ihr denn in diesen Kriegsjahren gelebt?

I.Y. Allmählich hat das Leben sich etwas normalisiert. Die Schulen wurden wieder geöffnet, und ich war Musiklehrer an der Pädagogischen Hochschule und Lehrbeauftragter für europäische Musikgeschichte an der Universität.

L.R. Wir wollen jetzt nicht über Politik reden, aber ich kann doch eine Frage nicht unterdrücken. Ich möchte deine Meinung wissen: Ich habe gelesen, daß es damals möglich gewesen wäre, mit Hilfe der Amerikaner die Nordkoreaner ganz zu beseitigen und Nordkorea zu erobern und Korea wieder zu einigen und zu demokratisieren. China und die Sowjetunion hatten versichert, sich nicht einzumischen. Aber China mischte sich doch ein in einem Blitzüberfall gegen die südliche Armee, die schon in Nordkorea stand.

I.Y. Damals war oberster Befehlshaber MacArthur, der wollte bis zur Mandschurei vordringen. Aber Truman und nach ihm, ab November 1952, Eisenhower als Präsident der USA, fürchteten eine Expansion des Kriegs, fürchteten die Einmischung der Sowjetunion. So kam es, daß die Teilung Koreas und der 38. Breitengrad als Grenze blieben.

L.R. Und dein Privatleben, dein Berufsleben, wie ging das weiter? Wir sind im Jahr 1953. 1956 gingst du nach Europa. Was geschah in den Jahren dazwischen? Das mußt du mir noch erzählen.

I.Y. Ich ging nach Seoul. So zerstört es war, es war doch Hauptstadt. Ich wurde Dozent an einigen Universitäten, und ich hatte Aufführungen meiner Kompositionen, und ich schrieb, um Geld zu verdienen, Musik zu koreanischen Filmen. Für einige Zeit war ich auch Generalsekretär des koreanischen Komponisten-Verbands. Der war 1950 in Pusan gegründet worden. Fast alle Komponisten waren Mitglied. Damals war der Verband politisch gefärbt: wir waren stark antikommunistisch und schrieben auch politische Lieder. Nach dem Koreakrieg kehrten wir alle nach Seoul zurück und begannen, rein künstlerische Aktivitäten zu entwickeln.

L.R. In diesen Jahren hast du dich einmal nicht politisch betätigt?

I.Y. Nein. Ich mußte sehr viel arbeiten. Damals wurde unser zweites Kind geboren, unser Sohn Ugiong. Es war keine leichte Zeit. Aber dann, 1956, bekam ich den großen Kulturpreis der Stadt Seoul. Es war der größte koreanische Kulturpreis überhaupt. Er wurde zum erstenmal an einen Komponisten vergeben. Ich freute mich, aber ich wußte, daß mir kompositionstechnisch vieles fehlte. Mir war klar, daß ich nach Europa gehen mußte. Nur in Europa konnte ich lernen, was ich lernen wollte.

IV

Studium und erste Erfolge

L.R. Warum gingst du gerade nach Paris?

I.Y. Eigentlich wollte ich nach Deutschland, aber dorthin hatte ich keine Beziehungen. Ich brauchte aber, um die Genehmigung zur Ausreise zu bekommen, die Einladung einer ausländischen Stelle. In Paris hatte ich einen Freund, einen koreanischen Geiger, dem ich Kompositionen von mir geschickt hatte. Es gab nicht viele: eine Cellosonate, ein Streichquartett, ein Klaviertrio, ein paar Chorstücke und Lieder. Die Instrumentalstücke sind uneinheitlich und brachten nichts Neues etwa über Bartók hinaus. Er zeigte sie am Pariser Konservatorium vor, und dort lud man mich ein. Ich war fast vierzig Jahre alt und wollte rasch lernen, westliche Musiktheorie, moderne, atonale Musik, Zwölftonmusik, ich wollte die Schule von Schönberg, Webern und Berg kennenlernen, die sogenannte Wiener Schule. Ich dachte, ich würde rasch lernen. Meine Absicht war, drei Jahre zu bleiben. Ich war sicher, nach drei Jahren wieder in Korea zu sein.

L.R. Du kehrtest nach Korea zurück elf Jahre später als Gefangener des KCIA.

I.Y. Ja, es kam alles anders als gedacht. In Paris war ich nicht gern. Zwar interessierte mich vieles, die Museen, die Theater, die Konzerte; ich hörte die Musik von Messiaen, Jolivet, Dutilleux, Rivier, Tansman, Sauguet, Mihalovici, zeitgenössischen Komponisten, die mich interessierten. Ihre Musik war fremd für mich. Ich selber hatte meinen Weg noch nicht gefunden, ich konnte mich kompositorisch noch nicht festlegen. Ich hatte mich immatrikuliert am Conservatoire National de Pa-

67

ris, aber ich war schon fast vierzig, und man nahm mich nicht als normalen Studenten, das bedeutete, daß ich viel mehr Schulgeld zahlen mußte, das war nicht leicht für mich. Darum bemühte ich mich, möglichst intensiv rasch alles zu lernen, was ich lernen wollte, um dann bald nach Korea zurückzukehren. Komposition studierte ich bei Tony Aubin, sein Unterricht war an sich interessant, aber ich wollte modernste Kompositionstechniken lernen, während er Beethoven und Wagner analysierte. Theorie studierte ich bei Pierre Revel. Er war Schüler von Paul Dukas, dieser war noch Schüler von d'Indy gewesen. Revel war ein solider Komponist und seit langem Lehrer für Theorie, sein Unterricht war höchst konzentriert, sehr gründlich und menschlich sympathisch. Bei ihm lernte ich die anspruchsvollen Theorien von Paul Fauchet, Henri Challan, Jean Gallon, und ich meinte damals, daß ich mir die echte Tradition des Pariser Konservatoriums nun gründlich einverleibt hätte. Einmal aber, als ich Revel meine Lösung einer theoretischen Aufgabe zeigte und er sie auf dem Klavier spielte, sprang er vom Sessel auf wie von einer Nadel gestochen und rief: »Was Sie da schreiben, ist einwandfrei, aber so ungewöhnlich!« Wahrscheinlich wollte er sagen: so unelegant. Irgendwie hatte er recht. Es ist schwer für einen Ostasiaten, der aus einer ganz andern Musikwelt kommt und keine Tradition der Mehrstimmigkeit besitzt, nun mit Kontrapunkt und Harmonie zu komponieren. Nun, ich lernte und lernte weiter, und dabei dachte ich immerfort: Ich geh bald wieder heim nach Korea und werde Lehrer für Musiktheorie an der Universität. Nach einem Jahr hielt ich es in Paris nicht mehr aus, es ist eine so kalte Stadt, und ich brauchte auch andere Lehrer jetzt. Ich ging nach Berlin, zu dem besten Lehrer, den es dort gab, zu Boris Blacher. Seine Musik kannte ich schon. Er war Lehrer an der Hochschule für Musik und zugleich ihr Direktor. Ich zeigte ihm die noch in Korea geschriebenen Stücke für Kammermusik. In Paris hatte ich nichts Bedeutendes komponiert, nur die vorgeschriebenen Aufgaben meines Lehrers. Blacher schaute sie durch, dann sagte er: Sie können bei mir

anfangen. Er hatte eine Meisterklasse mit acht oder neun
Studenten. Die kamen alle schon als fertige Komponisten zu
ihm, auch aus dem Ausland, und wollten sich bei Blacher nur
noch vervollkommnen. Blacher war nicht radikal modern, er
hat fast nie wirklich serielle Musik geschrieben, aber er war
ein hervorragender Lehrer. Er zwang einem nichts auf, er
holte heraus. Leider kam er nur zweimal in der Woche in die
Hochschule. Der Unterricht war sehr kurz. Er schaute sich
eine Arbeit rasch, aber genau an, sagte wenig und nur dann,
wenn er einen Fehler gefunden hatte. Ein Urteil gab er nie.
Mir sagte er, ich müsse viel unkomplizierter schreiben, viel
durchsichtiger, und auch Rücksicht nehmen auf die Interpre-
ten, also nicht so schwer schreiben. Er sagte auch, ich solle
meine asiatischen Klangvorstellungen deutlicher verwirkli-
chen. Ich hatte damals ein Violinkonzert geschrieben und das
Zweite Streichquartett und einige kleinere Stücke, auch die
›Musik für sieben Instrumente‹, die dann in Darmstadt uraufgeführt wurde, mit Erfolg sogar. Ich hatte mir sehr dringend
gewünscht, mit Blacher auch in einen menschlichen Kontakt
zu kommen. Er war in Asien aufgewachsen, in China, er
konnte mich verstehen, aber er hatte keine Zeit. Ich vermißte
die Wärme an ihm. Ich verstand ja, daß er keine Zeit hatte, er
war überlastet mit Verwaltungsarbeit für die Hochschule, und
er war nicht gesund, und er mußte ja auch seine eigenen
Kompositionen schreiben. Einmal, als ich ihm meine ›Musik
für sieben Instrumente‹ zeigte, sagte er nur kurz: Gut. Er
lobte selten. Bei meinem Abgang von der Hochschule bot er
mir an, weiterhin mit ihm zu arbeiten, aber dazu kam es nicht.
Später hörte er einmal mein Stück ›Bara‹ im Radio, und als er
mir begegnete, sagte er nur: Sie sollen noch einfacher schreiben. Dieses Wort habe ich in mich aufgenommen.

L.R. Du hast auch bei Josef Rufer und bei Reinhard Schwarz-
Schilling studiert.

I.Y. Bei Schwarz-Schilling Kontrapunkt und Kanon und Fuge. Er
war sehr sympathisch, warm und hilfsbereit. Die menschliche
Verbindung blieb bis heute.

L.R. Ich kenne ihn: er war der Freund meines ersten Mannes und mit ihm Schüler bei Heinrich Kaminski.

I.Y. Bei Rufer habe ich gründlich die Techniken der Wiener Schule gelernt. Rufer war damals einer ihrer besten Kenner, er war Assistent Schönbergs gewesen. Er analysierte die Stücke äußerst exakt. Die Klassen Blachers und Rufers waren auf eine natürliche Weise koordiniert: Blacher war der Kompositionslehrer, Rufer der Theoretiker. Ich hatte übrigens Rufers Buch ›Die Komposition mit zwölf Tönen‹ schon in Korea studiert. Aber es war nicht die Zwölftonmusik, die meinen Weg bestimmte, obwohl ich meine frühen Arbeiten, die ›Fünf Stücke für Klavier‹ und die ›Musik für sieben Instrumente‹ in Schönbergscher Technik schrieb. Ich dachte nun allmählich an Rückkehr nach Korea, aber vorher wollte ich eine Abschlußprüfung machen, damit ich ein Diplom bekäme, das ich brauchte, wenn ich in Korea meine Lehrtätigkeit wiederaufnehmen wollte. Für diese Prüfung mußte ich mich auf sieben Fächer vorbereiten. In dieser Zeit arbeitete ich ungemein viel, noch dazu unter schwierigen Umständen: damals waren sehr viele Studenten aus dem In- und Ausland in Berlin, und es war schwer, ein halbwegs gutes Zimmer zu finden. Das meine war ein Alptraum. Die Wirtin war eine Baronin aus Ostdeutschland, sie war schwerhörig und schmutzig und hatte viele Katzen, und alle Winkel der Wohnung waren vermietet, sogar auf dem Korridor schlief jemand und in der Küche und in der Speisekammer, und nachts konnte die Frau nicht schlafen und ließ ihr Radio laufen, sehr laut, sie war ja schwerhörig, und dann wurde geschimpft, und dann fing ein Mieter an, auf einem Kinderxylophon zu spielen, und ich spielte Cello, um alles Geschrei zu übertönen. Gräßlich!

L.R. Ah, endlich taucht das Cello wieder auf. War es das, mit dem du auf die Flucht gingst?

I.Y. Nein, ein neues, aber nur geliehen. Nun: 1958 war ich bereit, nach Korea zurückzugehen. Vorher wollte ich aber doch einmal an einem der ›Kurse für Neue Musik‹ in Darmstadt teilnehmen. Das war damals das Zentrum für moderne Musik *zu Seite 142*

Botschafter a. D. Franz Ferring erklärt, daß er als der damalige deutsche Botschafter in Südkorea weder in dieser Sache noch überhaupt mit dem Südkoreanischen Geheimdienst zusammengearbeitet hat und daß er dies, wenn er von der Autorin befragt worden wäre, auch mitgeteilt hätte.

überhaupt. Es war Dr. Wolfgang Steinecke, der diese Sache ins Leben gerufen hatte. Eine wichtige Persönlichkeit. Die Entwicklung der modernen Musik in aller Welt hat ihm viel zu verdanken. Ich fuhr also 1958 nach Darmstadt. Da lernte ich sehr interessante Komponisten kennen: Stockhausen und Nono und Boulez und Maderna und John Cage, also die radikal Modernen. Ich hörte da ein Stück von Cage, das war keine Musik mehr, nur Geräusch. Ich war fasziniert von den Experimenten. Ein ganz breites Spektrum von neuen Möglichkeiten. Aber sehr verwirrend auch. Ich mußte mich fragen, wo ich denn stehe und wie ich weitergehen solle: ob ich so radikal komponieren solle wie diese andern und mir damit einen Platz in der Avantgarde sichern oder ob ich meinen eigenen Weg gehen solle in Verbindung mit meiner ostasiatischen Musiktradition. Das war eine bedeutende Entscheidung. Ich hatte ein Gespräch mit Herrn Steinecke, und ohne daß er je ein Stück von mir gehört hatte, sagte er, er werde versuchen, 1959 etwas von mir in Darmstadt aufzuführen. Ich schickte ihm die ›Musik für sieben Instrumente‹, aber ich glaubte nicht, daß er sie nehmen würde. Gleichzeitig schickte ich meine fünf Klavierstücke zu einem holländischen Wettbewerb ein, den die Gaudeamus-Stiftung in Bilthoven veranstaltete. Und dann packte ich meine Koffer. Ich glaubte nicht, daß die beiden Stücke ein Erfolg würden und ob sie überhaupt gut genug wären für eine Aufführung in der Öffentlichkeit. Sie waren zwar modern, in der Zwölftontechnik geschrieben, aber sie waren nicht so modern wie die Stücke andrer Avantgardisten. Zum Beispiel: in der ›Musik für sieben Instrumente‹ ist zwar der 1. Satz streng dodekaphonisch, ganz im Sinne Schönbergs, aber im 2. Satz, der langsam und meditativ ist, hatte ich versucht, Klangerinnerungen an unsere koreanische alte Hofmusik einzubringen. Ich schrieb den Instrumentalisten Spieltechniken vor, wie sie in Korea angewandt werden auf den alten Instrumenten, also ein ganz genau bestimmtes Vibrato und verschiedene Arten von Glissando, bei uns gibt es nämlich etwa dreißig Arten davon.

71

Also, ich glaubte nicht, daß meine Musik vor dem strengen Avantgarde-Publikum bestehen würde. Aber da kam Nachricht aus Darmstadt und zugleich aus Holland: beide Stücke waren für 1959 angenommen. Ich hatte schon meine Koffer gepackt und wollte gleich nach den Aufführungen abfliegen. Zuerst ging ich nach Darmstadt, ohne Erwartungen. Ich interessierte mich mehr für die neuen Arbeiten der andern. Vor den Aufführungen sprach ich oft mit andern Musikern, und mich erschreckte die Art ihrer Urteile über Kollegen, auch berühmte, und nun bekam ich Angst, und immer mehr, und vor der Aufführung dachte ich daran, mein Stück überhaupt zurückzuziehen. Der Dirigent sollte Francis Travis sein, er wurde mein Freund und hat sich mit meinem Verleger Harald Kunz sehr eingesetzt für meine Befreiung aus dem koreanischen Gefängnis. Übrigens war damals auch der Cellist Siegfried Palm da, auch er wurde mir ein naher Freund. Ich habe ihm jetzt mein neues Cellokonzert gewidmet. Ja, und dann kam die erste Probe in Darmstadt. Es waren einige interessierte Leute im Saal. Ich hörte mein Stück zum erstenmal. Ich war so aufgeregt, daß ich es kaum mehr erkannte. Im Lauf der Probe merkte ich, daß die Leute im Saal immer aufmerksamer wurden. Als die Probe zu Ende war, nickte mir einer zu. Das tröstete mich, aber ich überlegte noch immer, ob ich das Stück nicht im letzten Augenblick zurückziehen sollte. Aber dann dachte ich: Ach, es ist ja gleichgültig, wie es ausfällt, ich gehe sofort nach Korea zurück. Nun, und dann war das Konzert, zuerst kam ein Stück von Milko Kelemen, dann eins von Jacques Wildberger, dann das meine, und dann gab es Applaus, viel Applaus, und Bravorufe, und ich war außer mir, und hernach kamen viele Musiker zu mir und lobten mich, und ich dachte, ach, das tun sie, weil ich ein so Fremder bin, darum sind sie so höflich. Aber dann las ich die Kritiken.

L.R. Ja, ich habe sie gelesen. Sie sind positiv, sicher, aber ich habe den Eindruck, daß man deiner Musik ein wenig hilflos gegenüberstand. In der ›FAZ‹ stand, es sei eine zahme Musik, eine koreanische Folklore. Im ›Darmstädter Tagblatt‹ stand: »Der

Komponist strebte eine Verbindung von koreanischer Hofmusik, wenigstens in ihrem Tonfall, und neuen westlichen
kompositorischen Methoden an, die Yun zuletzt bei Blacher
und Rufer lernte. Das Stück ist geschmackvoll gemacht, mit
delikaten Farben, übersichtlich in Klang und Form. Eine
eigene dekorative Wirkung, von quirlenden Bläserfiguren und
dezenten Streichertupfern hervorgerufen, zeichnet das Werk
aus. Eine liebenswürdig unkomplizierte Arbeit.« ›Die Welt‹
schrieb, das heißt Heinz Joachim schrieb: »Man darf nicht
verschweigen, daß die serielle Technik auch eine Bereiche-
rung bringen kann: nämlich überall da, wo sie nicht zum
Selbstzweck wird, sondern sich mit einer ursprünglichen musikalischen Intuition und gesichertem handwerklichem Können
verbindet wie bei dem Koreaner Isang Yun. Es wäre besser
bestellt um die Sache der Neuen Musik, wenn diese schlichte
Erkenntnis auch in die Klausur-Räume der Darmstädter Fe-
rienkurse Eingang fände.« Nun: für dich wars ein Erfolg, und
darauf konntest du weiterbauen.

I.Y. Ich ging dann auch nach Holland zur Aufführung meiner
›Stücke für Klavier‹, und auch sie wurden gut aufgenommen.

L.R. So, und jetzt war eigentlich die Zeit zur Rückkehr nach Korea
gekommen.

I.Y. Ja, aber da dachte ich: jetzt will ich doch sehen, wie weit ich
noch komme in Europa. Jetzt ist's schon gleich, ob ich noch
ein Jahr bleibe oder nicht. Und ich packte meine Koffer
wieder aus, allerdings in einer bessern Wohnung. Dort komponierte ich das Dritte Streichquartett.

L.R. Das Dritte. Und wo blieben die beiden ersten?

I.Y. Vernichtet. Alles. Jetzt hatte ich das neue Quartett geschrie-
ben und schickte es an die Internationale Gesellschaft für
Neue Musik ein, für das Weltmusik-Fest (I. G. N. M.) in
Köln. Es wurde angenommen.

L.R. Ich habe hier eine Kritik, einen Ausschnitt, kann aber nicht
herausfinden, aus welcher Zeitung er stammt. Da steht: »Dieser südkoreanische Komponist findet seit dem großen Urauf-
führungs-Erfolg seiner ›Musik für sieben Instrumente‹ in

Darmstadt zunehmende Beachtung.« Und die ›FAZ‹ schrieb: ». . . Unvergleichlich stärker war die Musik von Isang Yun, das kühne, aus origineller Klangphantasie gespeiste Dritte Streichquartett. Yun bezeugt von neuem, daß der nachexpressionistische aufgesplitterte Klangstil zur musikalischen Weltsprache geworden ist.« An anderer Stelle zu einer andern Gelegenheit schrieb ein Kritiker, daß du »ein Esperanto der Musik« schaffst.

I.Y. Um Gottes willen!! Gerade das wollte ich nie. Esperanto ist eine künstliche Sprache. Meine Musik ist ganz natürlich gewachsen aus meinem koreanischen Heimatboden, und wenn ich auch westliche moderne Kompositionstechniken anwende, so ist das keine Entfremdung, keine Abkehr von meiner Tradition und nichts Künstliches, nur etwas Hineingenommenes. Später haben die Kritiker gerade das positiv hervorgehoben.

L.R. Ja, später! Da sprachen alle lobend von der gelungenen Verschmelzung östlicher Klangvorstellungen und westlicher Kompositionstechnik. Für viele westliche Kritiker-Ohren war es zuerst wirklich nicht leicht, deine Musik zu hören. Den einen warst du zu östlich, den andern zu westlich, zu europäisiert.

I.Y. Ich sehe meine Position anders, und jeder Kritiker sieht sie anders, und das ist recht so. Von tausend Ohren hört jedes Paar das, was es eben hört. Aber natürlich ist es nicht richtig, mich als vereuropäisierten Asiaten zu sehen. Ich habe beide Elemente gleicherweise verarbeitet, den Osten wie den Westen. Weißt du, wenn man mich damals fragte, welche Art Musik ich denn eigentlich schreibe, östlich oder westlich, oder was, dann habe ich geantwortet: »Ich schreibe meine Musik.« Ich finde diese Frage auch ganz überflüssig. Ich verarbeite in meiner Musik geistig meinen ostasiatischen Ursprung und setze koreanische Klangvorstellungen mit Hilfe westlicher moderner Kompositionstechnik in Musik. Das ist alles, mehr ist darüber nicht zu sagen.

L.R. Ich finde, daß du im Laufe der Jahre immer eigenständiger wurdest gerade dadurch, daß du deine ostasiatische Herkunft deutlicher zeigtest. Du hast mir einmal gesagt: Europäische Musik ist ›gebaut‹, die ostasiatische ›strömt‹. Das Strömende wird, scheint mir, in deiner Musik immer stärker.

I.Y. Ich möchte dabei noch einmal zurückkommen auf das Wort Nach- oder Spätexpressionismus, dem mich einige zugeordnet haben. Aber das ist nicht richtig; die expressionistische Musik schöpft alles aus, alle Gefühle, alle Ausdrucksmöglichkeiten, bis zum Exzeß. Eine Musik wie die meine mit ihrer Verbindung zur taoistischen Philosophie läßt es nie so weit kommen, denn damit wäre die Harmonie von Yang und Yin gestört.

L.R. Ich sagte ja immer, daß man deine Musik nicht wirklich verstehen kann, wenn man nichts vom Taoismus versteht. Aber nun zurück zum chronologisch Biographischen. Wir stehen im Jahr 1960. Du hattest, nach den Erfolgen, dich entschlossen, noch ein Jahr in Europa zu bleiben.

I.Y. Aber jetzt wollte ich endlich meine Frau nach Europa rufen. Ich wußte zwar nicht, wie wir uns ernähren sollten, denn die paar Aufführungen brachten natürlich wenig ein. Aber ich machte es, wie ich es immer machte in meinem Leben: ich warf mich in den Strom und hoffte, er würde mich schon irgendwohin tragen. Aber gerade in dieser Zeit, in der Su Ja ihr Ausreise-Visum beantragt hatte, kam etwas dazwischen: der Sturz des Regimes von Syngman Rhee und, nach einem Interregnum von einem Jahr, der Gegenschlag, der Militärputsch von Park Chung Hee. In dieser Zeit erhielt man kein Ausreise-Visum, und Su Ja konnte nicht kommen. Ich war ziemlich unglücklich, aber ich arbeitete weiter. In dem einen Jahr 1960 auf 61 habe ich drei Orchesterstücke geschrieben: ›Bara‹, ›Colloïdes sonores‹ und ›Sinfonische Szenen‹. ›Bara‹ war ein Auftrag vom Sender Freies Berlin, ›Colloïdes sonores‹ ein Auftrag des Norddeutschen Rundfunks, die ›Sinfonischen Szenen‹ waren für Darmstadt geschrieben, und die Aufführung war gesichert.

L.R. Ich wollte dich schon öfters fragen, was eigentlich »colloïdes« bedeutet.

I.Y. Das ist ein Begriff aus der Chemie.

L.R. Nämlich?

I.Y. Was es genau ist, kann ich nicht gut erklären. Ich kann es von der Musik her sagen.

L.R. Warte, ich schaue im Lexikon nach. Also: Colloïde sind Stoffe, die nicht kristallisieren und schwer diffundieren, steht da. Diffundieren heißt durchlassen. Also: es muß ungefähr heißen, daß es chemische Stoffe gibt, die weder zu Kristallen zusammenschießen noch Neigung haben, sich zu verbinden. Auf die Musik angewandt, könnte das heißen – laß mich das einmal langsam denken: also da gibt es musikalische Gebilde, deren jedes etwas für sich ist, vermutlich etwas schon Zusammengesetztes, aus Einzeltönen nämlich, die sich frei verhalten untereinander und zum Ganzen, aber sich nicht dauerhaft verbinden, sondern nur eine Weile, sozusagen flüchtig spielerisch, allerdings gesetzmäßig, und dann sich neuen, anderen Gebilden zuwenden, und so weiter, ad infinitum, wenn man will.

I.Y. Das ist kompliziert gesagt. Für mich ist es so: in jenen Jahren ging es mir um den reinen Klang, verstehst du? In den fünfziger Jahren haben wir uns alle mit Anton Webern auseinandergesetzt und seriell komponiert. Das war eine sehr intellektuelle Art des Komponierens. Und auf einmal kam die Reaktion: man suchte wieder das Klang-Erlebnis. Auch Ligeti und Penderecki schrieben damals Stücke, deren Titel bezeichnend sind: ›Atmosphères‹ und ›Polymorphia‹. In diesen Stücken dominiert der klangliche Aspekt. Unsere Arbeiten jener Zeit haben darum Ähnlichkeiten. Aber ich habe die Mikrostruktur der Klänge anders behandelt. Meine Vorschriften für das Instrumentalspiel sind noch strenger und bis ins kleinste Detail festgelegt. Ich habe damals ganz bewußt mit dem Klang experimentiert. Bei ›Colloïdes sonores‹ ist das so: aus verschiedenen Richtungen sozusagen ziehen sich kleinste Klangelemente zusammen und entwickeln sich organisch, bis sie zu einem vollen Ganzen geworden sind. Dann kommt der Augenblick, in dem dieses Ganze wieder in seine

Elemente zerspringt, die nach allen Seiten fliegen und dort,
wo sie auf andere kleine Elemente treffen, neue Konstellationen bilden. Diese Verbindungen sind immer wieder auflösbar.

L.R. Dann muß man also ›Colloïdes sonores‹ übersetzen mit:
wechselnde Klangverbindungen.

I.Y. Diese neue Klangstruktur hatte ich schon vorher gefunden
und bei der ›Musik für sieben Instrumente‹ angewandt und sie
im Streichquartett weiterentwickelt, auch in ›Bara‹ und in den
›Sinfonischen Szenen‹.

L.R. Das ist das Stück, zu dem dich die nordkoreanischen Grabfresken inspirierten und deretwegen du später nach Nordkorea gereist bist.

I.Y. Ja, diese Grabfresken. Ich hatte bis dahin nur Reproduktionen gesehen, aber auch sie schon hatten mir tiefen Eindruck
gemacht. Das Original ist in einem Königsgrab in Nordkorea,
das aus dem 6. Jahrhundert stammt und also eintausendfünfhundert Jahre geschlossen blieb. Du kennst solche koreanischen Königsgräber.

L.R. Nur von außen. Es ist mir gar nicht eingefallen zu fragen, ob
ich auch das Innere sehen dürfte. Aber auch schon von außen
machen diese Gräber starken Eindruck, vor allem das Grab
von König Sejong, das in so großer Einsamkeit liegt, außer an
Feiertagen, wenn alle Schulkinder zur Belehrung dorthin
geführt werden und man ihnen sagt, daß da der König liege,
der vor fünfhundert Jahren ihr Los erleichterte, indem er das
einfache Alphabet erfand mit vierundzwanzig Zeichen, so daß
sie nicht mehr zehntausend und mehr chinesische Zeichen
lernen müssen. An gewöhnlichen Tagen liegt das Grab dort in
unheimlich stiler Stimmung. Ringsum die Kiefernwälder, am
Eingang zum Grundstück die vier steinernen Wächter, überlebensgroß, der lange Anweg zum Grab, der riesige halbrunde
Grabhügel, ringsum, abgewandten Gesichts, die steinernen
Tierfiguren, am Außenwall, zum Grabhügel hin, der Fries mit
den astrologischen Symbolen – eine Welt für sich, sehr feierlich und ernst. Man bekommt sehr deutlich das Gefühl von
ehrwürdigen Anwesenheiten. Es sind kultische Stätten.

I.Y. Ja, und so ein Grab ist das, in dem ich in Nordkorea war. Es hat drei oder vier Kammern. In der eigentlichen Königskammer sah ich also die Fresken, nach denen ich so verlangt hatte. Zuerst sah ich allerdings gar nichts, denn es war dunkel. Aber dann begann ich gerade in diesem Dunkel zu sehen. Die Farben leuchteten nämlich. Sie sind so frisch, als wären sie eben aufgetragen: Rot, Weiß, Blau, Gelb. Sehr kräftige Farben, die sich eineinhalb Jahrtausende tief in der feuchten Erde erhalten haben, ganz wunderbar. Es sind Farben, gemacht aus Pflanzen. Das Grab war zum erstenmal betreten worden von Japanern. Sie erkannten den Wert der Bilder und schützten sie. Später, im Koreakrieg, kamen die Amerikaner. Es waren vermutlich Fachleute, denn sie haben vorsichtig ein wenig von den Farben abgeschabt, man sieht das, und sie untersuchten sicher das Geheimnis dieser leuchtenden Farben.

L.R. Du hast die ›Sinfonischen Szenen‹ 1960 komponiert, inspiriert von der Reproduktion der Fresken. Wie war dir, als du nun vor dem Original standest?

I.Y. Ich war sprachlos. Sie waren im Original natürlich noch viel schöner, mächtiger. Diese aus der Dunkelheit leuchtenden Farben, der Eindruck, den diese unterirdische Grabkammer als Ganzes machte, das war überwältigend. Was mich am meisten fesselte, war die fließende Eleganz der Linienführung.

L.R. Dich inspirierte also nicht die Symbolik der auf den Fresken abgebildeten Tiere, Phönix, Schildkröte, Drache, weißer Tiger, sondern das Formale und die Gesamt-Impression.

I.Y. Ich will es dir genauer erklären: auf einer Wand der Grabkammer sind diese vier Tiere als eine Einheit gemalt.

L.R. Wie soll ich mir das vorstellen?

I.Y. So: du trittst in die dunkle Grabkammer. Du siehst zuerst ein Tier. Es ist möglich, daß du zuerst den Tiger siehst. Es ist aber auch möglich, daß du zuerst den Drachen oder zuerst den Phönix oder die Schildkröte siehst. Es hängt von dir ab, was du zuerst siehst. Nach und nach erst nimmst du die andern

78

Tiere wahr, und schließlich erkennst du, daß diese vier Tiere zusammen ein einziges Tier sind. In diesem einen Tier sind alle vier enthalten. Vier ist eins, und eins ist vier. Wenn du dann längere Zeit vor dem Bild stehst, beginnen die einzelnen Tiere sich zu bewegen. Bald tritt das eine bald das andere farbig hervor: der weiße Tiger, der Phönix, die Schildkröte, der Drache. Die Bewegung geschieht in vollkommener Harmonie, aber diese Harmonie ist voller Spannung, voller ausgewogener Spannung.

L.R. Ich beginne zu verstehen. Du hast danach nicht nur, 1960, ›Sinfonische Szenen‹ geschrieben, sondern, 1968, im Gefängnis, das Stück ›Images‹, in dem du jedem der vier Tiere ein Instrument zugeordnet hast, so wie auf dem Fresco jedem eine Farbe gehört. Die Instrumente sind Flöte, Oboe, Violine, Cello. Aber es ist nicht so, als drücke jeweils das Instrument den Charakter eines Tieres aus: das Cello den Tiger, die Flöte die Schildkröte, die Oboe den Drachen, die Violine den Phönix. Es geht vielmehr um ein formales Prinzip, das aber auch und vor allem ein philosophisches ist: wie jedes Tier auf dem Fresco zugleich individuell und Teil des Ganzen ist und wechselnd das Individuelle und das Einheitliche ausdrückt, so auch die Instrumente. So wie auf dem Fresco aus der Einheit bald das eine, bald das andere Tier hervortritt, so hier die Instrumente. Aber es ist mir klar, daß man dieses Phänomen, das ein mystisches ist, nicht in Worte fassen kann. Man muß das Bild sehen und die Musik hören.

I.Y. Auch ich begriff dieses Phänomen erst ganz, als ich bei meiner Reise nach Nordkorea, 1963, vor dem geheimnisvollen Grabfresco stand.

L.R. Aber wir haben jetzt einen weiten Vorgriff getan. Wir sind erst im Jahr 1961. Du wolltest Su Ja kommen lassen, aber sie kam nicht, sie erhielt kein Visum, denn Park hatte eben den Militärputsch gemacht. Wie hast du damals so aus der Ferne diesen Umsturz gesehen?

I.Y. Ich war nach Europa gekommen, als Syngman Rhee Präsident war. Ich war ihm gegenüber kritisch, aber wir hatten immer

79

noch Respekt vor ihm, er war im Exil gewesen, er hatte von dort aus gegen die japanische Besatzung gekämpft, er leistete einen großen Beitrag zu unsrer Befreiung. Aber dann zeigte sich, daß er zwar ein guter Patriot war, aber ein miserabler Innenpolitiker. Er brachte das Land in kurzer Zeit in große wirtschaftliche Not. Ich möchte nicht sagen, daß er die Schuld am Koreakrieg hatte, aber er hatte keine klare politische Konzeption und erklärte nur immer laut und sehr provozierend, daß die Südkoreaner eines Tages in Nordkorea einmarschieren würden, ehe die Nordkoreaner in Südkorea einfielen. Eine solche Hetz-Propaganda, jahrelang betrieben, muß eines Tages den Gegner provozieren. So kam es, daß nicht südkoreanische Truppen in Nordkorea einmarschierten, sondern nordkoreanische in Südkorea.

L.R. Du bist 1956 nach Europa gegangen. Warst du zwischen Kriegsende 1953 und der Abreise ganz unpolitisch gewesen?

I.Y. Ganz. Ich wollte nichts als lernen und komponieren. Auch in Europa war ich zunächst ganz unpolitisch. Bis zum Militärputsch Parks. Dieser Putsch war für mich ein starker Schock. Da erwachte plötzlich wieder mein politisches Bewußtsein.

L.R. Wie konntest du, so weit und so lange weg von Korea, eigentlich damals voraussehen, was für ein Unheil über Korea kommen würde? Park fing doch sehr vernünftig an zu regieren.

I.Y. Er ist einer vom Militär. Im südkoreanischen Militär gab es schon unter Syngman Rhee so viel Korruption. Die Militärs der höheren Ränge wurden reich und immer reicher, und das Volk wurde arm und immer ärmer. Als nun Park an die Macht kam durch einen Putsch mit wenigen Leuten, da fragte ich mich: Wie konnten ein paar Leute einen solchen Putsch machen, wenn doch die USA das koreanische Militär überwachten? Wo in ganz Südkorea gab es strategische Punkte, von denen aus Park operieren konnte, ohne daß es die Amerikaner bemerkten?

L.R. Nun: heute wunderst du dich nicht mehr darüber, nicht wahr? Nur mit Duldung der USA konnte Park den Putsch machen.

80

I.Y. Das war komplizierter: als der Putsch geschehen war, ging der damalige UN-Oberbefehlshaber in Südkorea zum damaligen koreanischen Präsidenten, Yun Bo Sun, und erhob Einspruch gegen das Geschehene.

L.R. Er ging auch zu Präsident Kennedy. Aber dieser und seine Berater sagten, sie wollten doch erst einmal abwartend zusehen, wie die Lage sich entwickele. Das war der große Fehler. So nahm die Sache ihren Lauf. Sie konnte nicht gutgehen.

I.Y. Unter den Militärs um Park waren so viele Dummköpfe, ach, nicht nur das: es waren ja jene Männer, die unter den Japanern, genau wie Park selbst, für die Japaner gegen ihr eigenes Volk gekämpft hatten. Aber sprechen wir jetzt nicht darüber.

L.R. Wir sind im Jahr 1961. Was war mit Su Ja?

I.Y. Sie kam. Aber ohne die Kinder. Wir beide hatten uns fünf Jahre nicht gesehen. Ich war nun fünf Jahre im Westen, ich war sehr verändert, ich hatte die westliche Lebensart angenommen, zum Teil auch die westliche Denkart, ich war eigentlich schon fast Europäer. Su Ja aber war ganz Koreanerin, für sie war alles so fremd, sie blieb innerlich in Korea. Wir waren uns also zuerst Fremde, es war schwer für uns, wieder zusammenzufinden. Wir gaben uns viel Mühe. Gut war, daß wir zunächst einmal uns um unser tägliches Leben sorgen mußten. Mein Freund Günter Freudenberg hatte uns eine kleine Wohnung in Freiburg besorgt. Er leitete in Urberg ein Seminar für Ausländer. Wir wußten aber nicht, wovon wir leben sollten. Ich hatte ja keine feste Stellung, und die Aufführungen brachten noch immer nicht viel ein. Wir hatten damals zwei Löffel, zwei Teller, zwei Stühle, wir kauften alles vom Trödler. Verzweifelt waren wir trotzdem nicht. Ich dachte: nun, wenn es gar nicht geht, kehren wir nach Korea zurück, da ist mir eine Professur sicher. Freilich unter Park . . . Ich arbeitete fleißig, ich schrieb alles mögliche, ich schrieb ›Gasa‹ und ›Garak‹, und die ›Fluktuationen‹ begann ich, ließ sie aber liegen, weil . . .

L.R. Einen Augenblick: sprich bitte etwas über ›Gasa‹ und ›Garak‹, sonst vergessen wir es nachher.

I.Y. Beides sind kurze Stücke, Zehnminutenstücke. ›Gasa‹ ist ein
    Stück für Violine und Klavier, ›Garak‹ für Flöte und Klavier.
    Aber wir haben noch nicht über ›Bara‹ gesprochen, das liegt
    zeitlich früher, noch vor den ›Colloïdes sonores‹. Das war
    eines der ersten größeren Stücke, die ich in Europa schrieb.
    ›Bara‹ ist ein koreanischer Name für einen bestimmten Tem-
    peltanz. Ich habe einmal, als das Stück im Radio Bern gespielt
    wurde, eine Art einfacher Analyse gemacht. Vielleicht sollten
    wir sie einfügen?
    »Erwarten Sie keine tänzerische Musik, sondern vergegen-
    wärtigen Sie sich die mystische und meditative Atmosphäre
    eines buddhistischen Tempels, in dem Mönche und Nonnen
    im Beschwörungs- oder Gebetstanz sich durch ganz langsame,
    in äußerster Konzentration gespannte Bewegungen allmäh-
    lich in Ekstase versetzen. Beides: meditative Ruhe und eksta-
    tische Spannung, begegnen Ihnen schon in den ersten Takten
    meines Orchesterstücks ›Bara‹ . . . Sie kennen die großzügi-
    gen Schwünge der ostasiatischen Kalligraphie auf Rollenbil-
    dern. Wirken nicht die charaktervollen Bewegungen der Solo-
    Violine, das dynamische Anschwellen und Abklingen der
    Bläser-Akkorde wie dick aufgetragene Pinselstriche der
    Schriftzeichen? Nehmen wir ein anderes Beispiel aus dem
    Stück: hier wird aus den individuellen Instrumenten des ge-
    samten Orchesters ein ganzes Gemälde aus vielen kleinen
    Pinselstrichen zusammengefügt. Wie im Wasser, das vom
    Sturm aufgewühlt ist, schäumen die Wellen hoch und brechen
    ineinander zusammen. Das Gewirr von Tonspritzern grenzt
    ans Chaotische . . .« Heute finde ich, daß meine Musik von
    1960 ziemlich pathetisch war. Ich wußte mich damals noch
    nicht zu zügeln, hatte noch nicht gelernt, die Kraft des kom-
    positorischen Elans zu bändigen. Aber in diesem frühen Stück
    sind alle Keime enthalten, die ich in späteren Arbeiten und
    eigentlich in meinem ganzen Werk anwandte und die als
    typisch für meinen Stil gelten.

L.R. Von der Kritik wurde ›Bara‹ damals, 1960, gut aufgenommen,
    sei es bei der Uraufführung in Berlin, sei es am WDR, sei es

später, 1965 in Hamburg. Ich habe hier eine Kritik von 1962: »Der Koreaner Isang Yun erlebte die entfesselte Materie der Neuen Musik noch als Abenteuer und gewinnt ihr eigenartige, ostasiatisch-barbarische Wirkungen ab; schwirrende Violin-Tremoli, Flötenornamente, Trommelwirbel ergeben ein Klangbild, das mehr als Kolorit ist; es macht ›Bara‹ zu einem gültigen Dokument modernen Musizierens.« »Asiatisch-barbarisch« ist ein seltsamer Ausdruck. Von künstlerischer Barbarei kann gerade in Korea keine Rede sein. Man muß vielmehr von äußerster Raffinesse sprechen. Eine andere Kritik sagt das besser:

»Der Titel deutet auf einen buddhistischen Tanz, der dann auch weitgehend die rhythmische Struktur bestimmt. Aber fern von aller naturalistischen Nachahmung oder folkloristischen Reminiszenz, geht es dem Komponisten vor allem darum, das strenge rituelle Zeremoniell in lebendige Empfindung umzusetzen und ausdrucksmäßig zu verwandeln. Fernöstliches Kolorit klingt an, die Dynamik wird aus der abendländischen Perspektive heraus verwandelt und leidenschaftlich beseelt. Es entstand eine reizvolle dreigliedrige Mischform, die moderne serielle Techniken und uralten Mystizismus seltsam, erregend und geheimnisvoll überzeugend in sich verbindet.«

Über die Hamburger Aufführung schrieb 1965 ein Kritiker: »Was die moderne Musik mit dem Buddhismus verbindet, ist die sehr hohe Statik. Lange schon haben die ausgedehnten Notenwerte wieder einmal die Herrschaft angetreten. Weite Räume, in denen die schärfsten Dissonanzen gleichzeitig erklingen, sind der schmelztiegelartige Untergrund, auf dem sich ein Gewebe von Schwell- und Schwirrtönen von großer spezifischer Dichte anspannt. Sie bieten das echte Pendant zum malerischen Tachismus.«

Tachismus, jene Art der Malerei, die Farbfleck neben Farbfleck setzt, scheinbar willkürlich, tatsächlich aber nach strengen Gesetzen. Die Musik ist also eine Parallel-Entwicklung gegangen. Das hat der Kritiker bei dir gesehen. In andern

Kritiken finde ich Ausdrücke wie ›mystische Klangwelt‹, ›diffizile, fast unbestimmte Art von Ekstase‹, ›permanentes Erregungsvibrato‹, und so fort.

I.Y. So viele Worte.

L.R. Du mußt zugeben, die Kritiker waren wirklich sehr bestrebt, deine Musik zu verstehen.

I.Y. Ja, das ist richtig. Nach ›Bara‹ wollte ich eigentlich ›Fluktuationen‹ schreiben. Aber da hörte ich von einem Wettbewerb, zu dem die Schokoladenfirma Sprengel einen Preis gestiftet hatte. Ich wollte den Preis haben, ich brauchte ihn, wir hatten kein Geld. So habe ich ein Stück geschrieben, so wie ich dachte, daß ein Stück sein müßte, das einen Preis bekommt.

L.R. Nämlich?

I.Y. Die Juroren sind meistens konservative Leute. Ich schrieb etwas mit leichter Hand, ein Stück für Kammer-Ensemble für vier Holzbläser, zwei Solostreicher, vier Schlagwerker und Harfe. Ich nannte es ›Loyang‹.

L.R. Loyang, war das nicht eine antike chinesische Stadt?

I.Y. Ein Kulturzentrum, eine Kaiserstadt. Mein Stück geht stimmungsmäßig auf die alte kaiserliche Hofmusik zurück. Ich hatte damals, um Geld zu verdienen, einige Rundfunksendungen über alte ostasiatische Musik gemacht und mich sehr intensiv mit klassischer chinesischer Musik beschäftigt. Ich analysierte alte Stücke, ich studierte die Formen. Ich fand dabei ein Stück, das vor etwa neunhundert Jahren in Loyang gefunden worden war, aber nicht das Original, das war verschwunden, sondern eine Rekonstruktion nach einer noch viel älteren Vorlage, die, so heißt es, in die legendäre Frühzeit der chinesischen Kultur zurückgeht, in der die Musik kosmisch begründet war, also auf Yang und Yin, auf das Tao. Eine Musik, die diesen Prinzipien rein entsprach, galt für klassisch und wurde vom Kaiser selbst kanonisiert. Eines der klassischen Modelle habe ich in meinem Stück ›Loyang‹ abgewandelt. Ich habe dabei die europäischen Instrumente den alten ostasiatischen angenähert. Ich nahm also keine ostasiatischen Instrumente, aber ich schrieb den europäischen besondere

Darmstadt, 1959: (?), Franco Evangelisti, Sylvano Bussotti, Akiyama, Isang Yun

Spieltechniken vor, zum Beispiel: durch das Auf- und Abwärtsbewegen der Querflöten wird ein starkes Vibrato erzeugt; oder: die Bläser haben Glissandi bis zur kleinen Sekund, das wirkt wie das Spiel der Piri, der ostasiatischen Oboe; oder: der sehr rasch sich beschleunigende und ebenso rasch ritardierende Rhythmus der kleinen Trommeln gleicht dem Spiel der Djang-Go-Trommeln. Und so weiter. Natürlich machte ich nicht einfach so eine Art chinesisch-koreanischer Folklore mit westlicher Technik. Ich hatte beides geistig verarbeitet. Ich arbeitete mit westlicher Technik, aber dahinter stand immer die ostasiatische Klangvorstellung. Nun: das Stück ›Loyang‹ schien mir gut und wirkungsvoll, und ich schickte es für den Wettbewerb ein. Aber es kam ein Brief, in dem stand, es sei in der engeren Wahl gewesen, doch nicht preisgekrönt worden. Nun ja. Dann schickte ich das Stück nach London für das I. G. N. M.-Musikfest. Aber auch von dort kam es zurück. Ich schickte es ein drittes Mal ein, nach Berlin, zu den Festwochen. Wieder kein Glück. Das war sehr niederdrückend.

L.R. Und gerade dieses Stück ist später so oft gespielt worden, und mit so großem Erfolg. Wie kam das?

I.Y. Ich traf damals den Kapellmeister Klaus Bernbacher, der in Hannover ein Orchester von Jeunesses Musicales dirigierte und die ›Tage der Neuen Musik‹ leitete. Er sah das Stück und erwarb es sofort für die Uraufführung am 23. Januar 1964. Es war ein Erfolg.

L.R. Ich habe hier die Kritiken. Da ist eine aus der ›Welt‹, von Heinz Joachim:

»Das stärkste Werk des Abends war ›Loyang‹, der mit ebensoviel Einfühlungsvermögen wie schöpferischer Phantasie und handwerklicher Akribie unternommene Versuch, eine auf uralter fernöstlicher Hofmusik basierende Tradition aus dem stilverwandten Geist moderner Technik neu zu beleben ... Der künstlerische Reiz des Stücks beruht auf dem rein statischen Prinzip, helle und weit ausschwingende Melodik mit dunklen, rhythmisch hart konturierenden Akzenten des vielfarbigen Schlagzeugs zu konfrontieren und im Aufbau der drei Sätze zu starker innerer Dynamik zu steigern.«

In der ›Hannoverschen Rundschau‹ schrieb Wolfram Schwinger: »Das ist Musik, die nicht um ihrer seriellen Satztechnik willen komponiert wurde, sondern in der sich ein starkes Ausdrucksbedürfnis kundtut. Bei aller klanglichen Kühnheit lassen sich nicht nur in der strengen formalen Zucht Bindungen an musikalische Traditionen heraushören, wie sie durch Rückgriffe auf alte koreanische Hofmusik gegeben werden. Die Steigerung vom kurzatmigen ersten über den melismenreichen zweiten zum dramatisch zugespitzten letzten Satz ist unmittelbar fesselnd. Aussagekraft und künstlerische Form entsprechen sich überzeugend.«

Andere schrieben zum Beispiel: »Mit der Verbindung von Feinnervigkeit und Ursprünglichkeit hat Isang Yun den andern Komponisten des Abends etwas Wesentliches voraus.«

Oder: »Das Prinzip des Punktuellen ist hier mit Gewinn überwunden.« Oder: »Dies ist eine unmittelbar ansprechende, überschaubare Musik, die in drei ausgeformten Sätzen etwas mitzuteilen hat.« Interessant ist, was bei einer viel späteren Aufführung von ›Loyang‹ einer schrieb: »Man spürt, daß hier etwas an den Grundlagen unseres Musik-Empfindens rüttelt.« Seltsam, nicht wahr: Du hast das Stück mit leichter Hand geschrieben und dir eingebildet, eine Konzession an den Geschmack konservativer Juroren zu machen, und dabei ist dir eben unter der leichten Hand ein sehr wichtiges Stück entstanden. Aber zurück ins Jahr 1961.

I.Y. Ja, da war wieder ein Wettbewerb, diesmal in Genf. Ich wollte wieder ein leicht verständliches Stück schreiben und fing ein Cellokonzert an. Aber allmählich verging mir die Lust daran, und ich ließ das Stück liegen.

L.R. Eine Zwischenfrage: du hast mir einmal erzählt, daß deine Stücke bei den Aufführungen bisweilen Skandale verursachten.

I.Y. Einen richtigen Skandal gab es bei einer Aufführung von ›Colloïdes sonores‹. Ich möchte den Ort nicht nennen. Das Stück ist schwer zu spielen. Ich wollte in jedem der drei Teile den Klangcharakter eines der alten koreanischen Instrumente erzielen. Ich hatte ganz genaue Klangvorstellungen. Aber diese Klanggebilde sind sehr kompliziert. Ich bringe bei jeder Stimme neue Figuren und Intervalle. Das zu spielen ist für die Orchestermusiker eine gewisse Zumutung. Auf dem Programm standen vier sehr anspruchsvolle Stücke: ›Atmosphères‹ von Ligeti, ›Rondels‹ von Castiglioni, ein Stück von Bo Nilsson und das meine. Die Orchestermusiker wollten dieses Programm nicht spielen, und vor allem mein Stück nicht. Es gab immer Unruhen bei den Proben. Der Dirigent, der sich immer für moderne Musik eingesetzt hatte, versuchte den Musikern mit Geduld beizubringen, daß mit diesen Aufführungen avantgardistischer Musik wichtige Arbeit geleistet werde im europäischen Musikleben, und sie sollten doch willig mithelfen. Aber sie waren sehr widerspenstig. Als ich zur Probe meines Stückes kam, war noch niemand vom Orchester da. Ich legte mich in den Zuschauerraum und wartete. Schließlich kamen die Musiker, sie sahen mich nicht, und sie schimpften über die Stücke, vor allem über meins. Ich hörte sagen: Das Stück von Yun ist einfach Mist, das gehört in den Mülleimer. Und Schlimmeres. Ich war sehr deprimiert und wagte nicht, mich zu zeigen. Aber als die Probe begann, mußte ich mich doch zeigen. Dann sagte der Cellist: Also diese Glissandi pizzicati, die kann man einfach nicht spielen, das ist technisch absolut unmöglich. Da stand ich auf und sagte: Ich kann es dem Herrn zeigen, daß es sehr wohl möglich ist. Ich kam aufs Podium und bat einen der Cellisten, mir sein Instrument zu leihen. Er wollte, das, wie er sagte, kostbare Instrument nicht in meine Hände geben. Der nächste gab mir seines, und ich setzte mich hin und spielte, und ich zeigte, daß es gut möglich sei, diese Glissandi pizzicati zu spielen. Die Musiker waren natürlich beeindruckt davon, daß ich wirklich etwas verstand von der Technik, und von da an gaben sie sich Mühe. Aber dennoch wollten sie das ganze Konzert nicht spielen. Sie reichten dem Musik-Abteilungsleiter ein kollektives ärztliches Attest ein, in dem stand, die Musiker seien nervlich derart gestört durch diese Art Musik, und wenn man sie zwinge weiterzuspielen, würden sie krank. Aber der Leiter blieb fest und nahm das Attest nicht an. Sie mußten also spielen. Mein Stück stand als erstes auf dem Programm, und als es zu Ende war, gab es sofort Rufe: Buh, Mist, Buh, und dann Bravo und wieder Buh und Bravo, es war ein richtiger Skandal. Mich hat das nicht gestört, ich hatte erreicht, was ich wollte: meine neuen Klangvorstellungen ausprobieren. Aber der Widerstand der Musiker hat mich doch beeinflußt; ich habe es danach möglichst vermieden, allzu schwer zu schreiben. Bei ›Colloïdes sonores‹ war ich noch am Anfang meiner kompositorischen Arbeit und noch zu sehr fasziniert von meinen Klangvorstellungen, so daß ich spieltechnische Rücksichten nicht kannte. Ich war damals ziemlich radikal, zwar nicht unter den Allerradikalsten, aber immerhin, und es war kein Wunder, daß meine Stücke mehr oder minder skandalös wirkten. Aber eindeutig abgelehnt wurde nie eines. Sie wurden immer heftig diskutiert. Am negativsten beurteilt war die Aufführung von ›Sinfonische Szenen‹ 1961 in Darmstadt. Es gab schon Pfiffe, ehe das Stück zu Ende war. Dann kam allerdings Applaus, aber alles in allem war es kein Erfolg. Damals war Messiaen anwesend. Von ihm wurde das Stück ›Oiseaux exotiques‹ gespielt. Er hat mein Stück gelobt, er sagte es mir auch selbst. Aber andere Komponisten haben sehr böse über mich gesprochen. Nun, ich weiß selbst, daß ich damals noch zu dick schrieb. Aber ich lernte und lernte.

L.R. Zurück ins Jahr 61. Du wolltest das Cellokonzert schreiben und es zum Genfer Wettbewerb einreichen, aber du hast es liegen gelassen, weil es dir nicht gefiel.

I.Y. Ja, so konnte ich keinen Preis bekommen, und unsere finanzielle Lage wurde immer schlimmer. Ich sah ein, daß ich nicht in Freiburg bleiben konnte. Es war schön dort und still und ein guter Ort zur Arbeit, aber ich brauchte eine große Stadt und Verbindungen. Ich hatte damals einige Aufträge vom WDR bekommen, zwar nicht für Kompositionen, sondern für Sendungen über koreanische Musik, aber ich hatte immerhin Verbindungen nach Köln, und so gingen wir nach Köln. Ich wußte nicht, wie das Leben weitergehen sollte, aber ich machte es wie immer: ich sprang ins Leere. Es war immer ein Abenteuer, aber nachher zeigte sich, daß das, was ich so leichtsinnig gewagt hatte, eine wichtige Entscheidung war. Eigentlich gelangen mir solche Abenteuer immer. Aber diesmal schien es nicht recht gutzugehen. Ich hatte schon von Freiburg aus versucht, Aufträge für Hörspiel-Musik, auch für Schauspiel-Musik, zu bekommen. Ich hatte viele Briefe geschrieben, und es kamen viele Antworten, sehr freundlich, aber ablehnend, überall hatte man dafür die Hauskomponisten. Da wurde mir klar, daß ich trotz der Darmstädter Erfolge noch kein bekannter Komponist war. Das war alles recht hart, und wir waren ganz einfach arm. Wir wohnten in der Nähe vom Severinstor in einer billigen Gegend und wußten nicht, wie weiterleben. Da las ich in einer Zeitung, daß die Ford-Foundation der Stadt Berlin helfen wolle, ein Kulturzentrum zu werden, und daß sie deshalb Stipendien vergebe für begabte junge Künstler. Ich schrieb sofort hin und bekam Antwort, ich solle meine Arbeiten einschicken. Ich schickte Partituren und Bänder und Kritiken, und dann kam die offizielle Einladung, Januar 64. Wir packten unsere paar Sachen. Wir hatten so wenig, daß alles Platz hatte in unserm alten VW. In Berlin fanden wir eine kleine Wohnung in einem Souterrain in Dahlem. Das Stipendium war groß genug, daß wir endlich besser leben konnten. Wir waren damals von der Berliner Presse als Stipendiaten der Ford-Foundation herzlich aufgenommen worden und, wie man so sagt, herumgereicht, und so kam es, daß man mehr und mehr meiner Stücke aufführte und ich hatte auch einen Verlag: Bote & Bock.

L.R. Wieso gerade Bote & Bock?

I.Y. Als ich in Berlin studierte, führte mein Weg zur Hochschule am Schaufenster des Verlags Bote & Bock vorbei. Natürlich blieb ich oft davor stehen, um zu sehen, was für neue Werke da ausgestellt sind, und ebenso natürlich kam mir der Gedanke, warum da nicht eines Tages auch die meinen ausgestellt sein könnten. Einmal brachte ich ein Exemplar meiner ›Musik für sieben Instrumente‹ zu Blacher. Soviel ich verstanden hatte, gefiel ihm diese Arbeit. Darum dachte ich, daß ich ihn bitten könnte, sie bei Bote & Bock zu empfehlen. Er war der berühmteste lebende Komponist des Verlags. Er versprach mir, die Arbeit zu Bote & Bock zu bringen. Aber sooft ich zu ihm kam, lag meine Partitur noch auf seinem Tisch. Da dachte ich, sie gefalle ihm doch nicht und er wolle sie nicht empfehlen. Nun, da schickte ich ein anderes Exemplar an Schott, mit wenig Hoffnung allerdings. Nach einigen Wochen kam meine Arbeit zurück: einem der Herren dort hatte sie gefallen, dem andern nicht, und der Verlag konnte sich nicht entschließen, sie zu drucken. Inzwischen aber war das Stück in Darmstadt zur Uraufführung angenommen, und gleichzeitig hatte es

Karl Haas, Isang Yun und Iannis Xenakis vor Igor Strawinsky, Berlin 1964

Bote & Bock erworben. Es war der Leiter, Kurt Radecke, der sich für mich einsetzte, und als er starb, trat Harald Kunz an seine Stelle und setzte sich ebenso für mich ein. Darum bin ich dem Hause treu geblieben.

L.R. Nun war alles in Ordnung. Oder doch nicht?

I.Y. Die Kinder, sie waren immer noch in Korea, zwar gut untergebracht bei Verwandten, aber sie vermißten die Eltern, vor allem die Mutter, und meine Frau vermißte die Kinder und weinte viel. Für mich war es leichter, ich war es schon gewöhnt, ohne die Kinder zu sein, aber Su Ja war nahe daran, nach Pusan zurückzugehen, ohne mich. Aber ich wollte sie nicht entbehren. Bis 1964 hatte ich, trotz aller Erfolge, immer noch das Gefühl, doch nach Korea zurückzugehen. Aber jetzt, mit dem Stipendium und der zunehmenden Zahl der Aufführungen auch im Ausland, bekam ich doch eine gewisse Sicherheit, und ich wußte nun, daß ich so rasch nicht nach

Korea gehen konnte. Da ließen wir die Kinder kommen. Es war Juli 64.

L.R. Da war Djong schon dreizehn oder vierzehn, nicht wahr, und Ugiong zehn, sie hatten den Vater acht Jahre nicht gesehen, und jetzt kamen sie in die völlig fremde Umgebung, sie konnten nicht Deutsch, sie mußten in eine deutsche Schule gehen, das alles zusammen war doch ein Schock für die Kinder, ein Bruch in ihrem Leben, gerade in den wichtigen und schwierigen Jahren der Vorpubertät.

I.Y. Ja, das war schwer. Es gab überall Komplikationen, in der Schule und zu Hause. Wir kamen alle aus dem Gleichgewicht. Meine Tochter hat die Verpflanzung besser ertragen als ihr jüngerer Bruder. Aber alles ging nach und nach in einige Ordnung. Doch da kam ein neuer Schock für die Kinder: die Entführung der Eltern und die neue lange Trennung.

L.R. Aber bleiben wir noch bei 1964. Was hast du geschrieben?

I.Y. Nach den beiden kurzen Stücken ›Gasa‹ und ›Garak‹ endlich die ›Fluktuationen‹.

L.R. Warum sagst du nichts über ›Gasa‹ und ›Garak‹? Sind es unwichtige Stücke?

I.Y. Habe ich nicht schon etwas darüber gesagt?

L.R. Wenig.

I.Y. Du fragst, ob sie unwichtig sind. Ich weiß nicht. Was ist wichtig? Du weißt, daß ich zwar die Arbeit als solche wichtig nehme, ich will sagen: ich bemühe mich, gute Arbeit zu leisten. Aber ob die fertige Arbeit dann wichtig ist – wer kann das wissen. Vielleicht bleibt nach meinem Tod nicht ein einziges Stück von mir. Aber was macht das? Ich arbeite, weil ich arbeite. Man hat damals bei ›Gasa‹ und ›Garak‹ gefragt, was für eine Kompositionstechnik das eigentlich sei. Es scheint dodekaphonisch, ist es aber doch nicht, und doch auch wieder. Das ist so: ich habe damals zu jedem Werk Reihentabellen gemacht, wie es Schönberg lehrte. In diesen Reihen waren die zwölf Töne der Skala in vielen Varianten geordnet. Aber das war für mich immer nur ein Gerüst. Ich habe es nur ab und zu benützt. Wenn meine Klangphantasie stark genug

92

floß, habe ich ihr freien Lauf gelassen, frei natürlich nach strengen, aber eigenen Gesetzen. Also, paß auf: in ›Gasa‹ fängt die Geige in den ersten vier Takten mit einer Zwölftonreihe an, die dann später ab und zu wiederauftaucht in verschiedenen Formen. Bei ›Garak‹ ist es so, daß je sechs Töne einer Grundreihe dem Klavier und der Flöte gegeben sind. Aber ob Zwölfton oder nicht, das zu untersuchen halte ich für ganz unwichtig. Ich finde viel wichtiger, daß der Hörer erkennt, wie in ›Gasa‹ zum Beispiel, daß es da Haupttöne gibt und daß ich mit jedem einzelnen Ton eigens arbeite.

L.R. Du hast jetzt von ›Haupttönen‹ gesprochen. Jeder, der über deine Musik spricht, gebraucht diesen Begriff. Er bezeichnet jenes charakteristische Mittel der Gestaltung, das deiner Musik die ostasiatische Klangfarbe gibt.

I.Y. Ich werde darüber später mehr sagen. Vielleicht können wir hier erwähnen, was Christian Martin Schmidt darüber schreibt in seinem Aufsatz über meine Flöten-Etüden, in der Zeitschrift »Melos« im Januar 1977.

L.R. Aber er nennt es nicht Haupttöne, er spricht von Ton-Einheiten. Er sagt, der Begriff Ton-Einheiten sei zwar umständlich, aber unumgänglich. Umständlich sei er deshalb, weil er einen Sachverhalt ausdrücke, der wesentlich zur ostasiatischen Musik-Auffassung gehöre und in europäischer Sprache nicht zugleich adäquat und einfach benannt werden könne. Schon das Wort ›Ton‹ stimme nicht, denn ein Ton sei per definitionem auf eine bestimmte Ton-Höhe festgelegt. In der ostasiatischen Musik aber ist gerade das Nicht-Festgelegte, die Tonhöhen-Bewegung, ein konstitutives Moment. Schmidt zitiert, was du selbst darüber gesagt hast: »Jeder Ton (in der ostasiatischen Musik) ist vom Ansatz bis zum Verklingen Wandlungen unterworfen, er wird mit Verzierungen, Vorschlägen, Schwebungen, Glissandi und dynamischen Veränderungen ausgestattet, vor allem wird die natürliche Vibration jedes Tones bewußt als Gestaltungsmittel eingesetzt.«

I.Y. Wenn man meine Partituren anschaut, sieht man diese Ton-Einheiten, die Haupttöne, deutlich. In ›Gasa‹ hat die Geige

93

die Haupttöne; es sind in den ersten vierzig Takten die Töne Cis und Dis. Das Klavier umspielt sie, aber auch die Geige selbst umspielt ihre Haupttöne. Jeder, oder fast jeder Ton hat, auch in den kleinsten Notenwerten, seine eigene Lautstärke-Angabe. Es gibt viele Figurationen und Verzierungen und dazu fünf verschiedene Arten von Vibrato. Ich habe das Spiel technisch bis ins kleinste Detail vorgeschrieben und sehr viele Vortrags-Bezeichnungen gemacht. Das Klavier hat in ›Gasa‹ nur eine ornamentalisierende, rhythmisierende Funktion, es markiert die Einschnitte im Stück, wie sonst in meinen Orchesterstücken die Schlaginstrumente. Ähnliches könnte ich über ›Garak‹ sagen. Es hat statt der Geige die Flöte.

L.R. Was bedeutet eigentlich Gasa und Garak?

I.Y. Beides sind Bezeichnungen für eine Melodienfolge mit bestimmtem Ausdruckscharakter. Gasa ist ein arioser Sologesang mit einem ganz bestimmten Wechsel von langsamen, schnellen und wieder langsamen Tempi. Die Titel deuten an, daß es sich um eine Musik handelt, die inspiriert ist teils von der weltlichen chinesischen Hofmusik, teils von der kultischen Tempelmusik. Beides ist eine getragene, feierliche, fast pompöse Musik. Dieser Eindruck entsteht dadurch, daß es viele lange Haltetöne gibt. Sie erinnern an die Art, in der die Tempelhymnen gesungen werden: einsilbige liturgisch symboltragende Wörter werden aneinandergereiht und lang ausgehalten.

L.R. Viele deiner früheren Kompositionen haben Titel, die geheimnisvoll wirken. ›Riul‹, ›Piri‹, ›Bara‹, ›Nore‹, ›Shao Yang Yin‹, ›Gagok‹, ›Namo‹, ›Réak‹. Einige verstehe ich: Piri ist die koreanische Oboe, Riul heißt Gesetz oder Rhythmus, Bara ist der Name für einen Tempeltanz. Was wolltest du mit solchen Namengebungen?

I.Y. Den Charakter des jeweiligen Stücks bezeichnen. Ich erkläre das meist in den Partituren, damit die Klangphantasie der Ausführenden in eine bestimmte Richtung gewiesen wird.

L.R. Das haben wir in der westlichen Musik in etwa auch. Da gibt es auch den Trauermarsch oder die Tanzbezeichnungen Gavotte und Gigue und so weiter. Aber könnte man deine doch noch etwas anders gemeinten Bezeichnungen nicht mißverstehen, als schriebst du so etwas wie Programm-Musik?

I.Y. Du weißt, daß koreanische Musik überhaupt nur Stücke kennt, die etwas Außer-Musikalisches aussagen.

L.R. Ich denke ans letzte Cellokonzert. Aber ich möchte doch, daß du etwas Genaueres darüber sagst. Hier liegt nämlich der wesentliche Unterschied zwischen dir und andern, westlichen, modernen Komponisten, die das machen wollen, was man »absolute« Musik nennt, also Musik, bei der nur die Strukturen interessieren. Es gab in deiner Arbeit ja auch eine Phase, in der du dich nur für Strukturgesetze interessiert hast, damals, als du die ›Colloïdes sonores‹ schriebst und die ›Musik für sieben Instrumente‹.

I.Y. Ja, damals habe ich mich arbeitend mit den westlichen Kompositionstechniken auseinandersetzen müssen. Da konnte es scheinen, als hätte ich vergessen, daß ich Ostasiate bin. Aber als ich die europäische neue Technik beherrschte, fing ich sofort an, damit meine östlichen Vorstellungen auszudrücken. Eigentlich aber habe ich meine Tradition nie wirklich aufgegeben. Denk an ›Bara‹, 1960 geschrieben. Dabei hatte ich die Vorstellung eines rituellen Tempeltanzes. Es ist wichtig zu verstehen, daß wir im Osten einen andern Formbegriff haben. In der westlichen Musik bekommt ein einzelner Ton seine Bedeutung dadurch, daß er in einer Gruppe steht, horizontal in einer Melodie, vertikal in einer Harmonie. In der westlichen Musik kann der einzelne Ton relativ abstrakt sein, er muß nicht gehört werden als einzelner Ton. Erst die Kombination ergibt das musikalische Ereignis. Bei uns im Osten aber ist der einzelne Ton das musikalische Ereignis. Jeder Ton hat sein Eigenleben.

L.R. Eine Mikro-Infrastruktur, modern ausgedrückt. Taoistisch gesagt: Das Ganze ist im Teil, der Teil ist das Ganze. Ein einzelner Ton als Klangwelt für sich, als eine Fülle von Klangelementen. Man kann mit ihm spielen durch Vibrati, Glissandi, Pizzicati, Schwingungen durch verschiedene Laut-

95

stärke, und so weiter. Du hast schon oft gesagt, man könne den einzelnen Ton mit einem ostasiatischen Pinselstrich vergleichen. Das ist unmittelbar einleuchtend. So ein Pinselstrich ist nicht ein präziser Bleistiftstrich, sondern eine Fläche mit einem inneren Leben und einem Zentrum, so wie ein Fluß sein Zentrum, sozusagen, im Stromstrich hat, da wo die Strömung am stärksten ist. Entschuldige die laienhafte Erklärung. Aber Laien können Laien oft besser etwas erklären als Fachleute, die zuviel voraussetzen. Weißt du, ich habe mir die Sache mit den flächigen Einzeltönen so erarbeitet: man braucht nur eine Cellosaite anzuspielen und mit Druckveränderungen, mit winzigen Verschiebungen des Fingers und mit Vibrato den Ton zu verwandeln, ohne daß er die Tonhöhe verläßt. Ein Vibrato oder eine Andeutung von Glissando genügt, um den Klangcharakter zu verändern und Viertel- oder Achteltöne hörbar zu machen. Ich habe kein Cello, aber eine Gitarre. Bei den tiefen Saiten E und A ist es am leichtesten zu machen und zu hören. Ich reiße oder zupfe die Saite an und bewege den Druckfinger in verschiedener Weise auf der Saite oder auf den Metallstegen, die die Tonhöhe markieren, und so zeigt der einzelne Ton seinen Reichtum. Oder ich lasse einen Ton einfach ausschwingen: er verändert sich von selbst durch die verschiedene Länge der Schwingungen. So ein einzelner Ton, ein lang ausgehaltener, ist ein akustisches Meditations-Mantra. In so einem einzelnen Ton ist die ganze Welt der Töne; er braucht keine Melodie und keine Harmonie zu seiner Vollkommenheit.

I.Y. Du sprichst von Einzeltönen. Ich muß das ergänzen und noch einmal von Haupttönen reden. Ein Hauptton ist ein Bündel von Einzeltönen. Versuch, dir vorzustellen, was in ›Réak‹ vorkommt: da gibt es drei Flöten, davon zwei Piccolo und eine große. Jede Flöte hat ihr Zentrum: Piccolo I das H, Piccolo II das Gis, und die große Flöte das Fis. Diese drei Einzeltöne zusammen bilden den Hauptton.

L.R. Das habe ich zum erstenmal bewußt gehört bei ›Namo‹: die drei Frauenstimmen sind eigentlich eine nur, aufgeteilt in drei. Wenn ich es wieder laienhaft sagen darf: mir kam das vor wie ein Wollfaden, der als einer erscheint, aber aus dreien gedreht ist. Man kann ihn darum aufspalten und auch wieder zusammendrehen. Jeder Faden im Faden hat sein Eigenleben, seine eigene Infrastruktur.

I.Y. Ja. Ich möchte das, was du gesagt hast, so formulieren: jeder Einzelton ordnet sich dem für die ganze Klanggruppe, den Hauptton, gültigen Gestaltungsprinzip unter. Bei ›Reák‹ kannst du das gut hören.

L.R. Du hast einmal über ›Riul‹ gesprochen und etwas gesagt, was mir tiefen Eindruck machte: über das hohe A, das, wie du sagtest, dreimal in das Ohr des Hörers gestoßen wird, dann mit vielen Trillern und anderen kleinen Figuren umspielt wird und dann unverändert bleibt; »hartnäckig insistierend«, hast du gesagt, »kehrt die Klarinette immer wieder zum A zurück. Mit Fortefortissimo langanhaltend geblasen, zum Forte gemindert, bleibt dieses A im Raum stehen.« So deine Worte. Auf mich macht dieses hartnäckig bleibende A einen unbehaglichen Eindruck, es ist so starr, und dieser Eindruck wird noch verstärkt, wenn schließlich, als letzter Ton des Stücks, das Klavier sein eingestrichenes H bringt, nicht ein auflösendes A, eben nicht, das Klarinetten-A bleibt ganz allein da oben, als wäre es im Weltenraum erstarrt, weil es sich der Wandlung verwehrt. Aber man kann's auch anders deuten, im Sinn des Drachentraums: das A ist schlechthin unerreichbar. Ja, aber auch so gedeutet, bleibt es schrecklich als ewiger absoluter Anspruch und als . . . ja, wie das »Halt, Fremdling!« des Sarastro in der ›Zauberflöte‹. Man kann auch sagen, es sei, deinem Prinzip von der »Bewegtheit in der Unbewegtheit« entsprechend, die Unbewegtheit selbst.

I.Y. Harald Kunz hat über die formalen Prinzipien meiner Arbeit geschrieben, gerade über diese »Bewegtheit in der Unbewegtheit«:
»Bei näherer Betrachtung sind die Haupttöne selbst die fernöstliche Komponente von I. Yuns Arbeit. Sie widersprechen dem europäischen Entwicklungsdenken, und ihre Aneinander-

reihung ist logisch nicht erfaßbar. Da sich die Form seiner Kompositionen aus relativ wenigen Haupttönen zusammensetzt, kann Yun seinen Werken einen sehr viel schneller und deutlicher erfaßbaren Emotionsgehalt verleihen, als wenn er seine Vorstellungen durch schnell vorüberziehende, dadurch nicht so klar zu deutende Melodien, Harmonien und Rhythmen im üblichen Sinne verwirklichte. Der Hörer nimmt die Umrisse der Haupttöne sofort wahr, auch wenn ihm die Details erst bei wiederholtem Aufnehmen bewußt werden, und er kann sich ihrer unmittelbaren Wirkung nicht entziehen, selbst wenn Yuns Musik zunächst oft befremdet, beunruhigt oder schockiert.«

Wir haben aber jetzt über ein Stück geredet, das ich erst 1966 schrieb. Vorher schrieb ich ›Fluktuationen‹, das Stück wurde 1965 in Berlin aufgeführt in der Reihe ›Musik der Gegenwart‹.

L.R. Man darf den Titel wörtlich nehmen, nicht wahr? ›Fließendes‹, oder ›Strömendes‹. Ich denke, es ist gemeint im Sinne des griechischen »Alles fließt« und des taoistischen »Alles bewegt sich, alles wandelt sich, aber alle Bewegung ist Bewegtheit in der Unbewegtheit«. Als ich das Stück zum erstenmal hörte, hatte ich den Eindruck, in einen ewigen Strom aufgenommen zu sein, jenen Strom, der unter- oder ober- oder innerhalb des zeitlichen Geschehens gleichmütig dahinfließt. Das Stück beginnt aber sozusagen nicht an der Quelle des Stromes, sondern irgendwo unterwegs; es ist ein Ausschnitt aus dem fließenden Leben. Es beginnt pianopianissimo, so als müsse man erst aufmerksam werden auf das Strömen, es wird sogar noch leiser, pppp ist da vorgeschrieben, und dann hört man es lauter und stärker rauschen, ein sehr langsames Crescendo bis zum Mittelteil, dem Höhepunkt, der eine Klang-Orgie ist, ein Geschwirre von Holzbläsern, von Trillern und Glissandi der Streicher in den höchsten Lagen, dazu das Dröhnen der Blechbläser und des vielen Schlagzeugs. Der Strom bildet tosende Strudel, Schnellen, Katarakte.

I.Y. Es ist ein vierzehnstimmiger Satz. Holzbläser und Streicher haben Sechzehntel-Quintolen. Keine der vierzehn Stimmen gleicht der andern, jede wiederholt immer wieder die eigene Figur, und dann, ganz plötzlich, mündet alles in breite Blechbläser-Akkorde.

L.R. Fortefortissimo. Ich sehe es in der Partitur. Bei Takt 190 ist dann der gewaltige Lärm zu Ende, es bleiben zuerst noch, im Fortefortissimo, die Fagotte, Trompeten, Hörner und Posaunen, dann übernehmen die Streicher das, was du Hauptklang nennst, und es gibt noch ein Klanggeschwirr mit vielen ganz kleinen Figuren, und dann, innerhalb von drei Takten, vom Fortissimo zum Pianissimo, endet das Stück. Ich sage, es endet, weil es eben einmal aufhört, aber eigentlich ist es nicht zu Ende. So wie es irgendwann begann, so hört es irgendwann auf: Zeit in der Ewigkeit, Raum im Unendlichen, Bewegung in der Unbewegtheit des Weltgrundes. Aber, höre: beim Lesen der Partitur fiel mir eben auf, daß du ja, wie ein ordentlicher westlicher Komponist, Takt-Einteilungen machst, die mir beim Hören deiner Musik nie aufgefallen waren. Ist das nicht eigentlich nur ein Zugeständnis an die westliche Aufführungspraxis? Ich habe kürzlich ein Band mit original-koreanischer Musik abgehört: ich fand darin keine uns bekannte Rhythmik, die man genau notieren könnte. Alles fließt; eben: Fluktuationen!

I.Y. Das ist so: die koreanische Volksmusik hat einen punktierten Rhythmus, meist einen Dreiertakt. Aber in der klassischen Hofmusik wurde innerhalb der strengen rhythmischen »Periode« improvisiert. Es sind die Schlagzeuger, die das Tempo angeben mit Accelerandi und Ritardandi, im Sinne einer Verdichtung und einer Lösung der Spannung.

L.R. Das nächste Stück nach ›Fluktuationen‹ war ›Réak‹, nicht wahr?

I.Y. Ja, es war ein Auftrag für die Donaueschinger Musiktage. Heinrich Strobel vom SWF, der sich ja ganz besonders eingesetzt hat für avantgardistische Musik, hatte mir den Auftrag gegeben. Er machte mir Freude, aber ich konnte nicht arbeiten, ich fühlte mich krank und fürchtete, es sei wieder etwas mit der Lunge. Ich ging in den Schwarzwald, und da fühlte ich mich besser, und schließlich war das Stück doch rechtzeitig fertig. Es war für den Oktober 66 angesetzt.

L.R. Ich sehe im Werkverzeichnis die Orchesterbesetzung. Das war ja ein mächtiges Aufgebot, diesmal auch an nicht-westlichen Instrumenten. Außer den gebräuchlichen Streichern und Bläsern gibt es da: Tamtam und Tomtom, das sind Trommeln, und es gibt thailändische Buckelgongs, das kann man sich auch vorstellen, und es gibt Mehrklangpeitschen, Baks genannt, und Tempelblöcke. Was Tempelblöcke sind, das weiß ich. Ich habe noch ihren Klang im Ohr, als ich abends bei der Andacht im buddhistischen Kloster von Bulgugsa war: dieser harte, dunkle, suggestive feierliche Holzklang, den die kürbisförmig ausgehöhlten Hölzer geben, wenn man sie mit einem Holzstück schlägt. Aber was sind Mehrklangpeitschen?

I.Y. Ein typisch koreanisches Instrument: da sind mehrere längliche Holzplättchen, an einem Ende durchlöchert, und durch diese Löcher ist eine Schnur gezogen, welche die Plättchen zusammenhält, etwa sechs oder acht; wenn man das Bak stark zusammenklappt, schlagen die Hölzer aufeinander, das gibt kurze, harte, peitschenartige Klänge.

L.R. Das Stück selbst: bringt es etwas Neues?

I.Y. Neues nicht, aber Entwicklung, nämlich zur Hauptklang-Technik.

L.R. Du sprichst jetzt von dem, was ich einmal einen »Klangteppich« genannt habe. Das ist kein Fachausdruck, aber für uns Laien eine hilfreiche Vorstellung. Mir schien deine Musik wie ein akustisches Gewebe, oder genauer gesagt: wie eine ganze Sequenz von Klanggeweben, kleinen und großen Stücken in verschiedenen Klangfarben und in verschiedener Höhe ›aufgehängt‹.

I.Y. Ich will es so sagen: jedes meiner Stücke muß das Ganze meiner musikalischen Welt enthalten. Das heißt, jede kleinere Klangfigur muß das Grundkonzept des ganzen Stücks enthalten. Es gibt in meinen Arbeiten verschiedene Arten von

100

Grundkonzeption. In ›Konzertante Figuren‹ zum Beispiel ist das Konzept das der Zwiebel: man hört den ersten Teil, dann nimmt man, sozusagen, die Schale weg und findet den zweiten Teil, der dem ersten entspricht, dann nimmt man wieder eine Schale weg, und so fort. Aus jedem Hauptklang wird ein neuer geboren. Jede Klangfigur enthält alle Elemente des Ganzen, alle Farben, alle Momente der Vorstellungswelt vom Dämonischen bis zum hohen Himmlischen. Eine sehr zutreffende Charakterisierung meiner Orchestermusik stammt von Josef Häusler. In seinem Buch ›Musik im 20. Jahrhundert‹ spricht er von meiner Kompositionstechnik als einer Heterophonie in der Polyphonie.

»In einem sehr wichtigen Punkt geht Yun über die heimatliche Überlieferung hinaus: die Musik des Fernen Ostens kennt keine reale Mehrstimmigkeit im europäischen Sinne. Sie ist im Prinzip einstimmig. Abweichungen können auftreten, wenn die ornamentale Melodie-Linie von lang gehaltenen Orgelpunkt-Tönen gestützt wird, wie das auch bei europäischer Folklore in Gestalt der Dudelsackbässe geschieht. Oft wandelt sich in orientalischer Musikpraxis beim Zusammenspiel mehrerer Instrumente die Einstimmigkeit zu einer momentanen Zufalls-Mehrstimmigkeit, zur Heterophonie, die aber keinerlei geplanten oder organisierten polyphonen Charakter besitzt. Yun weitet die Heterophonie zur Polyphonie aus, zwar nicht im thematisch-imitatorischen Sinn der abendländischen Tradition, wohl aber als bewußt gestaltete und kontrollierte Vielstimmigkeit polyrhythmischer Faktur.«

L.R. Ich sehe im Werkverzeichnis, daß du 1964 ein Chorwerk geschrieben hast. Darüber wäre doch einiges zu sagen. Der Titel ist: ›Om mani padme hum‹. Es handelt sich also um einen buddhistischen Text und um Sanskrit.

I.Y. Den Text hat Wolf D. Rogosky gedichtet, frei nach der Übersetzung Karl Eugen Neumanns aus dem Pāli-Kanon.

L.R. Es ist der berühmte ›Gruß dem Juwel in der Lotosblüte‹. Ich sehe im Werkverzeichnis, daß du dafür ein enormes Aufgebot an Instrumenten verwendet hast: Triangel, große Trommel, kleine Trommel, einfache Gongs, javanische Buckelgongs, Becken, Tempelblöcke, Tamtam, Tomtom, Vibraphon, Handglocke, Schlittenschellen, Peitsche, Ratsche, Plattenglocken, Röhrenglocken, Maracas und Gurke.

I.Y. Die beiden letzten sind südamerikanischer Herkunft. Die Gurke, besser bekannt unter dem Namen Guiro, ist eine Raspel, und die Maraca eine hölzerne Rassel.

L.R. Bedenkt man das Instrumentarium, kann man den Eindruck haben, es handle sich um ein wildbewegtes lautes Stück. Aber das wäre dem Text ganz zuwider.

I.Y. Es ist ein 27-Minuten-Stück für Sopran, Bariton, gemischten Chor und großes Orchester. Es hat fünf Sätze: der erste, nur für Orchester, heißt ›Lotosblüte‹, der zweite, für Solosopran und Orchester, ›Gotama befragt‹, der dritte, nur für Orchester ›Durst‹, der vierte für Baritonsolo und Orchester ›Ent-werden‹, der fünfte, für Sopransolo, Chor und Orchester, ›Nirvana‹. Im ganzen Stück ist der Sopran die fragende Stimme des Schülers, der Bariton die antwortende Stimme des Lehrers, der Chor ist die Stimme »aller lebenden Wesen«, die zustimmend und betend anwesend sind. Diese Musik soll, dem Text entsprechend, höchste Reinheit zum Ausdruck bringen, wie sie in der vollkommenen Befreiung des Menschen im Nirvana geschieht. Während ich das Stück schrieb, war ich sehr glücklich. Ich lebte damit in einer mir tief vertrauten Welt.

L.R. Aber du warst und bist kein Buddhist.

I.Y. Nein, das nicht. Aber wer im Fernen Osten zu Hause ist, der nimmt den Buddhismus auf wie die Luft.

L.R. So wie wir im Westen das Christentum, ob wir christlich sind oder nicht.

I.Y. Ja, und so wie es hier überall christliche Kirchen gibt, so gibt es in Korea Hunderte von buddhistischen Heiligtümern; man besucht sie, auch ohne Buddhist zu sein, man hört die Gesänge der Mönche, man hört den Klang der Tempelblöcke und der tiefen Gongs, man opfert Weihrauchstäbchen und kennt die Lehre Buddhas in den Hauptzügen, auch wenn man

Konfuzianer oder Taoist oder Christ geworden ist. Etwas vom Buddhismus ist in jeder ostasiatischen Seele.

L.R. Du sagst, du seist kein Buddhist. Aber im Gefängnis . . . darf ich es sagen? . . . da hast du zu Buddha gebetet. Du hast es mir so gesagt: Ich bete zu Buddha, aber da kam kein Licht. Dann betete ich zu Christus, da kam ein Licht.

I.Y. Ich bin kein Christ und konnte zu Christus beten. Aber glaubst du nicht, ich werde, wenn ich das sage, mißverstanden?

L.R. Du meinst, man könnte abfällig denken, du hättest dir eine Religion zusammengemischt aus kleinen Teilen vieler Religionen, ein verschwommenes, beliebiges, unverbindliches, gesetzloses Gemisch. Das wäre freilich ein großes Mißverständnis deiner Haltung. Ich will versuchen zu erklären, in welcher Art religiöser Verbindung du lebst. Zuvor muß man wissen, daß es überhaupt schwer ist im Fernen Osten, die Religionen scharf zu trennen. Der Buddhismus, aus Indien stammend, hat in jedem Land, in China, Korea, Japan, eine eigene Form entwickelt. In China wurde er in den Taoismus hineingenommen, in Japan wurde er zum Zen-Buddhismus, der wiederum mit dem Taoismus vieles, das Wesentliche, wenn ich recht verstehe (es ist sehr schwer, es zu verstehen), gemeinsam hat. Es gibt viele zen-buddhistische Geschichten, in denen vom Tao die Rede ist. Ein Mönch fragt den Zen-Meister: Was ist das Tao? Der Meister: Was für ein schöner Berg! Der Schüler: Ich frage Euch nach dem Tao, und Ihr redet von einem Berg! Der Meister: Solange du etwas von diesem Berg weißt, besteht keine Aussicht für dich, das Tao zu gewinnen.
In einer andern Geschichte antwortet der Meister auf die Frage, wo das Tao sei: Es ist unmittelbar vor dir. Der Schüler: Weshalb sehe ich es denn nicht? Der Meister: Das kommt von deiner Selbst-Sucht (gemeint ist: vom Haften am Selbst). Der Schüler: Wenn es von dieser Selbst-Sucht kommt – könnt Ihr es dann sehen? Der Meister: Solange es ein Ich-und-Du gibt, ist das Sehen des Tao unmöglich. Der Schüler: Wenn es weder Ich noch Du gibt, wird es dann gesehen? Der Meister: Wenn es weder Ich noch Du gibt – wer soll dann hier sehen?

Solcherart überschneiden und durchdringen sich im Fernen
Osten viele Religionen, auch das Christentum, das sich mit
dem Zen-Buddhismus fruchtbar eingelassen hat, wie es beispielsweise der französische Jesuit Lassalle zeigt. Du gehörst
keiner der einzelnen Religionsformen ausdrücklich an, aber
du bist allen verbunden, denn für dich sind sie alle umfaßt
vom Tao. Wie wir das Gemeinte, das Letzte, das Unfaßbare
nennen, ob Tao oder Weltgeist oder Nirvana oder Gott, das
hängt von dem räumlichen und geistigen Ort ab, an dem wir
leben. Du nennst es Tao. Ich kann es besser sagen mit Hilfe
des wunderbaren Symbolbilds in der nordkoreanischen Grabkammer: die dort dargestellte Vier-Einheit, das Eine Tier,
enthält die vier Tiere, es *ist* diese vier Tiere. Ein *eines* drückt
sich aus in vier Gestalten. Wenn der Besucher in die dunkle
Grabkammer eintritt, so sieht er zuerst nur ein einziges Tier.
Es hängt von ihm selbst ab, welches er sieht. Es hängt ab von
seinem Standort, von seiner Fähigkeit, im Dunkeln zu sehen,
von seiner Erwartungshaltung. Leicht kann es geschehen, daß
er das eine Tier für das einzige hält und nicht sieht, daß es ein
Ganzes gibt, das sich ebenso im Tiger wie im Phönix, im
Drachen wie in der Schildkröte ausdrückt. Kommt der Besucher näher und verweilt er lange genug, so wird er sehen, daß
er sich nicht täuschte, wenn er einen Drachen sah, aber er
wird erkennen, daß er den Drachen als Aspekt eines umfas-
senden Ganzen zu verstehen hat. Beim langen Betrachten
wird er sehen, daß das Ganze sich bewegt. Die einzelnen
Tiere sind nicht festgelegt, jedes kann für eine Weile hervor-
treten und dann sich wieder zurückziehen, um einem andern
Platz zu machen. Und es ist immer dasselbe *Eine,* das *ist* und
nur die Gestalt wechselt. Dieses Geheimnis kannten alle
Mystiker aller Zeiten und Religionen, auch die abendländischen von Plotin bis Blake. Vielleicht kann man, dieses Sym-
bolbild meditierend, verstehen, welches deine religiöse Haltung ist.

Nachdem Isang Yun 1965 mehrere Monate in den USA Vorle-
sungen gehalten und Aufführungen seiner Werke beigewohnt
hatte, bekam er vom Intendanten der Berliner Deutschen Oper,
Gustav Rudolf Sellner, den Auftrag, für die Festwochen 1966
eine Oper zu schreiben. Sellner wünschte einen ostasiatischen
Stoff. Es lag nahe, ihn durch einen ostasiatischen Komponisten
authentisch gestalten zu lassen. Isang Yun nahm den Auftrag
an. Er wählte einen Stoff aus dem alten China. Der Dichter lebte
im 14. Jahrhundert, heißt Ma Chi Yuan, der Titel seiner Dichtung: ›Der Traum des Liu Tung‹. Die Übersetzung aus dem
Chinesischen stammte von Hans Rudelsberger, die Opernfas-
sung von Winfried Bauernfeind, dem Regisseur der Uraufführung. Isang Yun, schon seit seiner Kindheit angezogen von der
Gattung Oper, freute sich, nun selbst eine Oper zu schreiben,
aber er wollte nicht die europäische Operntradition fortsetzen,
sondern an die alte Opernform anknüpfen, die er aus Korea
kannte. So kam ihm der chinesische Stoff gerade recht.
Dieser Stoff ist, auf den ersten Blick, sehr einfach: ein taoisti-
sches Lehrstück.
Die Himmlischen beschließen, aus der Menschenwelt einen
jungen Mann namens Liu Tung zum Jünger und späteren
Meister der »reinen Lehre des Tao« zu erwählen. Ein himmli-
scher Bote, Ching-Yang, erscheint als Eremit auf der Erde. In
einer Herberge trifft er scheinbar zufällig den jungen Liu Tung,
der sich eben bei der Wirtin eine Suppe bestellt hat und nun
darauf wartet, bis sie fertig ist. Der Eremit fragt ihn nach Woher
und Wohin und erfährt, daß der junge Mann auf dem Weg zum
Kaiserhof sei, weil er dort an einem Wettstreit junger Gelehrter
und Künstler teilnehmen wolle, um »Ehre, Macht und Reichtum
zu gewinnen«. Der Eremit erklärt ihm, daß seine Wünsche
töricht seien, da sie auf Vergängliches zielten. »Entsage der
Welt«, sagte er, »und suche die unvergänglichen köstlichen
Freuden des Tao.« Der junge Mann lacht über diese närrische
Zumutung. Da er also den vernünftig-heiligen Rat des Eremiten

105

nicht annimmt, muß die Belehrung auf andere Weise erfolgen:
im Schlaf. Während auf dem Herd die Suppe kocht, erlebt der
junge Mann im Traum sein ganzes Leben. Dabei verwandelt
sich die junge Frau des Kaufmanns in der Herberge in seine
Frau, und der Eremit wird zu seinem Schwiegervater. Im Traum
ist Liu Tung schon seit achtzehn Jahren verheiratet und hat
Sohn und Tochter, ist hoher Offizier im kaiserlichen Heer und
ist glücklich. Jetzt muß er in den Krieg ziehen. Er läßt seine
Familie in der Obhut seines Schwiegervaters, der dem schei-
denden Schwiegersohn das Versprechen abnimmt, dem Wein
zu entsagen. Während er fort ist, beginnt seine Frau eine
Liebschaft mit einem andern. Der endlich heimkehrende Liu
Tung findet sie in dessen Armen und will sie töten. Der Eremit,
der im Traum nun der Diener Yuan ist, überredet ihn, auf Rache
zu verzichten. Liu Tung gehorcht und zieht wiederum in den
Krieg. Aber dort erliegt er einer Versuchung: er wird zum
Verräter an seinem Kaiser. Dafür soll er enthauptet werden. Der
Oberrichter aber ist der Eremit, und er verhindert den Tod des
Liu Tung, er läßt ihn entfliehen. Auf der Flucht begegnet er
einem Holzfäller, der ihn zu einer Hütte weist, in der er Unter-
kunft findet. Was er dort aber findet, ist der Tod: er wird
erstochen. In diesem Augenblick erwacht Liu Tung. So kurz
war der Traum, daß die Suppe noch nicht kocht, als er zu Ende
ist. Nun versteht Liu Tung, daß das Leben ein Traum sei und
daß es keinen Sinn habe, vergänglichen Schätzen nachzulau-
fen. Er ist bekehrt: »Ehrwürdiger Vater, führt mich den Weg«,
sagt er zu dem Eremiten, der ein Himmelsbote ist.
Ein einfacher, geradliniger Stoff, aber ein hintergründiger, kein
beliebiger, sich dem Komponisten anbietender.
Wir finden diesen Stoff konzentriert in der Geschichte von
Dschuang Dschous ›Schmetterlingstraum‹, wie ihn Dschuang
Dse (Tschuang Tse, wie wir zu sagen pflegen) in seinem ›Wahren Buch vom südlichen Blütenland‹ erzählt.
Einst träumte Dschuang Dschou, er sei ein Schmetterling, der
herumflattert und glücklich ist und nichts weiß von Dschuang
Dschous Problemen. Plötzlich wachte er auf und war wieder

106

›Der Traum des Liu-Tung‹, Nürnberg 1969
Zweites Traumbild: Abschiedsszene im Kaiserpalast
Maria de Francesca-Cavazza, Barry Hanner, Andreas Camillo Agrelli

Dschuang Dschou mit seinen Problemen. Jetzt ist die Frage: Hat Dschuang Dschou geträumt, er sei ein Schmetterling, oder träumt der Schmetterling, er sei Dschuang Dschou?

In der 12. Geschichte des 2. Buches von Dschuang Dse steht der Geschichte angefügt: »obwohl zwischen Dschuang Dschou und dem Schmetterling sicher ein Unterschied ist. So ist es mit der Wandlung der Dinge.«

Isang Yun liebt diese Geschichte sehr. Ihr Wahrheitsgehalt ist ihm unmittelbar evident. Der Sinn der Geschichte ist DER *Sinn*, das Tao.

Im zweiten Buch des ›Südlichen Blütenlandes‹ finden wir eine andere Stelle: »Im Traum mag einer klagen und weinen, des Morgens aber geht er zum fröhlichen Jagen. Während des Traums weiß er nicht, daß es ein Traum ist. Im Traum sucht er den Traum zu deuten. Erwacht er, so bemerkt er erst, daß er geträumt hat. So gibt es wohl auch ein großes Erwachen, und danach erst erkennen wir unsern Traum. Nur die Toren halten sich für wachend und maßen sich an zu wissen, ob sie in Wirklichkeit Fürsten sind oder Viehhirten. Kung Fu Tse und du, ihr seid beide Träumende. Daß ich dich einen Träumenden nenne, ist auch ein Traum.«

Ich fand auch diese Stelle: »Der Berufene geht nicht mit Eifer an seine Geschäfte, er wendet sich nicht dem Nutzen zu, er wendet sich nicht vom Schaden ab, es freut ihn nicht zu streben und er folgt nicht dem (allgemeinen) Pfad; ohne zu reden, redet er, und redend redet er nicht; er wandelt jenseits vom Staub und Schmutz der Welt. Das ist des geheimen Sinnes (Tao) Befolgung.«

Ich habe diese Stelle zitiert, weil sie den Schlüssel zum Verständnis der Persönlichkeit Isang Yuns gibt.

Anscheinend lebt Isang Yun ein ganz normales europäisches Leben: er hat eine richtige Familie, einen Beruf, eine Professur, eine Stellung in der Gesellschaft, er hat Freunde und politische Feinde, er hat und fährt ein Auto, er hat Erfolg, er verdient Geld, er ist politisch aktiv. Das ergibt eine Summe in sich verketteter Realitäten. Er akzeptiert sie alle. Er unterwirft sich allen Verant-

wortungen, die diese Realität an ihn stellt. Sie ist für ihn aber auch eine Nicht-Realität. Sie ist beides: Realität und Traum. Wer aber kann, nach Dschuang Dse, wissen, was Traum ist und was »Realität«? Isang Yun lebt in der Realität und lebt nicht in ihr. Damit soll nicht gesagt sein, daß er jeweils eine Zeitlang in ihr lebte und sich dann wieder aus ihr zurückzöge. Es heißt auch nicht, daß er nur im Schaffen lebe, in seiner Welt der Klangvorstellungen, und daß die »Realität« eine Qualität minderen Ranges für ihn sei. Es heißt auch nicht, daß er nur mit einem Teil seiner Persönlichkeit in der »Realität« lebe, während sein eigentliches Selbst erst im Klang-Traum erwache. Es bedeutet kein So-tun-als-ob, keine Schizophrenie, keine Zerrissenheit, kein Leiden an der Realität der Realität, keinen Escapismus, nicht einmal eine Parallelität zweier Weisen des Existierens. Es bedeutet ein Zugleich. Es bedeutet das Wissen davon, daß man nicht wissen könne, oder vielmehr: nicht zu wissen brauche, was Traum, was Wach-Erlebnis sei. Es bedeutet das entwickelte Bewußtsein von der großen Einheit, die im Außen wie im Innen, im Großen wie im Kleinen, im Wachen wie im Träumen, im Leben wie im Sterben ist. Alles ist Tao.
Es ist schwierig, diese östliche Haltung in westlichen Worten auszudrücken, obgleich wir auch, ich sagte es schon vorher, im Westen diese Sprache bereits einmal kannten: bei den christlichen Mystikern und auch den mittelalterlichen Alchimisten. Isang Yun, Ostasiate chinesischer Tradition, lebt in aller Selbstverständlichkeit mit dem Wissen vom Tao. Daraus kommt seine äußere und innere Haltung der gelassenen Selbstbeherrschung, die einem westlichen Menschen bisweilen als seltsame Apathie, als Passivität, als Unbeteiligtsein erscheint. Man möchte so einen Menschen manchmal schütteln und sagen: »So schrei doch, wein doch, brich aus in einen Wutanfall!« Aber darauf würde er nur in ernstem Unernst lächelnd sagen: »Aber warum, wozu?« Es gibt ein Pressefoto, das Isang Yun zeigt, wie er nach der Verurteilung in der ersten Instanz zu ›Lebenslänglich‹ aus dem Gerichtsgebäude kommt: er lächelt. Und das ist keine Pose. Allerdings hat er auch einmal

109

geweint während der Verhandlung, als der Verteidiger über
seine Musik und ihre Weltgeltung sprach. Er weinte, weil er
denken mußte, wieviel ungeborene Musik mit ihm verloren-
gehe.

Dschuang Dse sagt über Menschen dieser Art:
»Der Berufene ist einfältig und schlicht; er faßt die Jahrtausen-
de zusammen, und das Eine vollendet sich in seiner Reinheit.
Alle Dinge kommen an ihr Ziel, und er vereinigt sie in seinem
Ich.«

Aus dieser Haltung heraus konnte Isang Yun später, im Gefängnis und krank, eine komische Oper schreiben. Als er sie
begann, war er frei; als das erste Drittel geschrieben war,
wurde er entführt; er schrieb weiter, als das Todesurteil für ihn
beantragt war.

I.Y. Die Oper ›Liu Tung‹ wurde bei den Berliner Festwochen 1966
aufgeführt, aber nicht in Sellners Großem Haus, sondern in
der Akademie der Künste.
Es war eine hervorragende Aufführung mit dem Orchester
der Deutschen Oper unter Ulrich Weder, Regie Bauernfeind, und mit erstklassigen Sängern: William Dooley, Barry
McDaniel, Catherine Gayer, Loren Driscoll.

L.R. Aber wenn schon mit dem Orchester und dem Ensemble der
Deutschen Oper, warum dann nicht im Opernhaus?

I.Y. Ich habe für ziemlich kleine Orchesterbesetzung geschrieben
und wollte keine große Dekoration, sondern nur Schiebewän-
de und Beleuchtungseffekte. Eine ganz schlichte Aufführung.

L.R. Du hattest die koreanischen Wanderbühnen in Erinnerung,
nicht wahr? Und ›Liu Tung‹ ist ja auch eigentlich eine Kammer-Oper, meine ich.

I.Y. Richtig: Kammer-Oper. Aber das Stück könnte trotzdem im
Großen Haus gespielt werden mit raffinierter Regie und
einem erweiterten Orchester. Es wurde mit dem andern Ein-

akter, der zweiten Traum-Oper ›Die Witwe des Schmetterlings‹, in Nürnberg 1969 aufgeführt.

L.R. Während du im Gefängnis warst ... Könntest du etwas zum
Technischen deiner ersten Oper sagen? Was scheint dir besonders wichtig?

I.Y. Die Behandlung der Singstimmen. Sie kommt aus der chinesischen Tradition, in der es immerzu Übergänge vom Sprechen
zum Singen und vom Singen zum Sprechen gibt. Ich hatte mir
zur Aufgabe gesetzt, diese ostasiatische Sprech- und Singwei-
se mit dem deutschen Text, der deutschen Sprache, zu kombi-
nieren, also die Sprache stark zu artikulieren. Die Gesangsli-
nien verlaufen verschiedenartig, zum Beispiel: normale
Sprechstimme, dann halb gesprochen, halb gesungen, dann
Sprechgesang auf einer bestimmten Tonhöhe, dann Sprechgesang auf verschiedenen Tonhöhen, dann reiner Gesang. Es
hängt vom Text ab. Eine vom Text her ganz klare Stelle wird
Sprechgesang, während wenig wichtige, musiktragende Text-
stellen halb gesungen vorgetragen werden. Jede Figur, jede
Stimme hat von ihrem Charakter her eine spezifische musikalische Atmosphäre. Es gibt also Gesangstypen. In ›Liu Tung‹
ist der Eremit von einer Klangatmosphäre umgeben, die
durch tiefe Blechbläser und Schlagzeug liturgisch gefärbt ist.
Die weibliche Hauptrolle hat ihre lyrische Klangwelt durch
Flöte, Harfe, Oboe. Dieses Prinzip habe ich in ›Liu Tung‹ zum
erstenmal angewandt; es wurde in den späteren Opern immer
deutlicher.

Die zweite Oper, ›Die Witwe des Schmetterlings‹, ist wieder ein
Traumspiel und ein Einakter. Im Gegensatz zu dem taoistischen ernsten Lehrstück vom jungen Liu Tung ist die zweite
Oper eine Komödie, es ist eine Opera buffa. Die tief philosophische Geschichte vom Schmetterlingstraum des Dschuang Dse
wird hier ins Groteske, ja Makabre transponiert und läßt uns in

Gelächter ausbrechen, aber mitten im Gelächter plötzlich erschrocken innehalten, denn bisweilen streift uns da nicht der Flügel eines Schmetterlings, sondern einer dunklen Fledermaus und einer Nachteule. Wenn die beiden Opern, ›Liu Tung‹ und ›Die Witwe des Schmetterlings‹ zusammen aufgeführt werden – und das sollen sie –, dann hat »Die Witwe« den Charakter *und* die Rolle des Satyrspiels nach der griechischen Tragödie.

Das Libretto schrieb Harald Kunz, der sehr alte Stoff stammt von einem Unbekannten, den Text des Chores schrieb der Autor des ›Liu Tung‹, der Chinese Ma Chi Yuan, ein langes Gedicht, das so beginnt:

»Hundert Jahre Licht und Schatten
Sind wie der Traum eines Schmetterlings . . .«

Dieses Lied, der Chor in chinesischer Sprache, eröffnet das Stück. Der Chor allein wurde dann, als die Oper selbst nicht, wie geplant, in Bonn uraufgeführt werden konnte (da sie ja nicht fertig war, weil der Komponist im Gefängnis saß), in einem Konzert in Bonn gesungen.

In der Oper sind zwei Elemente zusammengefügt: die Geschichte Dschuang Dses vom Traum des Schmetterlings und eine makabre Schamanengeschichte.

Die Oper führt sich nach dem ernsten Eingangschor sofort als komisch ein. Sehr respektlos gezeichnet, begegnen sich die beiden größten chinesischen Weisen, die wir als Lao Tse und Dschuang Dse kennen. Sie sind sich zwar im Leben nie begegnet, denn Lao Tse lebte im 6. Jahrhundert vor Christus, Dschuang Dse im 4. Jahrhundert. Daß im Textbuch die zwei sich treffen, hat eine literarhistorische Rechtfertigung: Dschuang Dse (wir wollen die dem Chinesischen besser entsprechende Schreibweise beibehalten) kleidete seine Geschichten, besonders jene, in denen er den Konfuzianismus und Kung Fu Tse kritisiert, in die Form des Gesprächs mit Lao Tse, und, soviel ich dem Vorwort Richard Wilhelms zum ›Südlichen Blütenland‹ entnehme, ging es dabei oft nicht nur spitzzüngig, sondern

›Die Witwe des Schmetterlings‹, Nürnberg 1969
Friedhof: Die junge Witwe am Grab
Maria de Francesca-Cavazza, im Hintergrund Andreas Camillo Agrelli als
Dschuang Dse

auch derb lustig zu. So ist es also richtig, wenn im Textbuch die beiden sich als lustige und streitsüchtige Greise begegnen. Diese Begegnung beginnt mit einem alten, aber dieses Alte karikierenden Verbeugungs-Zeremoniell. Dann erzählt Dschuang Dse dem Älteren seinen Kummer: er träume immer wieder einen wunderbaren Traum, in dem er ein Schmetterling sei, leicht und frei herumfliege und sehr glücklich sei, aber immer wecke ihn dabei seine Frau. Lao Dse erbietet sich, ihm diesen Traum zu deuten, der an sich keiner Deutung bedarf, den aber die beiden zum Anlaß nehmen, sich in einem philosophischen Diskurs zu vergnügen. Sie reden so lange darüber, bis sie die große Lehre vom Tao, von der Einheit der Gegensätze, ad absurdum geführt haben und logisch gezwungen sind, zuzugeben, daß nicht nur Yang und Yin Eins sind, sondern auch Mensch und Schmetterling. Lao Dse erklärt, Dschuang Dse träume den Schmetterlingstraum, weil er tatsächlich, wenn auch vor langer Zeit, ein Schmetterling gewesen sei, der aber von einer verbotenen Blüte aus dem Feengarten genascht habe und deshalb vom Wärter des Gartens aufgespießt wurde. Der Schmetterling sei gestorben und vertrocknet und schließlich in Staub zerfallen, und dadurch sei die Seele des Schmetterlings frei geworden. Sie habe sich ein anderes Wohngehäuse gesucht und sei in Dschuang Dse eingegangen. Darum müsse und dürfe er fliegen. Das scheint komisch und scherzhaft gesagt. Aber in diesem Augenblick gibt Lao Dse dem Gespräch eine Wendung ins Ernsthafte, ins Philosophische: er rät Dschuang Dse, sich von allem zu befreien, was ihn hindere, ein Schmetterling zu sein: Haus, Beruf, Familie. Dschuang Dse wünscht sich das sehr, aber wie soll er sich von seiner Frau befreien? Kommt Zeit, kommt Rat. Zunächst verläßt er Haus und Beruf und begibt sich auf Wanderschaft, allerdings behaftet mit seiner Frau, die ihm zeternd folgt. Sie passieren eines Tages einen Friedhof, auf dem eine junge Witwe am Grab ihres Mannes trauert oder zu trauern scheint; tatsächlich wartet sie nur darauf, bis die Erde des Grabhügels trocken ist und sie einen Liebhaber nehmen darf. Dschuang Dse, der nicht nur ein

Philosoph, sondern auch ein Magier ist, entfacht einen warmen Wind, der die Erde des Grabhügels rasch trocknet, so daß die Witwe frei ist für die Liebe. »So sind sie alle«, sagt Dschuang Dse überlegen. Nein, sagt seine Frau, so sind nicht alle. Sie selber schreibt sich Treue zu. Später wird sich zeigen, daß Dschuang Dse recht hatte. Seine eigene Frau wird genauso handeln wie die Witwe am Grab. Zunächst wird der Fächer, den die junge Witwe Dschuang Dse zum Dank gab, Anlaß einer heftigen Eifersuchtsszene am Grab. Das ist der letzte Tropfen in den Eimer des Eheüberdrusses Dschuang Dses. Er beschließt zu »sterben«. Er spielt dieses Sterben so gut, daß seine Frau es glaubt. Sie ist schier verzweifelt. Zunächst. Nun folgt das Begräbnis-Zeremoniell, und Dschuang Dse wird in seinem Hause eingesargt aufgebahrt. Alsbald erscheinen Trauergäste, darunter der Prinz Fu und sein Diener. Sehr rasch entwickelt sich nach dem Modell der ›Witwe von Ephesos‹ eine Liebesgeschichte des Prinzen mit der noch ansehnlichen Witwe. Nur »das Ding da« stört: der Sarg. Er muß weggeschafft werden. Prinz und Diener versuchen, den Sarg wegzutragen, aber das Gewicht der Persönlichkeit Dschuang Dses erweist sich als zu schwer. Beim Heben des Sargs erleidet der Prinz, von Haus aus Epileptiker, einen Anfall. Daheim hat man ein Mittel zur Hand, ihm zu helfen: einen Brei aus dem Gehirn eines eben Verstorbenen. Die Witwe schlägt das Naheliegende vor: Dschuangs überflüssig gewordenes Gehirn zu verwenden. Der Diener öffnet mit einem Axtschlag den Sarg, und aus dem Sarg erhebt sich bleich vor Schrecken, aber lebend Dschuang Dse. Es gehört zur Magie des Stückes, daß Prinz Fu zugleich Dschuang Dse ist, wie jede der Personen überhaupt zugleich eine andere ist. Großes Entsetzen. Die Witwe ist überführt: »Così fan tutte« – so machen es alle. Jetzt hat Dschuang das legale Recht, die Ungetreue, Überführte zu verlassen. Er ist frei.

Isang Yuns Oper endet mit einer dem Traumcharakter entsprechenden Szene: Dschuangs Schatten erscheint auf dem Schleiervorhang, er tanzt zwischen den auf den Vorhang projizierten bunten Schmetterlingen, während der Chor das Lied

115

vom Schmetterlingstraum singt. Die Oper endet in einem bis zur Apotheose geführten Orchester-Crescendo, das, fern aller Komik, den ernsten Kern des Stückes zeigt. Damit ist die alte Schamanengeschichte, die viel makabrer ist als die im Libretto, transzendiert und geht uns alle an: es ist die Geschichte von der möglichen Befreiung des Menschen aus den Stricken und Fallen irdischer Konditionen, die zu tun zwingen, während die der geistigen Natur des Menschen gemäße Haltung die des Nicht-Tuns ist, das heißt: des Wirkenlassens des Tao.

Einen besonderen Aspekt erhält diese Oper durch den Umstand, in dem Isang Yun sie schrieb: in äußerster Unfreiheit im Gefängnis, ohne Aussicht auf Befreiung. Es gibt aber eine zusätzliche wahrhaft erschreckende Entsprechung: der Diener des Prinzen in der Oper öffnet den Sarg mit einem Axtschlag, um dann die Schädeldecke Dschuangs zu öffnen: Isang Yun hat in einem Augenblick der Schwäche und Verzweiflung im Juli 1967 im Gefängnis einen Selbstmordversuch gemacht. Mit dem einzigen Gegenstand aus hartem Metall, den er in der Zelle hatte, einem schweren Aschenbecher, schlug er auf seine Schädeldecke, um sie zu zertrümmern. Er wurde bewußtlos, blutüberströmt aufgefunden und ins Gefängniskrankenhaus gebracht.

V

Entführung

L.R. Aber nun können wir wirklich nicht mehr umhin, über deine Entführung zu sprechen. Hast du dich eigentlich politisch exponiert in den Jahren deines Aufenthalts in Europa, zwischen 1956 und 1967?

I.Y. Bis zum Militärputsch durch Park nicht. Dann bin ich erschrocken wieder aufgewacht.

L.R. Hattest du eigentlich Beziehungen zu deinem Heimatstaat, seien es direkte oder via Botschaft in Bonn?

I.Y. Den Botschafter von damals, Choi, kannte ich sehr gut, er kam auch zu meinen Aufführungen. Es ist der, der auch ins Gefängnis kam; davon reden wir nachher. Die koreanische Regierung hat sich ihrerseits nie um mich gekümmert, scheinbar. Aber die südkoreanischen Zeitungen haben viel über mich und meine Kompositionen geschrieben. Ich freilich habe mich immer um das Schicksal meines Volkes gesorgt, auch als ich nicht aktiv politisch war. Als aber dann Park an die Regierung kam, habe ich begonnen, mit Freunden zusammen in Deutschland eine koreanische Gesellschaft zu gründen. Es waren damals viele Koreaner hier, vor allem Studenten. Wir hielten zweimal im Jahr ein Seminar, in dem wir über die Notwendigkeit und die Möglichkeit der Wiederherstellung der südkoreanischen Demokratie sprachen. Ich las regelmäßig die südkoreanischen Zeitungen. Die eigentlichen, die wahren Nachrichten gelangten auf anderen Wegen in unsre Hände, und wir wußten Bescheid über die wachsende Unterdrückung Südkoreas durch Park und sein Militärregime. Wir hatten auch einige unsrer Diplomaten aus Bonn zu unseren

Treffen gebeten, und wir konnten mit ihnen frei über die Lage sprechen. Ich war einer der schärfsten Kritiker Parks.

L.R. Wart ihr vom Geheimdienst überwacht? Sicher!

I.Y. Wir haben nichts davon gemerkt oder uns nicht darum gekümmert.

L.R. Du hast schon andeutungsweise über deine Beziehungen zu Nordkorea gesprochen. Du mußt das genau ausführen.

I.Y. 1958, als ich im Sommer zum erstenmal an den Internationalen Ferienkursen in Darmstadt teilnahm, aßen wir in der Mensa der Pädagogischen Hochschule. Da bediente ein Mädchen, eine Deutsche aus der DDR. Sie fragte mich: Woher kommen Sie denn? Ich sagte: Aus Korea. Sie fragte: Aus Süd- oder Nordkorea? Sie sagte, sie komme aus der DDR, wo viele Nordkoreaner studierten. Nach dem Koreakrieg hatte die nordkoreanische Regierung Tausende von Kriegswaisen in die europäischen Ostblockstaaten geschickt, damit sie dort vor allem Technik studierten. Das Mädchen sagte, es habe in der DDR Freunde unter den Nordkoreanern. Als sie das sagte, fiel mir mein Jugendfreund ein, jener Choi, mit dem ich zur Schule gegangen war und später Opernduette gesungen hatte und mit dem ich dann in Japan Musik studierte. Er war schon damals ein begeisterter Kommunist, und wir haben deshalb oft gestritten. Er ging dann nach Nordkorea und spielte im National-Orchester Kontrabaß, er dirigierte auch, aber das erfuhr ich alles erst später. Wir wußten nichts mehr von ihm. Er hatte in Südkorea eine Frau und drei Kinder gelassen. Auch die Familie wußte nicht, ob er überhaupt noch lebte. Aber seine Frau blieb ihm absolut treu. Wir Freunde haben für die Familie Geld gesammelt und uns um die Ausbildung der Kinder gekümmert. Als ich jetzt dieses Mädchen aus der DDR traf, war ich sofort entschlossen, sie zu bitten, durch ihre nordkoreanischen Freunde nachforschen zu lassen. Ein ganzes Jahr hörte ich nichts. Als ich in Berlin studierte, bekam ich aus Ost-Berlin einen Brief eines Nordkoreaners. Er schrieb, er habe einen Brief des verschollenen Freundes an seine Familie in Seoul, ich sollte kommen und ihn abholen.

118

Das war keine absurde Bitte, denn damals gab es keine Verbindung zwischen Nord- und Südkorea. Seit 1953 war die Grenze wirklich hermetisch geschlossen. Wer eine Nachricht von einem Teil in den andern schicken wollte, der mußte den Umweg übers Ausland nehmen. Natürlich ging ich sofort nach Ost-Berlin, den Brief abzuholen, den ich so schnell wie möglich nach Südkorea schicken wollte, wo die Frau so lange auf Nachricht wartete. Ich konnte, wie jedermann damals, ohne weiteres nach Ost-Berlin gehen. Es gab überhaupt keinen Grund für mich, es nicht zu tun. Ich sah keine politische Affäre darin, einen Nordkoreaner zu besuchen. Ich billige die Trennung zwischen Nord- und Südkorea nicht. Für mich ist ein Nordkoreaner ein Landsmann. Ich ging also zu ihm, nahm den Brief meines Freundes an dessen Frau in Empfang und schrieb auch gleich dem Freund von Ost-Berlin aus direkt nach Nordkorea. Sechs Monate später erhielt ich wieder Nachricht, eine Antwort meines Freundes aus Nordkorea sei angekommen, wieder in Ost-Berlin, anders war es ja nicht möglich. Als ich zum zweitenmal nach Ost-Berlin ging, nahm ich einen Freund mit, Kim, Politologie-Student in West-Berlin.

L.R. Jener Kim, den man zugleich mit dir entführte?

I.Y. Ja, dieser. Es war für uns natürlich sehr interessant, nach rund fünfzehn Jahren endlich authentische Nachrichten über Nordkorea zu bekommen und zu erfahren, wie man dort über eine Wiedervereinigung denkt. Ich war nie Kommunist gewesen, aber immer offen für sozialistische Ideen. Man lebt ja in Europa ganz natürlich mit Kommunisten und radikalen Sozialisten zusammen. Ich war Sozialist im Sinne eines demokratischen Sozialismus. Ich war dreimal in Ost-Berlin.

L.R. Du warst auch einmal in Nordkorea. Das mußte dem KCIA verdächtig erscheinen. Überwacht warst du natürlich längst. Man wußte ja auch, daß du, wie es im Prozeß vorgebracht wurde, Geld aus Nordkorea bekommen hast.

I.Y. Ja, aber nicht für mich und nicht von der Regierung, sondern von jenem Choi, für die Reisekosten seines Sohnes aus Seoul. Das war eine Sache, die mit Politik nichts zu tun hatte.

L.R. Die Anklage lautete, schwer genug, auf Spionage.

I.Y. Aber die Anklage auf Spionage wurde in zweiter Instanz fallengelassen. Doch wir greifen vor. Ich muß etwas sagen zur Geschichte Koreas. Als Park 1961 an die Macht kam, sagte er, er wolle so rasch wie möglich die Militärregierung ersetzen durch eine ordentliche, also demokratisch gewählte Zivilregierung. Er tat es nie. Darum gab es immer wieder Studentenaufstände, 1964 und 1965 besonders. Damals protestierten die Studenten weniger gegen Park als Person und System, sondern gegen den japanisch-koreanischen Pakt. Ein Pakt zwischen diesen beiden ehemals feindlichen Ländern – das klingt nach Frieden. Aber Japan hat kein Wohlwollen für Korea. Es brauchte und braucht Korea für seine Handelsbeziehungen, für Investitionen, für den Aufbau von japanischen Industrien in Korea, wo man weniger Steuern zahlt oder gar keine und wo man sehr billige Arbeitskräfte hat, die nicht gewerkschaftlich organisiert sind wie die japanischen. Das südkoreanische Volk hat nicht vergessen, wie es von den Japanern unterdrückt worden war, sechsunddreißig Jahre lang. Es hat nicht vergessen, daß viele tausend Koreaner nach Japan verschleppt worden waren als billige Arbeitskräfte: in der Mandschurei verfolgte er die koreanischen Partisanen, die ihr Land befreien wollten. Es hat vor allem nicht vergessen, daß Park während der japanischen Besatzungszeit ein radikaler Anhänger des japanischen Kaisers, des Tenno, war und im japanischen Heer als Offizier unter dem Namen Okamoto Minoru gegen Korea selbst gekämpft hat. Wenn ein derart japanisierter Mann wie Park einen Pakt mit Japan schließt, so ist klar, daß er nichts gegen Japan tut, sondern etwas zum Vorteil Japans, also zum Nachteil seines koreanischen Volks. So kam es ja dann auch, genauso wirkte sich der Pakt aus: japanische Fabriken auf koreanischem Boden mit miserabel bezahlten, streikrechtlosen und nicht versicherten koreanischen Arbeitern. Der Pakt mit den USA, den wir auch Park verdanken, hat die nämlichen Folgen: in Korea bereichern sich fremde Nationen auf unsere Kosten, wir sind ein Kolonialland geblieben. Die Demonstranten von damals hatten recht. Aber ihre Demonstrationen wurden blutig unterdrückt. Die Gefängnisse waren voll von Studenten und Intellektuellen. Dann kam 1967 die zweite Präsidentenwahl, zugleich Parlamentswahl. Jedermann wußte, daß diese Wahl ein Fälschungsmanöver war.

L.R. Soviel ich weiß, waren vor dieser Wahl von Parks Leuten viele Stimmen gekauft worden, aber unvorsichtigerweise zu viele, so daß beim Auszählen herauskam, daß mehr Stimmen für Park waren, als gezählt wurden. Die Opposition wußte natürlich, wie viele Stimmen sie selbst hatte und daß Park seine Zweidrittelmehrheit nicht auf legalem Weg hatte gewinnen können. Die Opposition protestierte. Da gaben sogar Abgeordnete der Regierungspartei zu, daß es bei der Wahl nicht legal zugegangen sei. In den USA schien man zuerst erfreut über das klare Ergebnis, denn mit Park war für die USA ein leichtes Arbeiten. Er tat, was man in Washington wünschte oder befahl. Als dann aufkam, daß die Wahl gefälscht war, zeigte man sich entrüstet, schluckte aber die Illegalität.

I.Y. Es gab einen andern Kandidaten für die koreanische Präsidentschaft, Kim Dae Jung, der alle Aussicht hatte zu gewinnen, und später schien es, Park könne gestürzt werden. Da mußte Park zeigen, daß er recht hatte mit seiner Politik: er mußte Staatsfeinde vorzeigen. Du weißt, daß schon 1965 eine große Verhaftungswelle rollte. Damals hatte Park angeblich eine kommunistische Untergrundbewegung entdeckt, eine illegale Partei, die »People Revolution Party«. Es hat sie nie gegeben, aber das machte Park nichts aus. Sie lieferte ihm den Vorwand, alle nicht linientreuen Leute verhaften zu lassen. 1967 ereignete sich etwas, das die Sache akut machte: ein Journalist einer südkoreanischen Zeitung, der in Heidelberg studierte, ging als Berichterstatter zu tschechisch-südkoreanischen Basketball-Wettkämpfen nach Prag. Er reiste ohne Visum. Es ist anzunehmen, daß er dachte, man brauche für dieses Land kein Visum oder er als akkreditierter Journalist brauche keines. Aber er wurde am Flughafen verhaftet und

121

verschwand. In den südkoreanischen Zeitungen stand, er sei von den Kommunisten entführt worden. Die südkoreanische Regierung ließ nach ihm forschen und befragte alle in Deutschland lebenden Südkoreaner, die je mit ihm in Verbindung gestanden hatten. Unter den Befragten war ich. Wir hatten in den südkoreanischen Seminaren zusammengearbeitet. Er war kein Kommunist, aber wer weiß derlei genau. Damals gab es einen andern Südkoreaner, Lim, der bei Adorno promoviert hatte, der übernahm die Arbeit des Ausforschens seiner Landsleute. Es ist zu vermuten, daß er für den KCIA arbeitete, aber zugleich Spion für Nordkorea war. Der Verdacht liegt nahe, da er oft nach Nordkorea ging und in Bonn eine Weile in der südkoreanischen Botschaft arbeitete. Ich selber wußte davon nichts. Aber er wußte etwas von mir, das hörte ich später. Er ging Anfang 67 nach Seoul zurück, und dann hörten wir, er sei dort verhaftet, aber bald wieder freigelassen worden.

L.R. Entweder war er wirklich Doppelspion und verhaftet, und er bezahlte mit irgend etwas seine Freilassung, vermutlich mit der Preisgabe von Namen aller Südkoreaner, die in Deutschland als Feinde Parks galten. Oder: die Verhaftung war ein Scheinmanöver, um jeden Verdacht des Verrats seiner Landsleute zu entkräften, und er war längst beim KCIA und dafür eingesetzt, eure Entführung vorzubereiten. Lebt dieser Herr Lim noch, und wo?

I.Y. In Südkorea. Da nicht nur er, sondern auch Frau und Schwester in Nordkorea waren, ist anzunehmen, daß entweder alle für Nordkorea arbeiteten oder alle für Südkorea oder daß sie Doppelspionage trieben. Dieser Lim hat im Prozeß gegen mich unter Eid ausgesagt, also unter Meineid. Auch andere seiner früheren Freunde hat er verraten.

L.R. Aber nun ist es Zeit, daß du von deiner Entführung berichtest. Es war der 17. Juni 1967.

I.Y. Ich wohnte in Berlin-Spandau in einer Sozialwohnung, Steigerwaldstraße 13 im 11. Stock. Morgens 7 Uhr klingelte das Telefon, und eine Männerstimme sagte auf Koreanisch: »Hier ist der persönliche Sekretär von Staatspräsident Park. Ich habe einen Brief von ihm an Sie, einen persönlichen, bitte, kommen Sie möglichst sofort ins Hotel Savoy, ich erwarte Sie.« Ich sagte: »Aber ich bin eben dabei abzureisen, ich habe Aufführungen in verschiedenen Städten.« Er bat mich aber dringend, doch zu kommen, um den Brief persönlich in Empfang zu nehmen.

L.R. Kam dir das nicht irgendwie verdächtig vor?

I.Y. Nein, gar nicht, nur sonderbar, und ich war neugierig. So fuhr ich also ins Savoy. Im Zimmer dieses Herrn waren noch zwei auffallend starke Männer. Ich bat um den Brief. Er sagte: »Der liegt in Bonn beim Botschafter, kommen Sie also mit uns nach Bonn. Hier ist aber ein Brief des Botschafters Duk Shin Choi.« In diesem Brief schrieb er mir, er sei dabei, die Bundesrepublik zu verlassen und müsse mich dringend vorher sprechen, er sei schon beim Kofferpacken, ich müsse also umgehend kommen. Dieser Botschafter war mir ein guter Freund.

L.R. Aber da er Botschafter war, mußte er das Vertrauen Parks haben, also politisch nicht auf deiner Seite stehen.

I.Y. Er war ein großer Antikommunist.

L.R. Ja, die alte Sache: aus Angst vor der linken Diktatur hält man sich an die rechte.

I.Y. Er war übrigens auch General.

L.R. Eine Frage: war dieser Brief handgeschrieben?

I.Y. Ja, ohne Zweifel.

L.R. Hast du je erfahren, ob er diesen Brief freiwillig schrieb oder unter Zwang?

I.Y. Vermutlich unter Zwang.

L.R. Und du hast dich daraufhin entschlossen, nach Bonn mitzugehen?

I.Y. Ich wollte erst nach Hause, um meinen Paß zu holen, denn wer Berlin verließ, brauchte einen Ausweis. Außerdem wollte ich nicht gerade an diesem Tag gehen, denn ich sollte nach Kiel, wo über einen Opernauftrag verhandelt werden sollte, und dann nach Amsterdam und Köln, wo Schallplattenpro-

123

duktionen auf mich warteten. Aber der Mann sagte mir, einen
Paß brauche ich nicht. Nun, schließlich habe ich gesagt, ich
ginge mit, müsse aber sofort wieder zurückgebracht werden.
Natürlich sagte er mir das zu. Ich telefonierte mit meiner Frau
und sagte, ich sei nachmittags zurück. Dann gingen wir, die
zwei starken Männer, der Sekretär und ich, vors Hotel, da
stand ein großer Wagen neben meinem kleinen VW, und bei
dem großen Wagen stand ein Koreaner, auch sehr stark, den
kannte ich, er war Bergarbeiter im Ruhrgebiet, und jetzt
Fahrer dieses großen Wagens; ich wunderte mich ein wenig.
Alle diese Männer waren sehr freundlich zu mir. Zwei sagten
mir, sie seien noch nie in Berlin gewesen. Ich bot mich an,
ihnen die Stadt zu zeigen, und ich fuhr sie mit meinem VW
herum.

L.R. Guter Gott: das Opfer fährt seine Henker zu deren Vergnügen herum!

I.Y. Ja, komisch, nicht! Auf dem Flughafen parkte ich meinen
Wagen.

L.R. Und da blieb er zwei Jahre?

I.Y. Nein, nur ein Vierteljahr, dann fand ihn die Berliner Polizei.
Ich ging mit den Männern durch die Halle und zur Kontrolle.
Ich hatte keinen Paß. Sie zeigten irgendeinen Ausweis vor,
und wir passierten. Dann flogen wir nach Köln-Bonn. Da
wartete ein großer schwarzer Botschaftswagen, ein Mercedes.
Darin saßen andere Männer, und die, die mich hergebracht
hatten, verschwanden. Als wir in Bonn im Botschaftsgebäude
ankamen, sagte ich: Und nun, wo ist der Herr Botschafter?
Sie sagten: Der kommt gleich. Dann führten sie mich die
Treppe hinauf bis unters Dach, schoben mich in ein Zimmer
und sperrten mich ein. Da waren zwei junge kräftige Männer,
auch Bergarbeiter, und ich fragte sie, was das Ganze bedeute.
Sie sagten, ich solle ruhig abwarten, der Botschafter komme
gleich.

L.R. Du sprichst immer von Bergleuten. Damit hat es doch eine
Bewandtnis?

I.Y. Natürlich: damals kamen viele Südkoreaner als KCIA-Spitzel nach Westdeutschland, als Bergleute getarnt. Sie waren alle sehr kräftig und in Taek Kwon Do, einer Art Karate, ausgebildet.

L.R. Hattest du jetzt endlich einen Verdacht?

I.Y. Ich war neugierig. Was konnte mir schon passieren? Ich war mir keiner Schuld bewußt. Seltsam war natürlich, daß man mich einsperrte und daß immer einer der Männer am Fenster stand und mir nicht erlaubte, dorthin zu gehen, und daß sie das Radio sehr sehr laut spielen ließen, immer lauter. Ich bat, es abzustellen, aber sie hörten nicht. Jetzt weiß ich natürlich, daß das der erste Grad der Folter war: Geräuschfolter. Dann brachte man mir etwas zu essen. Ich aß. Schlafen konnte ich nicht. Dann, in der Nacht, führte man mich einen Stock tiefer, da saß ein Mann an einem Tisch. Ich fragte: Was machen Sie eigentlich mit mir? Wo ist der Botschafter Choi, der mir einen Brief geschrieben hat? Da sagte der Mann: Der ist nicht mehr hier. In diesem Augenblick wußte ich, daß ich in eine Falle des KCIA gegangen war. Und nun begann das Verhör: Haben Sie etwas gegen den südkoreanischen Staat getan? Nein. Haben Sie nicht Kontakt mit Kommunisten gehabt? Ich sagte: Ja, mit einigen, die ich in Ost-Berlin traf. Und weiter? Weiter nichts, das heißt, doch: ich war 1963 in Nordkorea. Ich sah, wie ihn diese Nachricht überraschte. Dann gab er mir ein Papier, und ich mußte aufschreiben, was ich gesagt hatte.

L.R. Warst du bei klarem Bewußtsein oder hatte man dir schon Drogen gegeben?

I.Y. Ich weiß nicht. Mir war übel, und ich war sehr schwach. Ich schrieb also alles auf. Dann fragte er mich, was ich über den Botschafter Choi wisse. Ich sagte: Er ist ein ausgezeichneter Botschafter, ein Antikommunist, ein treuer Staatsdiener, gerade und gewissenhaft. Der Mann sagte: Da sind wir andrer Ansicht. Dann ließ er mich wieder in das Dachzimmer zurückbringen. Und nun fing wieder die mörderische Radiomusik an, und so ging es weiter bis zum Morgen, und den ganzen Tag hindurch, und es wurde wieder Nacht, und wieder um Mitternacht ließ man mich zum Verhör holen. Der Mann sagte: Wir haben nichts gegen Sie, wir haben nur einen starken Verdacht gegen Botschafter Choi. Von Ihnen wissen wir allerdings auch, daß Sie Vorsitzender der Vereinigung der Südkoreaner in der Bundesrepublik sind. Ich bin es gewesen, sagte ich. Gut, sagte er, und jetzt hören Sie: der Chef des KCIA in Seoul möchte persönlich mit Ihnen sprechen; Sie werden also nach Seoul fliegen, für einen Tag, dann können Sie zurückkommen. Ich sagte nein. Da wurde ich wieder in das Dachzimmer geführt, wieder die fürchterliche Radiomusik, und die strenge Bewachung. Ich konnte mich weder waschen noch rasieren, und essen konnte ich auch nicht mehr. Und dann, am dritten Morgen, wurde ich aus dem Botschaftsgebäude geführt. Aber vorher kam ich zu einem Mann, zum Botschaftsrat Yang, der war und ist KCIA-Mann. Der sagte, der KCIA-Chef in Seoul wolle von mir nur einige Auskünfte über die Politik der Exilkoreaner. Ich sagte, ich wolle mit meiner Frau telefonieren. Er sagte, ja, gut, aber wir hören mit; sagen Sie Ihrer Frau, daß Sie eine wichtige Aufgabe haben in der Schweiz und in Frankreich. Das habe ich dann gesagt.

L.R. Hättest du nicht die Wahrheit andeuten können?

I.Y. Ich weiß nicht. Ich war nicht mehr ich. Sie hatten mir sicher Drogen gegeben, ich war willenlos. Su Ja sagte mir später, meine Stimme sei schwach gewesen, so, als sei ich krank. Dann brachten sie mich in den Innenhof des Botschaftsgebäudes, da stand wieder ein großer Wagen mit starken Männern, vorn saßen außer dem Fahrer zwei, und rechts und links von mir saß einer, und so fuhren wir nach Hamburg, ohne anzuhalten. Ich dachte immer: wie kann ichs nur machen, daß ich aussteigen darf. Ich sagte: Ich muß Karten schreiben an die Leute, die mich erwarten zu den Konzerten. Sie sagten: Wissen Sie, weglaufen nützt Ihnen gar nichts, wir haben einen Pakt mit dem deutschen Geheimdienst.

L.R. Das sagten sie so offen?

I.Y. Ganz offen. Ich war ihnen sicher, ich würde nie darüber reden, denn ich sollte ja umgebracht werden. Es gibt aber ein

Buch des damaligen koreanischen Geheimdienst-Chefs Hyung Uk Kim, ›Brücke zum Kontinent‹ heißt das Buch, und darin steht wörtlich:

»Die Nachforschungen des KCIA über die in Europa ansäßigen und von dort nach Korea zurückgekehrten Koreaner gingen zügig weiter. Nach den täglich eintreffenden Berichten war festzustellen, daß der Umfang der verdächtigen Personen rasch erweitert worden war. Es war erstaunlich, daß zu diesen Personen eine Vielzahl von Professoren, Künstlern, Ärzten, Beamten gehörten, die im Lande großes Ansehen genossen . . . Ich entschloß mich, dem Staatspräsidenten Park Bericht zu erstatten. Er billigte ausdrücklich meine Verhaftungspläne . . . Die Verhaftungen sollten so vor sich gehen, daß die Verdächtigen nach Seoul eingeladen würden, um an einer Staatsfeier teilzunehmen . . . Im Flughafen von Alaska sowie im Flughafen von Tokio sollten wir die Unterstützung der für die USA und für Japan zuständigen Behörden bekommen. Als Datum für die Verhaftungen setzte ich den 18. Juni 1967 fest.«

Der Mann, der das schrieb und der schuld ist an den Entführungen und Foltern und Ermordungen unschuldiger Koreaner, sitzt heute in den USA und führt mit koreanischen Staatsgeldern dort ein Luxusleben.

L.R. In jenem Buch ist nicht die Rede von einer Zusammenarbeit mit dem deutschen Geheimdienst. Das erstaunt mich. Wie war es denn möglich, daß dich die KCIA-Leute in Hamburg ohne jede Kontrolle durch deutsche Behördenangestellte ins Flugzeug bringen konnten, wenn die Sache nicht vorher abgesprochen war?

I.Y. Am Hamburger Flughafen standen der Filialleiter der Japan Air Lines und der südkoreanische Generalkonsul, und sie grüßten mich so höflich, als sei ich wirklich ein geehrter Staatsgast.

L.R. Konntest du nicht mit ihnen reden?

I.Y. Ich war ganz unfähig, überhaupt etwas zu tun. Ich konnte mich nicht mehr konzentrieren. Natürlich wirkten jetzt die Drogen, die man mir sicher ins Essen gemischt hatte. Ich stieg also willenlos in die Maschine der Japan Air Lines. Sie war im vordern Teil ganz leer. Später stiegen hinten noch ein paar Leute zu, und auf einmal erkannte ich Kim, den Politologen, der mit mir in Ost-Berlin gewesen war. Auch er war von einem KCIA-Mann begleitet. Wir durften nicht miteinander sprechen, aber mir war klar, daß auch er aufgefordert war, nach Seoul zu kommen zum KCIA. Ich bin übrigens ganz sicher, daß der japanische Geheimdienst beteiligt war an der Sache, denn auch bei der Landung in Tokio brauchte ich keinen Paß. Das Flugzeug, das uns dann nach Seoul brachte, war ein koreanisches. Und dann landeten wir in Seoul. Ich war 1956 von dort abgeflogen und kam jetzt, nach elf Jahren, zum erstenmal zurück in mein Heimatland, das ich so liebte. Elf Jahre im Ausland, eine lange Zeit. Aber innerlich war ich nie getrennt gewesen von Korea. Wenn ich Erfolge hatte, dachte ich: das ist auch für den Ruhm Koreas. Manchmal träumte ich davon, daß ich eines Tages zurückkehrte und von meinem Volk herzlich empfangen würde ... Niemand, nicht einmal die Stewardessen im Flugzeug, nahm Kenntnis von mir. In Seoul wurden wir durch einen Seitenausgang geführt, und in einen alten Jeep befördert, Kim und ich, unter Bewachung von Soldaten mit aufgepflanzten Gewehren. Die KCIA-Leute fuhren in einem guten Wagen. So wurden wir ins Hauptgebäude des KCIA gebracht. Da sah ich ein paar Dutzend Koreaner, die eben aus verschiedenen Teilen der Welt angekommen waren, so wie ich. Aber ich war so apathisch, daß ich mich um nichts kümmerte. Ich legte mich einfach auf den Boden. Ein KCIA-Mann stieß mich an und sagte: Aufstehen! Ich blieb liegen. Ein andrer sagte: Laß ihn, der ist vollkommen fertig, er ist herzkrank. Einige Zeit später wurde ich in ein anderes Gelände geführt, da sind lauter niedrige Häuser, isoliert vom Hauptgebäude. Das sind die Folterhäuser. Ich wurde in eine der vielen Folterkammern gebracht. Da saßen zwei Männer, sehr müde, sie hatten schon so viele gefoltert. Sie warfen mir einen Blick zu und sagten nichts. Ich setzte mich auf einen Stuhl. Da sagte der eine:

128

Herunter vom Stuhl! Auf den Boden! Ich sagte, ich sei ein
kranker Mann. Er sagte: Auf den Boden! Ich blieb sitzen. Da
stieß er mich vom Stuhl. Ich stand wieder auf und setzte mich
auf den Stuhl. Ich fragte: Warum behandelt ihr mich so? Ich
habe nichts getan, was diese Behandlung rechtfertigt, ich bin
ein Mensch und will als Mensch behandelt werden. Der eine
sagte: Schwätzen Sie nicht! Herunter vom Stuhl! Als ich nicht
sofort gehorchte, stießen sie mich mit den Füßen herunter. Ich
war unfähig, mich weiter zu behaupten. Ich blieb also auf dem
Boden sitzen. Da sagte der eine: Knien sollen Sie! Ich blieb
sitzen. Ich sagte: Bin ich ein Junge, der vor Älteren kniet? Ich
bin älter als ihr! Sie traten mich wieder, bis ich wirklich kniete.
Die beiden redeten miteinander. Der eine sagte: Ich bin so
müde; wie lang soll denn das heute noch so weitergehen? Der
andre sagte: Meine Frau wartet auf mich, sie hat keinen Reis
daheim, und ich kann hier nicht weg. Ja, so ist das: dies sind
Menschen mit ihrem eigenen Kummer, aber mir gegenüber
waren sie wie Maschinen. Eine Weile später begann eine
andre Art von Folter: sie legten ein Blatt Papier vor mich hin
und befahlen, alles aufzuschreiben, was ich verbrochen hatte
und was ich schon in Bonn aufgeschrieben hatte. Ich tat es.
Als ich fertig war, zogen sie das Blatt weg und brachten ein
neues: Sie sollen aufschreiben, was Sie verbrochen haben. Ich
schrieb wieder das gleiche. Und wieder zogen sie das Blatt
weg und brachten ein neues: Schreiben Sie, was Sie verbrochen haben. Ich schrieb wieder. Sie sagten: Das ist nicht die
Wahrheit. So ging es den ganzen Tag fort. Am Nachmittag
fingen sie an, mich zu schlagen, und sie sagten dabei: Du bist
ein ganz großer Spion für Nordkorea, du bist Agent, du bist
Kommunist, Mitglied der Partei, du hast in Deutschland einen
Spionagering aufgebaut, du wolltest die südkoreanische Regierung stürzen, du bist der Chef des Rings. Ich sagte: Nichts
von alldem ist wahr. Dann kam ein dritter Mann mit einem
dicken vierkantigen Stock, damit schlug er mich auf meine
Schenkel, und ich fiel um. Ich hatte tagelang nicht gegessen
und nicht geschlafen, dazu jetzt die Folter, und so ging es fort

129

bis in die Nacht hinein, es war Juni und sehr heiß, und gegen Mitternacht fingen sie mit der eigentlichen Folter an: sie banden mir Hände und Füße und hängten mich so an einer Stange auf, anderthalb Meter über dem Boden. Dann legten sie mir ein feuchtes Tuch dicht übers Gesicht und gossen aus einer Gießkanne Wasser darauf. Dabei legt sich das Tuch so eng über Mund und Nase, daß man fast erstickt. Als ich ohnmächtig wurde, banden sie mich los und holten den Arzt. Der gab mir eine Spritze, und als ich zu mir kam, ging die Wasserfolter weiter. Das machen sie immer so mit der Spritze, denn die Gefangenen sollen ja nicht sofort sterben, sondern ihre Schuld aussagen. Als ich wieder über der Stange hing, dachte ich: so sah ich als Kind die Kälber und Schweine hängen, wenn sie geschlachtet waren. Die Folter ging weiter. Ich wollte durchhalten. Immer, wenn sie fragten, ob ich jetzt bereit sei, mein Verbrechen zu gestehen, sagte ich: Nein, ich habe keines begangen. So ging es die Nacht durch: Wasser aufs Gesicht, Spritze, Verhör, Wasser, Spritze . . . Nach vielleicht sechs oder mehr Spritzen hatte ich das Gefühl, zu sterben. Da ließen sie mich für ein paar Stunden in Ruhe. Aber meine Kleider waren ganz naß. Ich mußte sie ausziehen und nackt liegen bleiben. Nach einigen Stunden fing alles ganz von vorne an: Schreiben, Schläge, Schreiben. Man brachte etwas zu essen, aber mein Magen nahm nichts an. Und dann wieder die Folter. Und auf einmal, in der zweiten Folternacht, hörte ich eine bekannte Stimme. Es war die von Botschafter Choi aus Bonn. Auch er wurde gefoltert, ein paar Zellen weiter weg. Wir mußten mit den Folterknechten immer ganz laut sprechen. Choi und ich sollten hören, was jeweils der andre sagte. Wir konnten nicht miteinander reden, aber einer hörte den andern schreien bei der Folter und bei den Verhören. Es war also ein Doppelverhör, und der KCIA hoffte, daß einer der beiden Gefolterten schwach werde und zugebe, Kommunist zu sein und Spion, und damit wäre dann auch der andre überführt. Dieses Hören der Schreie und Worte des andern Gefolterten in tiefer Nacht war schauerlich. Weder

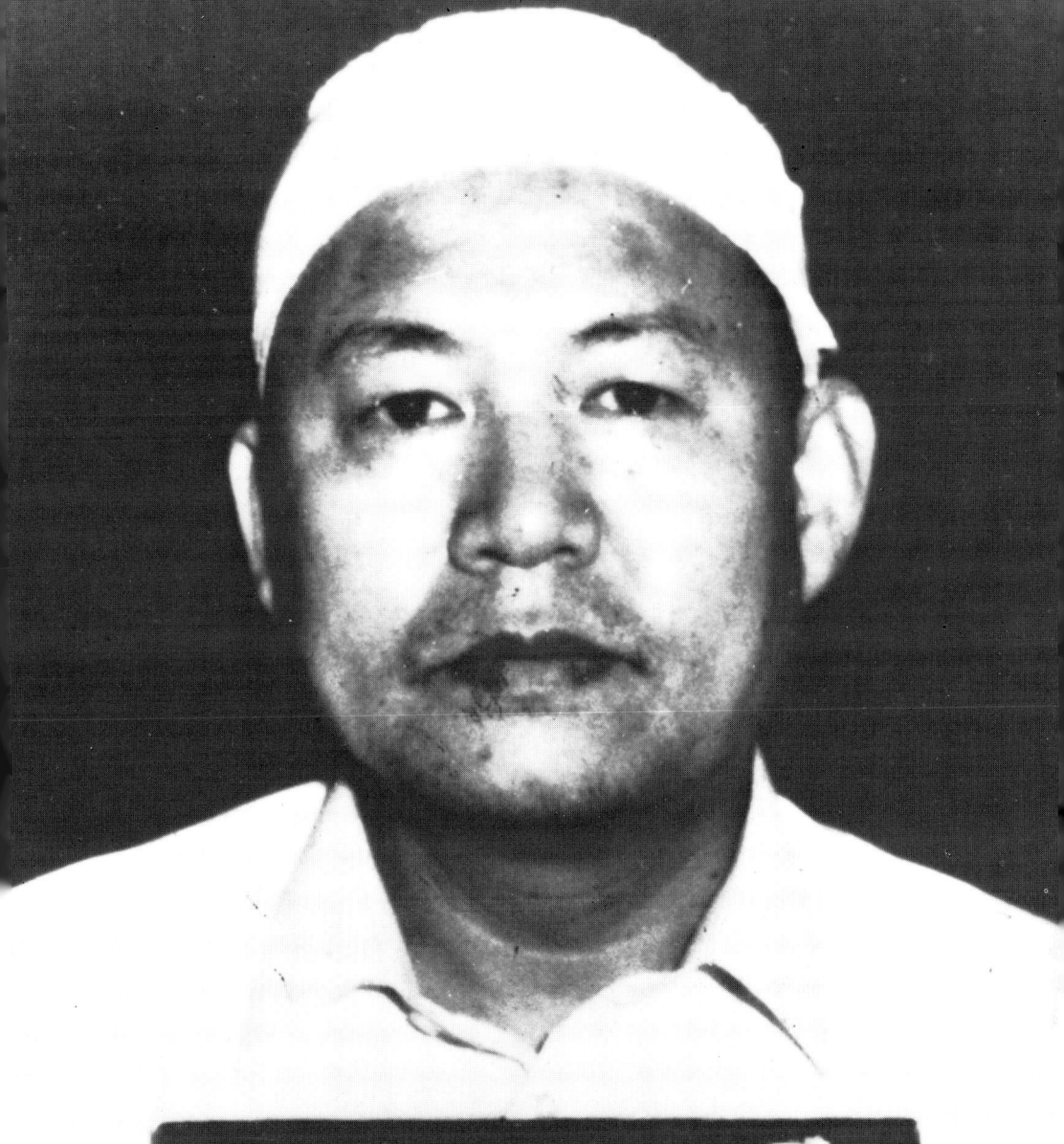

尹伊桑
1917. 9. 17. (50才

Choi noch ich gestanden. Aber schließlich war ich ganz am Ende, und da brachte man mir das berühmte Blatt, das inzwischen so viele Südkoreaner beschrieben haben unter dem Diktat des KCIA-Mannes, und ich schrieb, ich sei Kommunist im Dienste Nordkoreas. Ich sollte zusätzlich sagen, daß Choi den Sturz der Regierung geplant hatte. Erst später wurde mir klar, daß man mich nur als Kronzeugen gegen Choi haben wollte. Der eigentliche Verdacht lag auf Choi. Nun: der KCIA hatte jetzt mein Geständnis, und so war ich ganz legal Gefangener.

L.R. Du konntest nie, wie Kim Chi Ha 1974, einen Widerruf des Geständnisses aus dem Gefängnis schmuggeln?

I.Y. Nein, das konnte ich nicht, aber die Wahrheit ist dann auf andre Weise ans Licht gekommen, darüber später. Jetzt war ich erst einmal in der Zelle, zwei mal zwei Meter groß, durfte nicht lesen, nicht schreiben, keine Besuche sehen, keine Post empfangen, und obwohl es Gesetz ist, daß jeder Gefangene täglich eine Viertelstunde ins Freie dürfe und Sport treiben, gab es für uns nur fünf Minuten, und die vergingen mit dem Gehen durch den Korridor, und es blieben nur Augenblicke im Hof. Aber diese Augenblicke waren wunderbar. Der koreanische Himmel ist so rein, so blau, und der Anblick hat mich geheimnisvoll getröstet, der Himmel war mir so vertraut. Auf diesen kurzen Gängen haben wir politischen Gefangenen natürlich versucht, immer ein paar Worte zu wechseln, einander Trost zu geben oder auch Informationen. Die konnten uns jene geben, die erst vor kurzem eingeliefert worden waren, das waren Kriminelle. Durch sie erfuhr ich erst, daß außer mir auf einen Schlag hundertfünfzig Südkoreaner aus vielen Ländern entführt worden waren, darunter ein sehr berühmter Maler aus Paris, und alle seien, so stand in den Zeitungen, freiwillig gekommen.

L.R. Das stand auch in einigen deutschen Zeitungen, am Anfang, aber bald wußte man es besser, doch die volle Wahrheit ist bis heute noch nicht aufgedeckt.

BERICHT

Ich habe mich durch einen Stoß von Zeitungsberichten aus jenen Jahren gearbeitet und auch andere Dokumente gelesen. Isang Yun hat bereits über die Umstände seiner Entführung gesprochen. Ähnlich sind sie bei allen andern. Es handelt sich fast nur um Intellektuelle, Studenten zumeist, Assistenten an Universitäten, Ärzte, eine Krankenschwester und einige Bergarbeiter. Die Krankenschwester Choo Ja Pae, die im Stadtkrankenhaus Offenbach arbeitete, erhielt am 26. Juni den Telefonanruf eines ihr unbekannten Landsmannes, der sie bat, zu einem Treffen zu kommen. Von diesem Treffen kehrte sie nicht zurück. Aber es gelang ihr, bei der Zwischenlandung in Anchorage, Alaska, Mitschwestern eine Karte zu schreiben und sie auch einzuwerfen; auf der Karte stand, ihr Herz sei traurig und sie wünsche, bei den andern in Offenbach zu sein, und sie hoffe, bald zurückzukehren.

Anfang Juli ging folgender Brief bei verschiedenen deutschen Dienststellen und Zeitungsredaktionen ein: »Ich bin ein Gastarbeiter aus Korea. Ich arbeite seit einigen Jahren zusammen mit anderen koreanischen Gastarbeitern. Am 20. Juni d. J. wurde unerwartet mein Kollege Park Seung Ok von mehreren koreanischen Geheimpolizisten am Arbeitsort verhaftet und nach Korea verschleppt.«

Bei dem Physiker Chung Kyu Myung erschien ein unbekannter Landsmann. Einige Minuten später verließen die beiden Männer das Haus, zusammen mit der Frau und dem kleinen Kind des Physikers. Sie nahmen weder Geld noch Pässe mit, beides fand man später in der Wohnung. Aus Paris schrieb Chung an seine Kollegen, er habe überstürzt eine Reise antreten müssen. Er kam nicht zurück.

Einen Tag später verschwand aus München der Politologe Kim Taik Hwan. Auch er nahm nichts mit, alles blieb so liegen, wie er es verlassen hatte. Einige Wochen später kam eine Nachricht von ihm aus Seoul an die Universität München, daß er gezwungen sei, sein bevorstehendes Rigorosum für seine Promotion zu verschieben. Der Student Kim Tschong Dae schrieb an seine Hauswirtin: »Ich befinde mich in der Lage des Josef K. aus dem ›Prozeß‹ von Kafka. Bitte, forschen Sie nicht weiter nach mir.« Der Brief war zensiert, aber entweder war es ein wohlwollender Zensor, oder er begriff überhaupt nichts von der Botschaft. Ein anderer Entführter kam einige Tage später zurück. Er erzählte, er habe mit Freunden zusammengesessen, als Koreaner kamen und sie einluden, irgendwo ein Bier zu trinken. Vor dem Haus warteten Autos. Er sei arglos in eines miteingestiegen, aber man habe ihn in kein Restaurant gebracht, sondern zum Bahnhof Heidelberg und von dort nach Bonn zur Botschaft. Dort sei er verhört worden, aber man habe ihn wieder freigelassen, mehr wollte er darüber nicht sagen, nur auf die Frage, ob er denn freiwillig mitgegangen sei, antwortete er: »Weder freiwillig noch unfreiwillig.« Eine rätselhafte Antwort. Sie trifft aber genau den Sachverhalt. Jedem der Entführten wurde nämlich gesagt, es bestehe der starke Verdacht, er sei beteiligt an einem Spionagering, und es liege in seinem Interesse, sich zu rechtfertigen, und zwar in Seoul, und jeder müsse doch Wert darauf legen, daß diese Spionageaffäre aufgedeckt würde. Natürlich zogen es alle vor, »freiwillig« nach Seoul zu fliegen. Man fragt sich allerdings: wenn schon Korea auf der Version der Freiwilligkeit bestand, warum mußte die freiwillige Reise so überstürzt angetreten werden, daß nicht einmal Pässe und Geld mitgenommen wurden? Man fragt sich allerdings auch, wieso denn die Koreaner, intelligente Menschen, Intellektuelle, einfach mit solch fremden Gestalten mitgingen. Warum hatten sie nicht sofort einen Verdacht? Nun: Koreaner sind von Natur gutgläubig und vertrauensvoll. Außerdem waren sie sich keiner Schuld bewußt und fürchteten darum zunächst nichts. Ferner: es gab keine Präzendenzfälle. Sie konnten also das, was ihnen geschah, nicht in ein System einordnen. Ich fragte Isang Yun, der doch ein politisch denkender Mensch ist, warum er denn so gar keinen Verdacht hatte. Er konnte keine andere Antwort geben.

Es ist richtig, daß die Koreaner »freiwillig« mitgingen, insofern, als einige von ihnen willens waren, sich in Seoul zu stellen, und insofern auch, als zunächst keine Gewalt angewandt wurde, sieht man von der Lärmfolter, den Drogen und dem Eingesperrtsein bei Isang Yun ab, der ein Sonderfall war als der mit Choi am schwersten Verdächtigte.

Die »Freiwilligkeit« wurde von der bundesdeutschen Presse zunächst geglaubt, besonders nach der raschen Rückkehr zweier Entführter: des Politologen Dr. Park Sung Jo aus Bad Godesberg und des Kinderarztes Lee Su Kil aus Mainz. Die Berichte gingen damals durch die Presse und wurden hingenommen. Es war so bequem, die ganze Sache auf diese Weise geklärt zu sehen.

Lee berichtete, er sei in Seoul verhört worden, er habe sich verteidigt, sei freigelassen und zu einem Festessen eingeladen worden, ehe er zurückflog.

Park Sung Jo berichtete gar noch positiver: er sei am 28. Juni in seiner Wohnung in Bad Godesberg von zwei Herren besucht worden, die ihn baten, mit zur koreanischen Botschaft zu gehen. Er sei sofort mitgegangen, und dort habe man ihm gesagt, er sei in eine Affäre verwickelt, die mit dem Verstoß gegen das südkoreanische Gesetz für Staatssicherheit zusammenhänge. Er könne, habe man ihm gesagt, die Sache am besten bereinigen, wenn er sofort nach Korea mitfliege. Er sei nach Hause gegangen und am nächsten Tag abgeflogen. Bis Hamburg habe er telefonischen Kontakt mit seiner Frau gehabt. In Seoul habe er sofort ausgesagt, daß er, als er 1960 in Berlin studiert habe, einmal in der nordkoreanischen Botschaft in Ost-Berlin gewesen sei, das sei alles. Er sei weiter ausgefragt worden über diesen Besuch. Dann war er frei. Man habe ihn zu einer Besichtigungsfahrt eingeladen und zu einem Fest, er habe auch seine Verwandten besuchen können. Die übrigen Landsleute aus Deutschland habe er nicht gesehen, nur Doktor Lee.

Auf die Frage eines Interviewers, ob er glaube, der deutsche Geheimdienst habe die Hände mit im Spiel gehabt, antwortete er entrüstet, das sei eine Provokation. Die Stimmung in Seoul sei sehr gut, und alle seien froh, daß diese üble Spionagesache aufgedeckt sei. Er wolle, sagte er, im folgenden Jahr nach Südkorea zurückgehen, dort warte eine Forschungsaufgabe auf ihn.

Sensationell wirkte zunächst der Bericht von Heidrun Kang, der deutschen Frau des koreanischen Professors Kang. Sie war im Zug des Akademischen Austausches nach Seoul gekommen, hatte dort beim Staatsbesuch des Bundespräsidenten Lübke für Frau Lübke Dolmetscherin gemacht und stand nun unter Spionageverdacht. Sie legte ein Geständnis ab. Sie sagte, sie sei in eine kommunistische Falle geraten und »habe Verbrechen begangen«, sie hoffe aber, daß ihr »Fehler« die freundschaftlichen Beziehungen zwischen Südkorea und der Bundesrepublik (jene, die Lübke und Park 1966 geknüpft hatten . . .) nicht beeinträchtige. Heidrun Kang wurde freigelassen, obwohl sie doch, nach diesem Geständnis, eine schwere Strafe hätte bekommen müssen. Ihr Mann aber blieb in Haft. Sowohl in Südkorea wie in der Bundesrepublik glaubte man eine Weile, die Verschwörung gegen Park sei von Deutschland ausgegangen und es existiere tatsächlich ein Spionagering zugunsten Nordkoreas und des Kommunismus.

Es ist unerfreulich und peinlich, die Zeitungsberichte aus dem Sommer 1967 zu lesen und zu sehen, wie naiv einerseits man war oder sich stellte, und wie man andrerseits den Fall politisch ausschlachtete.

Eine rechtsgerichtete Zeitung stellte fest, es sei zwar traurig, daß wieder einmal Menschenraub geschehe in Deutschland, es sei aber ebenso traurig, wenn man in Deutschland nicht merke, daß da Südkoreaner, »mit Stipendien der Bundesregierung und ihres eigenen Landes ausgestattet, als Bürger eines geteilten Staates mit dem Feind seiner und unsrer Einheit und Freiheit konspirieren und wir ihnen hilfreiche Hand leisten, sich mit den geistigen Mitteln auszustatten, die dem Abbau des Widerstandswillens der Nation dienen«. Daß diese entführten Südkoreaner im Dienste der Kommunisten stünden, gehe deutlich daraus hervor, daß »unsere linksgedrallten Studenten-

Randalierer gegen die Verschleppung ihrer Kommilitonen protestierten«. Ein deutlicher Hinweis sei, daß mehrere von ihnen Politologie studierten. »Was das«, so schreibt das Blatt, »in Deutschland ist, wissen wir: Abwertung von Volk, Vaterland und Nationalgefühl. Kim studierte bereits zwanzig Semester in Deutschland; was tat er die ganze Zeit? Es ist bekanntgeworden, daß er mindestens einmal die nordkoreanische Botschaft in Berlin besucht habe«, wozu sich einer seiner Kommilitonen so äußerte: »Wenn das verboten ist, dann müßte man uns alle verhaften.«

Diese Zeitung, die ›Deutsche Wochenzeitung‹ (Hannover) vom 21. Juli 1967, warf der deutschen Regierung vor, sie hätte schon längst »jene Burschen per Schub auf den Weg nach Hause bringen müssen«. Die konservativ-rechte ›Deutsche Tagespost‹ (Würzburg) schrieb am 16. Dezember 1967 nach Bekanntwerden der Urteile im Prozeß gegen die Entführten:

»Man muß konstatieren, daß jene mysteriöse Aktion (gemeint ist die Entführung) für Südkorea von nationalem Interesse war. Denn, wie festgestellt wurde, unternahmen Mitglieder der Gruppe neunzehn Reisen nach Pjöng-Yang, der nordkoreanischen Hauptstadt, und einhundertzweiundvierzig Fahrten nach Ost-Berlin, um ausgebildet zu werden und dort Instruktionen zu empfangen. In der Zeit zwischen 1958 und 1967 habe die Gruppe insgesamt mehr als 77 000 US-Dollar von den Nordkoreanern erhalten. Die subversive Infiltration gegen Südkorea ist massiv, zudem Nordkorea versucht, noch einige Bastionen im Ausland anzulegen, um von dort aus den südlichen Teil des Landes zu unterminieren ... Für den Tatbestand Menschenraub fehlen die Beweise.«

Auf welche Indizien stellt dieses Blatt seine Behauptungen? Auf die Aussage des koreanischen Geheimdienstes. Und worauf stellt der KCIA seine Aussagen? Auf die Geständnisse der Angeklagten. Und wie kamen diese zustande? Der Fall Isang Yun ist das Modell: die Geständnisse sind durch schwerste Folter erpreßt. Nun: auch Yun war in Ost-Berlin, auch er hat einen Besuch gemacht in der nordkoreanischen Botschaft. Wir wissen es aus seinem Mund. Wir wissen, warum er hinging. Aber erhielt er dort Geld für Spionagedienste? Wurde er zum Agenten ausgebildet? War er kommunistischer Sympathisant? Nichts von allem. Auch seine Reise im Jahre 1963 nach Nordkorea hatte keinen politischen Aspekt. Und warum waren die übrigen Koreaner nach Ost-Berlin gegangen? Gerade Deutsche, Bürger eines durch eine Mauer getrennten Landes, könnten Verständnis dafür haben. Unsere Mauer erlaubte immerhin bald einige menschliche Kontakte, die sich Jahr für Jahr ein wenig verbesserten. Zwischen Nord- und Südkorea war und besteht keine Kontaktmöglichkeit. Viele Südkoreaner haben ihre Familien in Nordkorea. War es nicht natürlich, daß man die Möglichkeit der Nachrichten-Übermittlung via Botschaft in Ost-Berlin ergriff? Und ist es darüber hinaus nicht verständlich, daß Südkoreaner wissen wollen, wie man in Nordkorea über eine Wiedervereinigung denke?

Die ›Tagespost‹ schrieb von »der Gruppe«. Das erinnert an die Demagogie Parks selbst: er warf alle einzelnen Widerstandsleute in einen einzigen, nicht existierenden, von ihm erfundenen Topf, die »People Revolution Party«. So als Gruppe bekamen sie den Charakter einer mächtigen Verschwörung, die man im Sinne der Staatssicherheit liquidieren müsse.

Sogar die ›Süddeutsche Zeitung‹ referierte gutgläubig, Isang Yun habe seine »kriminellen (!!) Fehler« zugegeben und erklärt, er habe Kontakte zu dem nordkoreanischen Spionage-Agenten an der nordkoreanischen Botschaft in Ost-Berlin unterhalten. Nicht einmal die SZ also erwog den Umstand, daß dieses Geständnis unter Folter erpreßt sein konnte. Man mußte doch wissen, daß diese Methode in allen Diktaturen angewandt wird, seien es rechte oder linke.

Die ›FAZ‹ vom 11. Januar 1968 berichtete, daß die Bundesanwaltschaft im Rahmen des Ermittlungsverfahrens gegen Unbekannt die Ausreise jedes einzelnen Südkoreaners aus der Bundesrepublik rekonstruiert und dabei festgestellt habe, daß sie legal und ordnungsgemäß vor sich gegangen sei. Die einzelnen Maschinen, mit denen sie als normale Passagiere abgeflogen seien, fast alle von Hamburg-Fuhlsbüttel, seien ermittelt worden. Dies alles habe sich ordnungsgemäß vor den Augen der Grenzbeamten abgewickelt. Bei den Ausreisenden seien keinerlei Anzeichen von Erregung festgestellt worden. Niemand habe einem Grenzbeamten gegenüber erkennen lassen, daß etwas nicht in Ordnung sei. Diese hätten sofort eingegriffen, wenn Anzeichen einer gewaltsamen Entführung offenbar geworden wären.

Dazu ist zu sagen: Isang Yun jedenfalls sah keinen Grenzbeamten, dem er irgendein Zeichen hätte geben können, und zudem stand er bereits unter dem Einfluß der Drogen, die ihn apathisch machten. Es wäre übrigens auch nicht ostasiatisch, Alarm zu schlagen. Als echter Koreaner und Konfuzianer wartet man erst einmal geduldig ab, was auf einen zukommt. Das ist für Europäer schwer zu verstehen, erklärt aber vieles.

Die ›FAZ‹ äußerte sehr bald Zweifel an der Legalität der Ausreise, denn wie später festgestellt wurde, habe keiner der Ausreisenden einen Paß bei sich gehabt; man fand die Pässe und alle andern Dokumente in den Wohnungen der Entführten. Sie besaßen »vorläufige Papiere«, ausgestellt von der südkoreanischen Botschaft in Bonn oder vom südkoreanischen Generalkonsulat in Hamburg. Diese Ausweise trugen keine Sichtvermerke einer zuständigen deutschen Behörde.

Frage: Wer hat diese merkwürdigen Papiere gesehen? Wem fiel auf, daß kein Sichtvermerk daraufstand, und warum hat derjenige, der es offenbar bemerkt hatte, nicht sofort Meldung gemacht über das Ungewöhnliche dieser Ausreise?

Es gab einige Deutsche, die sich für den seltsamen Fall interessierten und in Bonn vorstellig wurden.

Vor mir liegt ein dickes Memorandum: die Antwort des damaligen deutschen Außenministers Willy Brandt, verfaßt zusammen mit dem Chef des Bundeskanzleramtes und den Ministern des Innern, der Justiz und des Amtes für wirtschaftliche Zusammenarbeit. Das Schreiben stammt vom 21. März 1968. Die Entführungen fanden statt im Juni und Juli 67. Was tat die deutsche Bundesregierung in diesen vollen neun Monaten?

139

Ehe darüber berichtet werden wird, muß ich erklären, warum ich in der Biographie eines Musikers diesem Kapitel der deutschen Zeitgeschichte einen so breiten Raum zugestehe. Ich erinnere daran, daß Isang Yun, obwohl er ursprünglich den Plan zu diesem Buch hatte, dann doch zögerte; er meinte, seine Lebensgeschichte sei nicht wichtig genug, um ihr ein ganzes Buch zu widmen. Und außerdem kämen in diesem Buch Dinge vor, notgedrungen, die einen schweren Schatten auf sein südkoreanisches Volk werfen. Ich konnte ihn erst von der Notwendigkeit dieses Berichts überzeugen, als ich ihm sagte, er habe zwar recht, wenn er meine, es gebe hundert und tausend andere Menschen, die ein ähnliches Schicksal erlitten, aber eben dies sei die Begründung für uns, sein Schicksal darzustellen, denn es ist ein Modell-Schicksal. Gerade die Vielheit und Ähnlichkeit der Fälle in der heutigen Geschichte der Diktaturen und des Widerstands gegen sie rechtfertigt es, einen Fall, der bis ins kleinste bekannt und bezeugt und dokumentierbar ist, aufzuzeichnen. Einer für viele. So möge das Buch in seinem breiten politischen Teil verstanden werden. In jenen Jahren gab es nicht nur die Entführung der Südkoreaner aus der Bundesrepublik, sondern eine Serie von analogen Fällen. Die Südkorea-Affäre ist also Glied einer Kette und darum eben als Modellfall zu nehmen. In jenen Jahren ereignete sich die Ermordung der Ukrainer Bandera und Rebet durch Sowjet-Agenten in München, es ereignete sich die spektakuläre Entführung des französischen OAS-Führers Argoud aus München, die Verschleppung der Deutschen Linse und Fricke aus der Bundesrepublik nach der DDR, und um die Wende von 1965 auf 1966 die Affäre der sogenannten Jubel-Perser. Als der Schah von Persien die Bundesrepublik besuchte, kam es in allen Städten, die er betrat, zu Demonstrationen gegen ihn. Der Schah ließ die Angehörigen seines Volkes im Ausland durch seinen Geheimdienst überwachen. Dieses Heer von Agenten hatte beim Schah-Besuch den Sonderauftrag, den Schah zu beschützen und gegen alle Demonstranten mit Gewalt vorzugehen. Das taten sie: am 2. Juni 1967 in Berlin vor dem Schöneberger Rathaus. Der Überfall auf die Demonstranten war präzise vorgeplant.

Frage: Welche deutsche Dienststelle gab die Erlaubnis dazu? Wer arbeitete mit dem persischen Geheimdienst zusammen? Die Frage bleibt offen. Sie bringt uns zur Korea-Affäre zurück.

Nachdem die deutsche Öffentlichkeit erfahren hatte, daß Isang Yun und die übrigen Koreaner keineswegs freiwillig nach Seoul geflogen waren, erhob sich ein Sturm der Entrüstung in der Bundesrepublik. Das war im Sommer 1967. Dann trat Schweigen ein, bis zum Dezember, als die überaus hohen Strafen im Prozeß gegen die Entführten bekannt wurden.

Dieses Schweigen bedarf der Reflexion. Eine stichhaltige, offene, offizielle Erklärung finden wir nirgends. Bonn weigerte sich damals, weitere Auskünfte zu geben, und auch später lehnte die Bundesstaatsanwaltschaft genaue Auskünfte ab. Aber was ist inzwischen nun wirklich faktisch getan worden?

Die Entführung hatte Mitte Juni und Anfang Juli stattgefunden. Die ersten Pressemeldungen stammen vom 4. und 5. Juli. Laut Bonner Memorandum bat die Bundesregierung die südkoreanische Botschaft sofort um Aufklärung. Am 5. Juli übergab die südkoreanische Botschaft dem Auswärtigen Amt eine Liste mit den Namen der verschwundenen Koreaner und wies darauf hin, daß diese Personen alle freiwillig nach Korea geflogen seien.

Am 6. Juli überreichte der Staatssekretär des Auswärtigen Amtes der südkoreanischen Botschaft ein sogenanntes Aide-Mémoire, in dem betont wird, das Auswärtige Amt könne sich in Anbetracht der Umstände, unter denen die Südkoreaner ausgereist seien (ohne Paß und unter Zurücklassung jeglicher Habe) nicht mit der Erklärung zufriedengeben; es verlange volle Aufklärung.

Am 10. Juli erklärte die südkoreanische Botschaft, die Betroffenen seien durch koreanische Inspektionsbeamte dazu überredet worden, nach Korea zurückzukommen und sich dort einer Untersuchungs-Kommission zu stellen, die ein weitverbreitetes

Spionagenetz entdeckt habe. Weiterhin gab sie bekannt, daß im Frühsommer 1967 ein- bis fünfundzwanzig Beamte des südkoreanischen Geheimdienstes auf Weisung staatlicher koreanischer Stellen in das Bundesgebiet gereist seien. Die deutsche Bundesregierung erfuhr zu gleicher Zeit von der deutschen Botschaft in Seoul, daß diese massenweise Ausreise von Beamten des KCIA bekanntgewesen sei. Ebenso wußte man in Bonn, daß der Personalstand der südkoreanischen Botschaft in Bonn zu dieser Zeit erheblich vergrößert worden war.

Das Folgende entstammt nicht diesem offiziellen Memorandum, sondern verschiedenen Berichten: einem deutschen Angestellten des Lufthansa-Büros in Seoul fiel auf, daß für eine große Zahl von Beamten Flugkarten nach Deutschland bestellt wurden, mehr als die südkoreanische Botschaft zugab. Daß diese Beamten dem KCIA angehörten, war offenbar dem Herrn von der Lufthansa bekannt. Er benachrichtigte sofort die Deutsche Botschaft in Seoul, daß da irgendeine Sache im Gange sei. Der damalige deutsche Botschafter, Ferring, sagte ihm, man mische sich in solche Angelegenheiten nicht ein. Ob diese Antwort leichtfertig und fahrlässig war oder aber in Übereinkunft mit dem KCIA erfolgte, ist nicht zu erfahren.

Am 10. Juli veranlaßte das Auswärtige Amt in Bonn, daß jene »ein- bis fünfundzwanzig« KCIA-Beamten, die ohne Erlaubnis der Bundesregierung vom 18. bis 29. Juni 1967 tätig waren, das Bundesgebiet verließen. (Es ist seltsam, daß die südkoreanische Botschaft die genaue Zahl der KCIA-Leute nicht wußte; diese mußten dort doch registriert sein.) Mittlerweile war auch bekanntgeworden, daß an der angeblich freiwilligen Ausreise der Südkoreaner drei hohe Beamte der südkoreanischen Botschaft beteiligt waren. Am 13. Juli erhob die deutsche Bundesregierung »gegen die völkerrechtswidrige Verletzung der deutschen Gebietshoheit durch Südkorea schärfsten Protest« und sprach die »Erwartung aus, daß sich derartige Vorkommnisse nicht wiederholen«. Sie ersuchte ferner, die drei an der Entführung Beteiligten zu entfernen: den Botschaftsrat Yang Du Won und die Attachés Lee Suk Hyo und Choi Ho Chul. Der Botschafter selbst trat »freiwillig« zurück. Allerdings ging dieser Rücktritt nicht ganz einfach vor sich; es gab ein Hin und Her und Dementis von seiten Koreas, aber schließlich ging er doch. Heute ist einer der an der Entführung Beteiligten wieder an der Botschaft in Bonn, und niemand protestiert gegen seine Rückkehr und seinen Verbleib. Die deutsche Regierung ersuchte ferner, allen Personen, deren Ausreise aus der Bundesrepublik durch die koreanischen Maßnahmen bewirkt wurde, die Möglichkeit zu eröffnen, in das Bundesgebiet zurückzukehren.

Am 24. Juli sprach die südkoreanische Botschaft ihr »tiefstes Bedauern über das Geschehen« aus. Sie versicherte, daß sich »derartige Vorfälle in Zukunft nicht wiederholen« würden. Sie erklärte, die drei beteiligten Diplomaten zurückgerufen zu haben. Im übrigen versicherte die südkoreanische Regierung, sie würde alles tun, um dem Wunsch der Bundesregierung nach Rückführung der Koreaner in die Bundesrepublik zu entsprechen. Fünf der Beteiligten seien bereits im Begriff abzureisen.

Tatsächlich waren bis September 1967 sechs der Verhafteten zurückgekommen und hatten bestätigt, daß sie freiwillig nach Korea gegangen waren. Die deutsche Regierung und die Öffentlichkeit gaben sich mit dieser Erklärung zufrieden. Man erinnerte sich daran, daß im Deutschland Hitlers jene Leute, die man aus den Konzentrationslagern entließ, erklären mußten, nie ein Wort über das Erlebte zu erzählen. So kam es, daß damals die Mehrzahl der Deutschen nichts oder nur Vages über die Existenz und die Beschaffenheit der Lager wußte. Jetzt aber nahm man die erzwungenen Berichte der Wiedergekehrten für bare Münze.

In Südkorea selbst war totale Nachrichtensperre über den Fall verhängt.

Regierungsbeamte verweigerten selbst der deutschen Botschaft in Seoul jede Auskunft. Man stellte in Aussicht, in Kürze einen amtlichen Bericht zu veröffentlichen, in dem das südkoreanische Volk Aufklärung bekomme über die Aufdeckung des

Spionagerings, der von Ost-Berlin aus gegen Südkorea agitierte. Schon im Frühjahr 67 sei ein solcher Spionagering in Südkorea selbst aufgedeckt worden, und dabei habe man die Namen und Aufenthaltsorte derjenigen Südkoreaner gefunden, die in anderen Ländern diesem Ring angehörten. Der KCIA gab nun zu, insgesamt 70 Personen verhaftet zu haben, in der Bundesrepublik, in Frankreich, England, Australien und den USA, es handle sich bei diesen Personen um Studenten und Wissenschaftler. Tatsächlich waren es 300 Entführte. Zur Person des abgesetzten Botschafters Choi wurde bekannt, er sei der Führer einer südkoreanischen religiösen Sekte. Dabei werden wir erinnert an die »Moon-Sekte«, die, aus den USA kommend, 1976 auch massenhaft in der Bundesrepublik auftrat und sich der CDU oder vielleicht nur der CSU als Wahlhelfer anbot. Ich selbst sah in der Zeit des Wahlkampfes viele junge Leute in bayrischen Städten, die scharf antikommunistische Flugblätter verteilten, auf denen mit religiöser Motivation, mit Überschriften wie »Für eine weltweite Einheitskirche«, gegen den Kommunismus gewettert wurde. Die deutschen Behörden haben trotz dringender Hinweise der Bundesbürger nichts dagegen unternommen, daß Nicht-Deutsche, wie diese Moon-Leute, auf deutschem Boden sich parteipolitisch betätigten. Dazu bedarf es einer Genehmigung, und es ist undenkbar, daß diese Jugendlichen ihre Arbeit in der Straßenöffentlichkeit ohne Erlaubnis hätten tun können. Wer hat sie gegeben? Wem paßte sie? Mit wem hat da wer zusammengearbeitet?

Kehren wir ins Jahr 67 zurück. Es ist nicht so, als habe Bonn der so bald und so lebhaft geäußerten Entrüstung über die Entführung auch wirklich massiven Nachdruck gegeben. Es blieb lange bei Verbalnoten, hin und her.

Am 12. Juli schon hatte der FDP-Abgeordnete Dorn die Bundesregierung aufgefordert, sich nicht länger von den koreanischen Behörden hinhalten zu lassen; man könne sich doch wirklich nicht mehr länger des Verdachts erwehren, daß die südkoreanische Regierung mit der Entführung der Intellektuellen aus der Bundesrepublik innenpolitische Gegner beseitigen wolle. Dorn drängte die Bundesregierung, die diplomatischen Beziehungen zu Südkorea abzubrechen, falls die Entführten nicht sofort zurückgebracht würden. Er sagte, die Bundesrepublik könne es sich nicht leisten, nach der Entführung des Obersten Argoud einen neuen Fall von »Privatjustiz« auf deutschem Boden zu dulden.

In dieser Zeit wurden mehr und mehr Stimmen laut, die den Verdacht aussprachen, daß der deutsche Geheimdienst sehr wohl von der Entführung gewußt habe. Es sei doch unmöglich, daß siebzehn Personen, darunter so bekannte wie der Physiker Chung und der Komponist Isang Yun, entführt würden, ohne daß der deutsche Geheimdienst überhaupt etwas davon gewußt oder gemerkt hätte. In der Tat: was soll man von einem Geheimdienst denken, der von all den Vorbereitungen zur Entführung und all den geheimnisvollen Umständen dabei nichts, aber auch nichts merkte? Wofür hat ein Staat seinen Geheimdienst? Man hörte damals (Bericht in der ›FAZ‹ vom 17. Juli 1967), daß es der deutsche Geheimdienst war, der dem KCIA die Namen suspekter Personen überhaupt erst zur Kenntnis brachte. Nur mit dieser Hilfe sei es möglich gewesen, die Verdächtigen so rasch und sicher aufzufinden. Man nahm damals an und hatte alle Ursache, an derlei zu glauben, daß schon vor dem Eintreffen des 50 Mann starken Entführungskommandos 5 bis 7 Personen die Aktion vorbereitet hatten. Am 13. Juli schrieb die ›FAZ‹, in Bonn habe man »aus zuverlässiger Quelle« gehört, daß »möglicherweise die amerikanische Botschaft ein Interesse an der Vermeidung der weiteren Zuspitzung des Konflikts geäußert haben könnte. Die Äußerung geht von der Vermutung aus, daß die Kooperation zwischen dem amerikanischen und dem südkoreanischen Geheimdienst gegen den nordkoreanischen auf dem Territorium der deutschen Bundesrepublik praktiziert worden sei«. Der südkoreanische Geheimdienst habe unter der Obhut des US-CIA gearbeitet. Am 14. Juli schrieb der ›Rheinische Merkur‹, »es scheint sicher, daß der südkoreanische Botschafter Choi von seinen eigenen Geheimdienstlern heftiger überrascht wurde als die deutschen

Stellen, die sich an die Arbeit ausländischer CIAs in der Bundesrepublik offenbar schon hinlänglich gewöhnt haben«. Auch die ›Basler National-Zeitung‹ äußerte am 13. Juli den Verdacht, daß der US-CIA mit dem KCIA zusammenarbeite im Sinne einer »zwangsläufigen Zusammenarbeit zur Abwehr des nordkoreanischen Geheimdienstes«.

Die ›FAZ‹ schreibt am 14. Juli, daß der Pressereferent des Generalbundesanwalts, Herr Berard, der Presse auf die Frage, warum man über den Stand der Entwicklung schweige, antwortete: es sei zu früh, darüber zu berichten.

Der Bonner ›General-Anzeiger‹ vom 19. Juli schreibt, der Oberstaatsanwalt von der Bundesanwaltschaft in Karlsruhe habe gesagt: »Die Ermittlungen der Bundesanwaltschaft haben keine Anhaltspunkte erbracht, daß ein deutscher Dienst die Aktion des südkoreanischen Geheimdienstes vorbereitet oder unterstützt habe.«

Die ›SZ‹ berichtete am 20. Juli, der Bundesinnenminister Lücke habe sich an den Bundesjustizminister Heinemann gewandt und gefordert, daß in das politische Strafrecht, das, nach Heinemann selbst, »veraltet« sei, ein Paragraph eingebaut werde, nach dem ausländische Agenten bestraft und in ihre Heimatländer abgeschoben werden können.

Die deutsche Presse hat sich damals eingehend mit der Frage der Geheimdienste beschäftigt. Hierzu Zitate aus dem Aufsatz eines Juristen in der ›SZ‹ vom 28. Juli 67 (Ernst Müller-Meiningen jr.):

»Ausländische Agenten unterliegen den allgemeinen Bestimmungen unseres Strafrechts, das heißt, sie können nur bestraft werden, insoweit sie sich der Freiheitsberaubung, des Menschenraubs, der Bedrohung, Nötigung, Körperverletzung, Amtsanmaßung ... schuldig machen. Darüber hinaus gibt es im wesentlichen nur die Möglichkeit, gemäß § 100 StGB (›Agententätigkeit‹) und § 100e StGB (›Verräterische Beziehungen‹) ausländische Agenten wegen dieser Landesverratsdelikte zu bestrafen ... Der Kreis solcher Täter aus dem Bereich des Agentenwesens ist jedoch sehr begrenzt. Unser Strafgesetz-

buch trifft großenteils nicht die Legionen von fremden Geheim-
dienstleuten aller erdenklichen Nationalitäten, die bei uns die
Landschaft unsicher machen und die Bundesrepublik zu einem
Eldorado der Agententätigkeit für und gegen unzählige fremde
Staaten werden ließen. Die geographische Mittellage und die
Teilung Deutschlands sind einer der Hauptgründe für die frag-
würdige Bevorzugung der Bundesrepublik durch ganze Heere
von Agenten.«

Wie aber kann sich die Bundesrepublik dagegen wehren? Die
USA haben die Registrierungspflicht für alle Agenten eingeführt. Die Schweiz erließ das sogenannte Opportunitätsprinzip,
nach dem Agententätigkeit je nach dem Ermessen der Regierung bestraft oder erlaubt oder geduldet wird. Warum kann die
Bundesrepublik nicht ein Gesetz finden, das Vorkommnisse
wie die Entführung der Südkoreaner unmöglich machen
würde? Weil die Bundesrepublik gewissen Vorbehaltsrechten
ihren Alliierten gegenüber verpflichtet ist. Das heißt mit dürren
Worten zum Beispiel: Die Bundesrepublik muß den USA erlau-
ben, auf deutschem Boden Agententätigkeit zu treiben. Es
heißt weiter, daß man auch alles dulden müsse, was der Sicherheit der USA in Korea diene. Und damit sind der deutschen
Regierung die Hände gebunden. Es ist also nicht leicht gewesen, für die deutsche Bundesregierung, im Falle der Entführung der Koreaner scharf und sofort einzugreifen. Es war eine
diplomatisch heikle Sache. Darum zog sie sich sehr lange hin.
(Nicht nur deshalb, aber wir wollen es einmal so gelten
lassen.)

Im Memorandum der Bundesregierung ist zwischen dem Ein-
trag vom 24. Juli bis zu einem andern vom 7. November nur die
Rede von »zahlreichen Gesprächen mit dem Gesandten
Chang, und, unverzüglich nach dessen Eintreffen, mit dem
neuen Botschafter Kim Young Choos.« »Die koreanischen Gesprächspartner gaben zu verstehen, daß sie den Nachdruck
und den Ernst des Verlangens der Bundesregierung nach Freilassung und Rückführung der Koreaner verstanden haben.«
Die südkoreanische Regierung bekam zu verstehen, daß die

147

Bundesregierung beabsichtige, »zwei Projekte der deutschen Entwicklungshilfe, die der südkoreanischen Regierung zwar zugesichert, aber noch nicht vertraglich vereinbart waren, einzustellen«. Die Bundesregierung hatte an Südkorea in den sechziger Jahren bereits rund 500 Millionen DM Entwicklungshilfe und Kredite ausgezahlt. (Um es vorwegzunehmen: Bonn zahlte dennoch weiter, auch nach dem Prozeß mit den überaus hohen Strafen. Inzwischen hatte sich nämlich herausgestellt, daß der deutsche Wirtschaftsdruck wirkungslos war, da bereits »drei andere westliche Länder« das größere der beiden Projekte, den Bau eines Elektrizitätswerks, übernommen hatten . . .) Im Memorandum des Auswärtigen Amts kann man lesen, daß man sich auch mit der Legalität der Ausreise befaßt und festgestellt habe,

— alle »Zurückverbrachten« seien im Besitz gültiger Reisepässe gewesen
— alle hätten ablehnen können, auszureisen
— alle hätten fliehen können (einem gelang es)
— alle hätten am Flughafen um Hilfe rufen können
— alle seien durch die normale Paßkontrolle gegangen
— die Geheimdienst-Agenten seien mit ordentlichen Reisepässen aus- und eingereist
— der amerikanische Geheimdienst habe nichts gewußt von der »geplanten Aktion« des südkoreanischen Geheimdienstes
— der südkoreanische Geheimdienst sei nicht vom US-Geheimdienst unterstützt worden, noch habe er hierzu militärische Einrichtungen der US-Streitkräfte benutzt (etwa Flugzeuge).

Die südkoreanische Regierung habe zwar das deutsche Hoheitsrecht verletzt, aber voll genügende Wiedergutmachung geleistet durch »das Bedauern der südkoreanischen Regierung und durch die Versicherung der Nicht-Wiedrholung und die Rückberufung der an der Aktion beteiligten Botschaftsangehörigen«.

Das Vorgehen der Bundesregierung entspreche durchaus

dem, was nach Völkerrecht und Staatenpraxis üblich und möglich sei. Die Bundesregierung habe im vorliegenden Fall sogar mehr getan als jeder andere Staat.

Die Bundesregierung habe »spektakuläre Schritte unterlassen, weil sie zweifellos bewirkt hätten, daß die Betroffenen ihrem Schicksal überlassen blieben«.

»Allerdings bestehe die Bundesregierung auf der Rückführung der Koreaner, wolle aber keine Gewalt anwenden, sondern mit Südkorea im Gespräch bleiben.«

Da der Fall Isang Yun genau bekannt ist, können einige dieser Punkte glatt widerlegt werden:

- Isang Yun hatte keinen Reisepaß bei sich; der lag nachweislich in seiner Wohnung in Berlin
- er hatte keinerlei Möglichkeiten in Bonn, um Hilfe zu rufen
- er wurde in Hamburg nicht durch die normale Paßkontrolle geführt
- er ging nicht freiwillig nach Seoul
- er wurde in der südkoreanischen Botschaft in Bonn mit Gewalt festgehalten und der Geräuschfolter unterzogen
- er durfte sich im Flugzeug nicht mit Kim unterhalten
- er war gezwungen worden, seiner Frau telefonisch unwahre Motive seiner Reise mitzuteilen
- er wurde am Flughafen Tokio nicht durch die normale Kontrolle geführt, aber von niemandem kontrolliert.
- ihm wurde von den KCIA-Leuten höhnisch erklärt, ein Fluchtversuch sei unmöglich, da der deutsche Geheimdienst ihn fangen würde
- er wurde im Gefängnis Seoul aufs härteste gefoltert.

Das deutsche Memorandum diente also weit weniger der Wahrheitsfindung als der Aufrechterhaltung der freundschaftlichen Beziehungen zwischen Südkorea und der Bundesrepublik.

Es bleibt einiges zu fragen:

Warum hat man den damaligen deutschen Botschafter in Seoul erst im Januar nach Bonn zitiert und ihn befragt, ob er von den Verhaftungen in Südkorea, darunter der von Heidrun Kang,

einer gebürtigen Deutschen, gewußt und ob er denn nicht
Kenntnis gehabt habe von der immerhin auffallenden massiven
Ausreise so vieler KCIA-Beamter, die ihm doch von dem Angestellten der Deutschen Lufthansa berichtet worden war.
Es bleibt zu fragen, warum man die beiden Südkoreaner, die an
der Entführung beteiligt gewesen und in der Bundesrepublik
geblieben waren, zwar zunächst verhaftet, aber bald wieder
freigelassen hat, obgleich ihr Delikt unter den § 100 des StGB
fiel. Es bleibt auch zu fragen, warum man in Bonn so »bestürzt
und empört« war über die strengen Prozeß-Urteile in Seoul.
Was denn hatte man erwartet?

Inzwischen saßen die Entführten, darunter Isang Yun, im Ge-
fängnis Seoul und warteten auf den Prozeß. Die Urteilsverkün-
dung war am 13. Dezember 1967.
Die deutsche Presse brachte Schlagzeilen wie: »Bundesregierung empört: Todesurteile in Korea«, »Bonn bestürzt über die
Urteile in Seoul, einmütige Mißbilligung durch das Parlament«,
»Bundesregierung will Vollstreckung verhindern«.
Um solche Urteile zu verstehen, muß man wissen, was damals
in Korea strafbar war (und heute noch ist) und gegen welche
Gesetze die Angeklagten (angeblich oder wirklich) verstießen,
und dazu muß man die politische Lage Koreas kennen.
Südkorea hat 1950 den traumatisch nachwirkenden Schock
der Invasion aus dem kommunistischen Nordkorea erlebt. Es
war danach leicht für eine antikommunistische Regierung, wie
es die des ersten Präsidenten Syngman Rhee war, das Volk
durch eine scharfe Propaganda zu fanatischen Antikommuni-
sten zu machen. Andrerseits war dasselbe antikommunistisch
aufgehetzte Volk bald auch antidiktatorisch und lehnte die
eigene Militärdiktatur ab. Es gab damals und in den folgenden
Jahren immer Aufstände unter den Studenten, und die Intellektuellen waren zum großen Teil gegen die Regierung. Aber, wie
sogar der Prozeß ergab, konnte nicht einem einzigen der Plan
zu einem Regierungssturz nachgewiesen werden. Auch heute,
1976 und 1977, will man in Südkorea und unter den Exilkorea-

nern zwar die volle Wiederherstellung der freien Demokratie, aber man will sie ohne Revolution, ohne Gewalt. Wäre Park Chung Hee bereit, dem Volk demokratische Freiheit zu geben, so könnte es sogar sein, daß er weiter Präsident bleiben würde. Um eine solche Haltung zu verstehen, muß man die südkoreanische Mentalität verstehen: ein vom Konfuzianismus geprägtes Volk glaubt an eine schicksalshafte Dialektik: ein morscher Baum fällt von selbst, eine schlechte Regierung stürzt eines Tages von selbst, es bedarf bei beiden nur leiser Anstöße und beharrlichen Wartens. Natürlich werden die ungeduldigen Stimmen immer dringlicher. Der südkoreanische junge Dichter Kim Chi Ha ist die heftigste Stimme, darum sitzt er auch seit Jahren (mit Unterbrechungen) im Gefängnis. Im Dezember 1976 wurde sein Todesurteil umgewandelt in lebenslänglichen Kerker, zusätzlich sieben Jahre Haft. Kim Chi Ha ist schwer tuberkulös. Die Regierung Park rechnet mit seinem baldigen »natürlichen« Tod.

Jedoch traute schon Syngman Rhee seinem Volke nicht. Darum erließ er 1958 das »Gesetz für die nationale Sicherheit«. Es sieht die Todesstrafe vor für »Gruppenbildung zum Zweck des Umsturzes der Regierung, für Mord, Sabotage, Brandstiftung, Verrat politischer und militärischer Geheimnisse, Unruhestiftung, Entführung, sofern diese Verbrechen im Auftrag und Interesse einer regierungsfeindlichen Gruppe geschehen«. Das Gesetz wurde variiert und verschärft durch Parks »Antikommunistengesetz«, dessen Zweck es ist, »die antikommunistische Struktur zu stärken, welche das oberste Ziel des nationalen Wiederaufbaues ist«.

Als Verstoß gegen dieses Gesetz gilt:
- die Aufnahme oder Vermittlung von Kontakten zu Nordkoreanern,
- der Besitz oder die Weitergabe oder Herstellung nordkoreanischer Dokumente (Zeitungen, Bücher, Flugblätter)
- die Flucht nach Nordkorea
- die Annahme von Propagandamaterial und Geld aus Nordkorea.

Solche Verstöße werden mit 5 bis 10 Jahren Gefängnis bestraft. Im Prozeß von 1967 wurde den Angeklagten angelastet: Reisen nach Ost-Berlin, Kontakt mit Nordkoreanern und der nordkoreanischen Botschaft in Ost-Berlin, Anschauen von nordkoreanischen Filmen dortselbst, Lektüre nordkoreanisch-kommunistischer Schriften, Entgegennahme von Geld nordkoreanischer Herkunft, Reisen nach Nordkorea (das, nach Worten der Anklageschrift, »kein Staat ist, sondern ein Territorium, in dem die Anti-Staat-Gruppe illegal über Menschen herrscht«). Es wird ihnen ferner vorgeworfen, sich für Nordkorea propagandistisch eingesetzt zu haben, indem sie sich lobend über die dortigen Zustände ausgesprochen haben, und weiter sind sie angeklagt, für »die Wiedervereinigung Nord- und Südkoreas unter dem sozialistischen System« gearbeitet zu haben.

Alle diese Anklagen sind angeblich durch Dokumente belegt: der südkoreanische Geheimdienst hatte in Abwesenheit der Verdächtigten längst deren Schreibtische und Korrespondenz kontrolliert. Aber auch unter diesem »Beweismaterial« war nichts, was den Tatbestand der Spionage erhärtet hätte. Aber: alle Angeklagten hatten ja bereits gestanden, Kommunisten zu sein ... Wie diese Geständnisse zustande kamen, weiß man: nach Foltern. Spätere Widerrufe wurden nicht anerkannt.

Die Verteidiger arbeiteten, nach Berichten des deutschen Prozeßbeobachters Professor Grünwald, erstaunlich gut und tapfer. Sie attackierten (was heute unmöglich wäre) die südkoreanische Regierung und warfen der koreanischen Botschaft in Bonn vor, die Südkoreaner, die schon lange in der Bundesrepublik lebten, nicht besser von dem »politischen Klima Koreas« unterrichtet zu haben, so daß sie nicht wissen konnten, daß sie ein Delikt begingen, wenn sie nach Ost-Berlin fuhren und mit Nordkoreanern sprachen. In der Tat war sich auch Isang Yun nicht bewußt, Strafwürdiges zu tun, wenn er versuchte, sich dort sachlich zu informieren. Auch nach dem südkoreanischen Gesetz aber ist es zur »Tatbestandsmäßigkeit des Delikts das Bewußtsein des Täters erforderlich, staatsfeindlichen Organisationen durch seine Handlung zu nützen«.

Am Morgen vor der Urteilsverkündung veröffentlichte das offizielle Regierungsblatt ›Korean Herald‹ einen Leitartikel, in dem stand, »die Grundposition Südkoreas, die dem Antikommunismus absoluten Vorrang in seiner nationalen Politik einräumt, verdient es, von allen freiheitsliebenden Nationen verstanden und unterstützt zu werden. Die Reibungen, die zwischen Seoul und gewissen europäischen Regierungen über rein technische Details der Festnahme und Auslieferung entstanden, könnten leicht aus der Welt geschafft werden, wenn freundschaftliches Verständnis und die Hingabe an die gemeinsame Sache in die Praxis umgesetzt werden.«

Das war ein deutlicher Appell an die deutsche Bundesregierung, sich doch im eigenen Interesse, nämlich im Kampf gegen den Kommunismus, nicht mehr weiter einzumischen und die Verurteilung der Angeklagten stillschweigend geschehen zu lassen. Dahinter stand auch der Wunsch der USA, die Position Südkoreas gegen das kommunistische Nordkorea zumindest durch Nicht-Einmischung zu stärken.

Die am 13. Dezember ausgesprochenen Urteile gegen die Entführten waren:

Chung Kyu Myung	Todesstrafe
Yun Isang	Lebenslänglich
Choi Jeung Gil	15 Jahre
Lim Sok Hun	10 Jahre

Die übrigen erhielten Gefängnisstrafen zwischen dreieinhalb und einem Jahr. Für Isang Yun war Todesstrafe beantragt worden, aber dann umgewandelt in Lebenslänglich. Die Todesstrafe für Chung wurde nicht vollstreckt. (In Südkorea ist sie Henken.) Unter den Verurteilten waren zwei Frauen, eine davon die Frau von Isang Yun, Lee Su Ja. Sie bekam drei Jahre, aber mit Bewährung. Sie war zwei Tage nach ihrem Mann entführt worden, indem man sie unter dem Vorwand, ihr Mann wünsche ihr Kommen, nach Seoul lockte. Sechs Monate war sie im Gefängnis.

Die Strafen waren außerordentlich hoch in Relation zur Geringfügigkeit der Vergehen. An dem Tatbestand der Spionage hatte man nicht festhalten können. Der deutsche Prozeßbeobachter Professor Grünwald sagte dazu, die Höhe der Strafe habe den Zweck, allen südkoreanischen Intellektuellen im Ausland klarzumachen, daß sie, unabhängig von den Gesetzen ihres Gastlandes, an die Gesetze ihres eigenen Staates gebunden seien.

Die Verteidigung legte Berufung ein.

Laut Memorandum des Auswärtigen Amts der Bundesrepublik teilte die deutsche Regierung die tiefe Erschütterung der Öffentlichkeit über die Härte der Urteile. Sie ließ Korea wissen, daß die Bundesrepublik auf der Rückführung der widerrechtlich Entführten bestehe. Diese Forderung wurde wiederholt ausgesprochen.

Am 13. März 1968 fand der Prozeß in zweiter Instanz statt, bei dem es doch erhebliche Erleichterungen gab: das »Lebenslänglich« für Isang Yun wurde umgewandelt in fünfzehn Jahre Zuchthaus. Inzwischen hatte das Bundeskabinett alle Umstände des Prozesses überprüft und die Möglichkeit erwogen, durch wirtschaftlichen Druck auf Südkorea, durch die Aufhebung der Vorhaben für die Entwicklungshilfe, die südkoreanische Regierung zur Rückführung der Verschleppten zu bewegen. Man gab diese Absicht auf in Anbetracht des Umstandes, daß in zweiter Instanz zwar einige Erleichterungen zugestanden, aber andrerseits einige Urteile beträchtlich verschärft worden waren; so wurde die Freiheitsstrafe für Lim Sok Hun in die Todesstrafe umgewandelt. Das war ein demonstrativer Schlag gegen die deutsche Intervention. Allerdings wurden auch offiziöse Stimmen laut, daß die beiden zum Tod Verurteilten jungen Wissenschaftler zum Staatsfeiertag Mitte Oktober 1968 begnadigt werden sollten. Damit demonstrierte die südkoreanische Regierung ihren Willen, ganz nach eigenem Ermessen zu verfahren und ausländische Proteste zu überspielen.

Im verängstigten und verunsicherten südkoreanischen Volk gab es bei der Urteilsverkündung nur schwache Reaktionen:

154

Prozeß

eine Gruppe von Studenten demonstrierte vor dem Justizge-
bäude.

In der deutschen Bundesrepublik aber waren die Proteste
massiv. Schon vorher waren sie erhoben worden. Daß es nicht
sofort nach der Entführung geschah, hat einen rein äußeren
Grund: in der Liste der Entführten war kein Isang Yun, man
hatte ihn falsch geschrieben: Yoon I Sang. Sobald aber klar
wurde, daß es Isang Yun war, den man mit entführt hatte,
begannen seine Freunde im In- und Ausland zu handeln. Sie
bildeten an vielen Orten »Aktionsgemeinschaften«, verbreite-

155

ten sachliche Informationen, stellten Irrtümer richtig, wurden vorstellig bei den Regierungen in Bonn, in Washington, in Tokio, Musiker, bekannte und unbekannte, veranstalteten gagenfreie Konzerte, viele Kirchengemeinden sammelten Geld. Im Oktober 67 schrieb Wilhelm Maler, der Präsident der Hamburger Akademie der Künste, die Isang Yun zu ihrem Mitglied gewählt hatte, einen Appell an den Präsidenten Park, unterzeichnet von 161 Persönlichkeiten des internationalen Kulturlebens, darunter Wolfgang Fortner, Mauricio Kagel, Rolf Liebermann, Karlheinz Stockhausen, Hans Werner Henze, György Ligeti, Ernst Křenek, Earle Brown, Edward Staempfli, Herbert von Karajan. In dem Appell stand:

». . . Herr Yun gilt nicht nur in Europa, sondern in praktisch der ganzen Welt als hervorragender Komponist. Sein Ziel war stets, die vornehmsten Traditionen der koreanischen Musik mit westlichen musikalischen Tendenzen zu verbinden; sein Werk und seine Persönlichkeit müssen als unschätzbares Mittel betrachtet werden, koreanische Kultur und Kunst außerhalb Koreas bekanntzumachen. Ohne ihn wüßten wir nur sehr wenig über Ihr Land. Wie niemand vor ihm, hat er uns durch seine künstlerische Bemühung Verständnis und Liebe für die koreanische Denkweise vermittelt. . . . Sie werden daher, hochverehrter Herr Präsident, gewiß verstehen, daß wir Musiker, die diesen Brief unterzeichnen, von ganzem Herzen hoffen, daß Sie Mittel und Wege finden, dem schwerkranken Herrn Yun zu ermöglichen, daß er seine Arbeit als freier und gesunder Mann bald wiederaufnehmen kann. Die internationale Musikwelt braucht Herrn Yun, und seine Vermittlerrolle zwischen Ost und West ist für uns alle von größter Wichtigkeit. Als Botschafter der koreanischen Musik ist er unersetzlich . . .«

Dieser Brief wurde in der Presse veröffentlicht und ein Spendenaufruf angeschlossen. »Mit den Geldern sollen die Kosten für einen eventuell erforderlichen Krankenhausaufenthalt und für den Unterhalt seiner beiden in Berlin lebenden Kinder (13 und 16) bestritten werden.«

Intendant Klaus von Bismarck vom WDR gab Isang Yun 1968

einen Kompositionsauftrag und wies den Generaldirektor des koreanischen Rundfunks darauf hin, daß die Verurteilung Yuns eine schwere Gefährdung für die kulturellen Beziehungen zwischen Südkorea und der Bundesrepublik bedeutete.

Als das Urteil in erster Instanz, »lebenslänglich« für Isang Yun, bekannt wurde, verschärften sich die Proteste. Die Westdeutsche Rektorenkonferenz und der Vorstand der Deutschen Studentenschaften übergaben dem Präsidenten Lübke ein Schreiben mit der Forderung, sich nachdrücklicher für die Rückführung der Verschleppten einzusetzen. Der Präsident der Rektorenkonferenz forderte, daß es künftig unter diesen Umständen keinen akademischen Austauschdienst zwischen Südkorea und der Bundesrepublik mehr geben dürfe. Am 11. Dezember 1967, wurde in Bonn, zusammen mit der Oper ›Der Gefangene‹ von Luigi Dallapiccola, die Oper ›Liu Tung‹ aufgeführt – kurz vor der Urteilsverkündung in Seoul. Die Studenten der Universität und der Republikanische Club Köln machten einen Schweigemarsch durch die Stadt bis zur südkoreanischen Botschaft. In Osnabrück veranlaßte Isang Yuns Freund Günter Freudenberg eine Protestkundgebung. In vielen Städten geschah ähnliches.

Der große Pianist Claudio Arrau sagte aus Protest ein Konzert in Seoul ab.

Der künstlerische Leiter der »Musica Viva« des Bayerischen Rundfunks, Wolfgang Fortner, setzte sich in einem Telegramm an das Appellationsgericht Seoul für das Leben Yuns ein. Bei einem Konzert in München besetzten Musikstudenten das Podium und verlangten die Freilassung Yuns. Alle Konzertbesucher trugen sich in Namenslisten ein, die nach Seoul weitergeleitet wurden.

Klaus Schütz, Regierender Bürgermeister von Berlin, schickte ein Telegramm an Park: »Aus der gespaltenen Hauptstadt eines gespaltenen Landes appelliere ich an Sie, nicht zuzulassen, daß ein Mann, der in Berlin gelebt und sich viele Freunde erworben hat und dessen Familie sich in Berlin aufhält, zum Tod verurteilt wird. Beweisen Sie Großmut und schenken Sie

157

Isang Yun Leben und Freiheit. Geben Sie einem Künstler die
Möglichkeit, weiter zum Wohl und Ruhm Ihrer Nation zu arbeiten.«

Am 10. April 1968 gab es bei der Aufführung des Yung'schen
Orchesterstücks ›Réak‹ durch die Berliner Philharmoniker einen Tumult. Ein Musikstudent sprang vor Beginn aufs Podium
und verlas eine Erklärung über »die Schizophrenie einer Ge-
sellschaftsordnung, in der eine Komposition aufgeführt werde,
während der Komponist des Werks verschleppt sei, ohne daß
die Bundesregierung und der Berliner Senat das Erforderliche
unternommen hätten, ihn zu befreien«. Da stürzte der Intendant aufs Podium und schlug auf den Studenten ein. Das
Publikum reagierte mit Pfiffen und Buhrufen, die einerseits
dem Vorgehen des Intendanten galten, andrerseits dem Studenten, dessen Erklärung man zwar zustimme, während man
die Wahl des Ortes und Zeitpunktes nicht billige.

Am 21. Juni fand in der Berliner Hochschule für Musik ein
Konzert mit Yun'schen Werken statt, bei dem Boris Blacher
jenem Studenten ausdrücklich erlaubte, seinen Appell vorzulesen. Bei diesem Konzert verzichteten alle Ausführenden auf die
Gage.

Im Mai 1968 wurde Isang Yun Mitglied der Hamburger Akademie.

Während dieser und andrer mehr oder minder tumultuarischer
Vorkommnisse und während das Auswärtige Amt Bonn zäh
und vorsichtig mit Seoul verhandelte, saß der, um den es ging,
im Gefängnis Seoul. Seine Zelle war zweimal vier Meter groß
und nicht heizbar. Die Winter in Seoul sind eisig kalt. Die
Heizkörper waren nach dem Zweiten Weltkrieg abmontiert und
nie ersetzt worden. Die Fensterscheibe aus Ölpapier war ka-
putt, die eisigen Chinawinde bliesen herein. Isang Yun hatte
weder Tisch noch Bett, er schlief auf dem Boden. Die südkoreanische Botschaft ließ wissen, er habe ein Sonderzimmer mit
Heizung, Bett und Klavier . . .

Eines Tages erfuhr er, daß auch seine Frau im Gefängnis sei.

L.R. Konntet ihr euch sehen?

I.Y. Bei den Ergänzungsverhören vor der Staatsanwaltschaft konnten wir uns einiges zuflüstern. Als wir uns zum erstenmal sahen, sagte sie, daß sie weder Zahnbürste noch Seife, noch Zahnpasta habe. Als wir uns ein zweitesmal sehen durften, hatte ich ein winziges Stück Seife und einen Rest Zahnpasta, von einem Dieb geschenkt, in meinen Hosenbund gerollt und gab ihr die Sachen, das war alles, was ich für sie tun konnte. Was sie für mich tat, erfuhr ich erst später. Man hatte ihr gesagt, sie könne mir helfen, oder eigentlich dachte sie das selbst, sie könne mir helfen, indem sie die Schuld auf sich nähme. So erklärte sie beim Verhör: »Mein Mann ist ganz unschuldig, der ist nur Musiker und hat mit Politik nichts zu tun. Aber ich bin in eine kommunistische Schlinge geraten, ich habe ihn überredet, Kontakt mit der nordkoreanischen Botschaft in Berlin aufzunehmen, und ihn zu der Reise nach Nordkorea gedrängt.« Das war groß von ihr, aber es hat meine Lage nicht verbessert. Doch hat ihr der Versuch, mich zu retten und sich zu opfern, die Bewunderung und Sympathie der Beamten und auch der Gefängniswärter eingetragen. Koreaner sind empfänglich für heroische Akte. In der ersten Zeit im Gefängnis hörte ich, daß alle südkoreanischen Zeitungen mit großen Schlagzeilen berichteten, daß ich der Chef des verhafteten Spionagerings und ein Landesverräter sei. An sich war das südkoreanische Volk sehr mißtrauisch gegen alle Verlautbarungen der Regierung; wir waren ja nicht die ersten politischen Gefangenen im Land, und es hatte schon vorher Schauprozesse gegeben. Aber dieses Mal hatte der KCIA so gut gearbeitet, daß ein großer Teil des Volkes überzeugt war von unsrer Schuld. Das zu wissen war schrecklich für mich, viel schrecklicher als das Gefängnis an sich. Die Demonstrationen der Studenten, die zu Anfang stattfanden, hörten auf, die Zeitungen schrieben nichts mehr, große Stille breitete sich aus. Über meiner Zellentür war ein Schild, das besagte: Hier ist ein besonders schlimmer Verbrecher eingesperrt. Als ich etwa zwei Monate im Gefängnis war, ereignete sich etwas

Erstaunliches: ein Journalist vom ›Spiegel‹ durfte ein Interview mit mir machen. Damit sollte der Öffentlichkeit gezeigt werden, daß ich in relativer Freiheit sei. Aber ich war ja nicht allein, sondern es waren KCIA-Beamte dabei. Ich konnte nichts sagen, was nicht der KCIA hätte hören dürfen.

L.R. Konntest du denn nicht wenigstens in Andeutungen etwas von der Wahrheit über die Entführung sagen?

I.Y. Nein, denn hätte ich etwas gesagt, wäre ich sicher auf mysteriöse Weise ums Leben gekommen. Ich habe auf seine Frage, ob ich freiwillig nach Korea gegangen sei, geantwortet: Ja, aber ich hoffe, sehr bald wieder zurückkehren zu können, ich muß ganz dringend meine Steuererklärung machen. Das war deutlich genug. Nach seinem Besuch war eine lange Zeit absolutes Stillschweigen. Für mich war es damals sicher, daß ich zum Tode verurteilt würde; aber ich sagte zu Su Ja, um sie zu trösten, als sie mich wieder einmal besuchen durfte für kurze Zeit, daß ich starkes Vertrauen in die deutsche Regierung habe.

Der Professor für Strafrecht an der Bonner Universität, Gerald Grünwald, der beim Prozeß in erster Instanz in Seoul war, gab am 9. 12. 1968 dem ›Spiegel‹ ein Interview, in dem er sagte, die deutsche Bundesregierung habe durchaus nicht getan, was sie hätte tun können. Zwar dürfe man ihr nicht vorwerfen, sie sei zu weich gewesen: sie war weder zu weich noch zu hart, aber sie hatte keine Konzeption, sie war schwankend, einmal drohte sie mit Entzug der Gelder für die koreanische Wirtschaftshilfe, dann gab sie sie wieder frei, um sie plötzlich wieder zu sperren, gab sie aber wiederum frei. Im schriftlichen Bericht der Bundesregierung an den Bundestag vom 21. März 1968 steht: »Aufgrund der Personalhoheit kann die koreanische Regierung ihre Staatsbürger jederzeit aus dem Ausland zurückrufen. Ein loyaler Staatsbürger wird dieser Aufforderung im allgemeinen Folge leisten.« (Danach hätten alle Emigranten aus dem Hitler-Deutschland dorthin, nämlich in die Konzentrationslager, zurückkehren müssen, wenn Hitler es befohlen hätte. Und danach müßten alle sowjetrussischen Dissidenten zurückkehren, wenn sie sich als »loyale Staatsbürger« ausweisen wollten ... Diese Frage ist 1977 durch die Diskussion um die Asylrechtfrage erneut höchst akut geworden.) In jener Erklärung steht weiter: »Die Bundesregierung hat für fremde Staatsbürger weder eine Fürsorgepflicht, noch kann sie ihnen irgendeine Art diplomatischen Schutzes gewähren, unter keinen Umständen gegenüber ihrem Heimatstaat.« Das bedeutete also, daß sich die deutsche Regierung in Sachen dieser Entführung neutral verhalten, das heißt: den Dingen ihren Lauf lassen wollte. Grünwald findet das »empörend«. Er sagt, es sei auch völkerrechtlich falsch, denn »es gibt keinen Zweifel, daß, solange sich ein Ausländer auf deutschem Boden befinde, alle deutschen Behörden verpflichtet sind, ihn in seinen Rechten zu schützen, auch gegenüber seinem Heimatstaat«. Die deutsche Regierung sei von der klaren völkerrechtlichen Position abgewichen: sie habe den Anspruch gehabt, auf der Rückführung der entführten Koreaner zu bestehen. Dieser Anspruch resultiere daraus, daß die Agenten des südkoreanischen Geheimdienstes durch ihre Aktion in Westdeutschland die Souveränität der Bundesregierung verletzt haben. Und das taten sie, auch wenn sie bei der Entführung keine Gewalt angewendet haben. (Wobei freilich der Begriff der Gewalt eine Frage der Interpretation ist!) Anfänglich habe die Bundesregierung auch klar auf diesem Anspruch auf sofortige Rückführung bestanden, habe aber dann Schritt für Schritt ihre Position abgebaut. Schließlich sprach sie nicht mehr von einer Entführung, sondern von einer »Verbringung südkoreanischer Bürger nach Korea«, und aus der Forderung nach Rückführung wurde der »Wunsch« danach.

Ich habe Professor Grünwald im Januar 1977 nach seinen Eindrücken vom Prozeß befragt. Er sagte, dieser Prozeß sei dem Anschein nach korrekt geführt worden, so korrekt, daß der

161

Reporter der ›Welt am Sonntag‹ schreiben konnte: »Niemand wird hier eingeschüchtert.« Der ›Spiegel‹-Reporter kommentierte damals diesen Ausspruch ironisch als »Wort zum Sonntag« – und er hatte recht. Grünwald sagt, ihm erschien die Prozeßführung wie die Illustration zu dem Spruch: »Give him a fair trial, and then hang him.«

Wir wissen heute, daß es ein Schein- und Schauprozeß war: die Urteile waren vorher festgelegt. Wieweit die Variationen den Interventionen der Bundesrepublik als Verdienst angerechnet werden können, wissen wir nicht. In einem Bericht des ›Spiegel‹ vom Dezember 1968 steht: »Die Bundesregierung sieht auch nach diesem Urteilsspruch (in dritter Instanz) keine Möglichkeit zur Hilfeleistung für die Entführten . . . Inzwischen begnügt sich das Auswärtige Amt mit der Hoffnung auf eine neuerliche Revision des Urteils und mehr Milde bei den südkoreanischen Richtern.« Und inzwischen blieb Isang Yun weiter Gefangener.

I.Y. Im September haben wir ein Gesuch gemacht an die Gefängnisdirektion und an den KCIA, daß meine Frau und ich uns am 17. September sehen dürften, zu meinem 50. Geburtstag. Man versprach es uns, aber am Morgen kam einer meiner Verteidiger, Kim, ein früherer Schulfreund von mir, der freilich auch ein Freund von Park Chung Hee war, aber mir helfen wollte und auch wirklich viel geholfen hat. Er sagte: Tut mir leid, ihr habt keine Erlaubnis zur Zusammenkunft, aber ich bringe dir ein Geschenk von deiner Frau. Wie kann sie mir aus dem Gefängnis ein Geschenk schicken? Es war ein wunderbares Geschenk: eine schwarze Blume aus Haar, sie hatte ihre Haare abgeschnitten und in langer Arbeit daraus eine Blume geknüpft. Mit dieser Blume habe ich mich lange trösten können. Ich hatte auch noch einen andern Trost, etwas früher, nach meinem Selbstmordversuch. Ich stand mit

meinem dick verbundenen Kopf am Fenster meiner Zelle und
schaute hinaus. Gegenüber war ein anderer Trakt des Gefängnisses. Plötzlich sah ich dort an einem kleinen Fenster
hinter Gittern jemand stehen und winken. Ich wußte nicht,
wer das war, ein Mörder oder Dieb oder ein politischer
Häftling. Die Entfernung zwischen uns war zwanzig Meter.
Sprechen konnten wir nicht mitsammen. Drei Tage gab er mir
Zeichen. Dann verstand ich, daß er mit der Hand koreanische
Schriftzeichen in die Luft schrieb. Er fragte mich, wer ich sei
und warum ich hier säße. Nach und nach haben wir uns durch
Zeichen sehr gut verständigt. Er sagte, auch er sei in die Sache
verwickelt, deretwegen ich saß. Er sei Führer einer Studen-
tengruppe, die gegen den japanisch-koreanischen Pakt agitierte. Sie marschierten täglich auf den Straßen und demonstrierten gegen den Pakt mit Japan. Da hat man die Führer
verhaftet. Er saß schon zum zweiten Male. Mit ihm waren
noch zehn Leute verhaftet worden, die eine politische Studen-
tengruppe gebildet hatten; ihr Leiter war ein Professor, der
früher in Münster promoviert hatte. Ihm warf man vor, für
Nordkorea gearbeitet zu haben. Darum saß er nun mit seiner
Gruppe im Gefängnis. Diese zehn jungen Menschen saßen
schuldlos im Gefängnis. Der Student, der mit mir durch
Zeichen sprach, zeigte mir immer, wenn er vom Verhör und
von der Folter zurückkam. Er hat nie geklagt und war nie
niedergedrückt, im Gegenteil: er lachte sogar. Er war uner-
hört tapfer und gab auch mir viel Mut. Wir redeten in unserer
Taubstummensprache bis zu fünf Stunden am Tag, und er
hatte auch irgendwie Nachrichten aus der Außenwelt und gab
sie mir weiter. Wir unterhielten uns aber auch über Kunst und
Kultur. Vier Monate lang waren wir auf diese Weise Freunde.
Er hatte mir gezeigt, daß es im koreanischen Volk noch so
viele Menschen gab, die nicht korrumpiert waren und für die
zu leben und zu kämpfen es sich lohnte. Eines Tages, lange
erst nach mir, wurde er entlassen. Später wollte ich ihn nach
Europa holen, aber er mußte zum Militär und bekam natürlich keine Ausreiseerlaubnis, und danach hatte ich keine

Verbindung mehr mit ihm. Ich denke mit großer Dankbarkeit an ihn.

L.R. Ein deutscher Journalist, der ›Stern‹-Redakteur Jaenecke, hat über deinen Prozeß am 13. Dezember einen Bericht geschrieben. Kennst du den?

I.Y. Ja, aber der Reporter hat verschiedenes natürlich nicht gewußt, auch von der Vorgeschichte nicht. Er konnte zum Beispiel nicht wissen, daß die Richter der ersten Instanz sehr gegen die vorgesehenen harten Urteile gewesen waren, gegen mein Todesurteil auch. Aber der KCIA hat sie und die Staatsanwaltschaft unter Druck gesetzt; man hat sie drei Tage lang in einem Hotel eingesperrt und bearbeitet, bis sie die Spionagetätigkeit, die man uns anlastete, als bewiesen anerkannten und ihre Urteile danach fällten. Die Urteile waren vom KCIA gemacht. Das schließe ich daraus, daß, wie ich mit eigenen Ohren hörte, bei der Urteilsverkündung einige anwesende KCIA-Beamte aufsprangen und ganz laut jubelnd schrien: »Es ist so geworden, wie wir wollten!« Einige liefen dann aus dem Saal, vermutlich um ihren Vorgesetzten sofort Bericht zu erstatten. Es geschah überhaupt manches Seltsame während der Verhandlung. Der Gerichtspräsident verlas dabei alle Petitionen, Telegramme und Protestnoten, die vom südkoreanischen PEN-Club und vielen ausländischen Organisationen und Personen gekommen waren und in denen stand, ich sei kein Kommunist, sondern ein Komponist, der für das internationale Musikleben wichtig sei. Das las der Gerichtspräsident vor, obgleich meine Spionagetätigkeit als bewiesen galt, zunächst. Ich war auch sehr überrascht, als plötzlich ein Mann aufstand, der sich leidenschaftlich für mich einsetzte. Er heißt Lim Won Shik, wir waren früher befreundet gewesen, er war Direktor eines musischen Gymnasiums in Seoul, in das alle hohen Beamten, auch des KCIA, ihre Söhne und Töchter schickten, und der bekannteste Dirigent des Landes. Er hatte gute Beziehungen zu den Regierungskreisen. Schon vor Prozeßbeginn hatte er versucht, mich zu retten. Bei den Versammlungen des Musikerverbands sprach er über mich und meine Musik und sagte, ich sei unschuldig. Er hatte eine Sammlung von Unterschriften des Musikerverbandes begonnen. Dafür aber wurde er von vielen Kollegen befeindet. Man sagte ihm, er könne sich doch nicht für einen Kommunisten einsetzen. Andere schwiegen aus Angst, sich mit mir zu solidarisieren. Darüber war er enttäuscht und erbittert. Nun, beim Prozeß, kam er freiwillig in den Zeugenstand und sprach mit großer Emotion. Er sagte, er kenne mich lange und gut und er wisse, daß ich kein Kommunist sei. In Nordkorea gelte meine Musik für reaktionär, ja sie sei als staatsfeindlich bezeichnet worden, wie könne ich da gute Beziehungen zu Nordkorea haben. Ich könne doch nicht zugleich als Staatsfeind und als Freund gelten. Er war bei seiner Rede so bewegt, daß er immer wieder pausieren mußte, denn er weinte. Und viele Zuschauer weinten auch. Doch seine Rede half nichts. Obwohl kein einziger Beweis für meine angebliche Spionagetätigkeit, ja nicht einmal für prokommunistische Propaganda gefunden worden war, wurde ich verurteilt, allerdings nicht wie beantragt, zum Tod, sondern zu lebenslänglicher Haft.

L.R. Entschuldige, wenn ich sehr genau bin und dir noch eine Frage stelle: Unter den Anklagen gegen dich war folgende: du habest aus Nordkorea Geld bekommen und habest auffällig oft Besuche gemacht bei deinen südkoreanischen Landsleuten in der Bundesrepublik und habest dich eingemischt, wenn sie Schwierigkeiten hatten, zum Beispiel Bergleute mit den Behörden, Krankenschwestern mit Ärzten und Klinikvorständen. Es wurde vermutet, du habest diese Fürsorge als Vorwand genommen, Propaganda gegen Südkorea und für Nordkorea zu machen.

I.Y. Ich will erst die zweite Frage beantworten. Selbstverständlich habe ich es für meine Pflicht gehalten, meinen Landsleuten in der Bundesrepublik zu helfen. Ich war länger als viele von ihnen hier, ich sprach besser Deutsch, ich hatte eine gesellschaftliche Stellung, die es mir erlaubte, mich wirkungsvoller für sie einzusetzen. Zu politischen Gesprächen mit ihnen

165

hatte ich gar keinen Anlaß. Den Leuten ging es nur um ihre eigenen wirtschaftlichen Probleme. Daß ich bei ihnen Propaganda für Nordkorea gemacht hätte, ist reine Erfindung des KCIA. Was die erste Frage anlangt, meine Reise nach Nordkorea, so möchte ich Genaueres sagen. Daß ich diese Reise gemacht habe, ist wahr. Daß ich sie in irgendeiner politischen Absicht meinerseits gemacht habe, ist unwahr. Vor Antritt der Reise habe ich ausdrücklich meine Bedingungen gestellt: daß man mir die Rückkehr nach Deutschland garantiere und daß man mich nicht zum Eingehen von politischen Verpflichtungen zwinge. Zur Bezahlung der Reisekosten ist zu sagen, daß sie tatsächlich von Nordkorea aus erfolgte; aber es ist, in Ostasien zumindest, ganz selbstverständlich, daß bei Einladungen die Reise bezahlt wird.

L.R. Ja, ich wurde auch von Südkorea eingeladen, und man bezahlte mir Reise und Aufenthalt, ohne daß man dafür, weder vorher noch nachher, irgendeine Bedingung stellte. Ich war nach Südkorea gegangen, obwohl ich Gegnerin des dortigen Regimes war und bin.

I.Y. Was ich in Nordkorea erfahren wollte, habe ich schon gesagt. Aber ich möchte jetzt über meine Eindrücke dort sprechen. Es war im April 1963, als Su Ja und ich in Begleitung eines Nordkoreaners nach Nordkorea flogen, der sich als Professor der Soziologie ausgab und behauptete, der Freund eines Jugendfreundes von mir zu sein. In Nordkorea wollte ich sofort jene Grabfresken sehen. Ich wollte auch das nordkoreanische Musikleben kennenlernen und Konzerte besuchen. Aber natürlich mußten wir zuerst dem vorgegebenen Reiseprogramm folgen. Wir sahen also die neuen Fabriken, die neuen Museen, die neuen bäuerlichen Kollektiv-Siedlungen. Ich war beeindruckt von der ungeheuren Leistung, die hier vollbracht worden war. Das Land war durch den Krieg zerstört worden. Aber davon war keine Spur mehr. Das einzige, was an Krieg denken ließ, waren die unterirdischen Fabriken. Überall wuchsen neue Städte mitten in den menschenleeren Landschaften. Ja, das war beeindruckend, aber es war auch

166

beängstigend, denn all das Neue war unmenschlich und kalt. Das war Korea nicht mehr, das war irgendein Ostblockland. Auch die Menschen waren ganz verändert, nicht zum Schlechten, doch zum Fremden. Was mir gefiel, war zum Beispiel, daß die Büros der führenden Funktionäre und der Fabrikdirektoren ganz schlicht waren, möbliert mit einfachen Holztischen und Regalen. Die führenden Leute selbst gaben sich völlig natürlich und einfach. Ob das heute noch so ist, weiß ich nicht. Damals ging es Nordkorea noch nicht so gut. Die Leute standen Schlange vor den Geschäften, besonders für Fleisch und Briketts. Täglich mußten sie zu Pflichttreffen der Partei gehen und sich politisch schulen lassen. Sie sahen alle sehr ernst aus, sehr anspruchslos und fleißig. All ihr Denken und Tun war konzentriert auf den Führer. Was mich störte, war, daß man sozusagen auf Schritt und Tritt das Bild des Präsidenten Kim Il Song traf und daß überall, wohin man kam, durch Lautsprecher die uniformierten Programme gesendet wurden. Ich habe die Feier des 1. Mai dort erlebt. Bei dieser Gelegenheit geschah es, daß man mich, ohne daß ich mir dessen bewußt geworden wäre, zur Prominentenbühne führte und dort fotografierte, so als gehöre ich dazu. Das ist ein irreführendes Propaganda-Foto. Bei dieser Feier sah ich eine Szene im Original, die ich, als sie in einem Film bei der nordkoreanischen Botschaft in Ost-Berlin gezeigt wurde, für eine gestellte Szene gehalten hatte: sie gab die wahre Wirklichkeit wieder; die unübersehbare Volksmenge auf dem riesigen Platz weinte, als Kim Il Song kam und sprach. Wie ist das zu erklären? Ich kann es verstehen: dieses Volk hat nach dem Krieg jahrelang gehungert, es war arm, es hatte kein Dach überm Kopf. Und da kam Kim und brachte es in kurzer Zeit so weit, daß kein Mensch mehr hungerte und fror, und Häuser wurden gebaut, richtige Ziegelhäuser statt der alten Hütten. Kim hat ohne Zweifel viel geleistet und Führerqualität bewiesen und auch eine persönliche Ausstrahlung gezeigt. Da das Volk keine andere Art der Regierung kannte und von der Welt außerhalb Nordkoreas nichts mehr erfuhr, war es ganz

167

zufrieden mit seinem neuen Leben. Mit diesem Nicht-Wissen von »draußen« hing es zusammen, daß mir nicht ermöglicht wurde, persönliche Gespräche mit Nordkoreanern zu führen. Ich war nie allein mit einem von ihnen. Einmal sah ich bei einem Konzert einige namhafte Musiker, die ich aus meiner japanischen und koreanischen Zeit kannte. Ich hätte sie gerne angesprochen, aber sie gingen weg, ehe es mir gelang. Übrigens war das Konzert enttäuschend. Das National-Symphonie-Orchester spielte Dvořáks ›Aus der Neuen Welt‹, aber mit viel zu großem Pathos, viel zu dick, viel zuwenig durchgearbeitet. Es war mir sofort klar, daß die Musiker wenig Praxis hatten, derartige anspruchsvolle Musik zu spielen, sie hatten andere als rein künstlerische Aufgaben, sie mußten politische Gebrauchsmusik spielen, ›Musik fürs Volk‹. Während all dieser Tage hoffte ich auf eine Begegnung mit meinem Jugendfreund Choi. Ihn zu sehen war eines der Ziele meiner Reise. Es schien unerreichbar. Erst am dritten Tag vor meiner Abreise kam er zu mir ins Hotel. So wie ich ihn von früher kannte, wäre es ihm das Natürlichste gewesen, mich unter Tränen zu umarmen. Ich trat ihm mit geöffneten Armen entgegen, aber er lächelte nur ein wenig und gab mir die Hand. Schon wußte ich: er war ein andrer geworden, er war mir fremd. Trotzdem umarmte ich ihn. Ich wünschte mir, die drei letzten Tage meines Aufenthalts ausschließlich mit ihm zu verbringen, und er war einverstanden. Am ersten Tag vermied ich jedes politische Wort, wir sprachen von unsern gemeinsamen Freunden, von unsrer gemeinsamen Vergangenheit in Japan, über seine Familie, der ich doch Nachricht nach Südkorea übermitteln wollte und von der ich ihm Nachricht brachte, die erste, die er nach so vielen Jahren bekam. Er hörte alles an, er nahm es zur Kenntnis, aber er blieb unbewegt. Am zweiten Tag begannen wir über Politik zu reden. Er schien ziemlich aufgeschlossen, aber das war nur äußerlich; innerlich blieb er unberührt und ganz fixiert auf seine Überzeugung. Jeden meiner Einwände gegen die Politik Kim Il Songs entkräftete er mit konkreten Fakten. Er war unangreifbar und starr. Ich mußte einsehen, daß wir in zwei einander fremden Welten lebten. Einmal fragte er mich: Warum bleibst du in Europa? Ich sagte: Weil für mich die Musik die größte Aufgabe ist und ich dort die besseren Arbeitsbedingungen habe. Er sagte: Aber deine Musik ist atonal und dient nur den kapitalistisch beeinflußten Intellektuellen, nicht dem Volk. Damit war unser Gespräch eigentlich zu Ende. Ich sagte nur noch, daß auch wir Südkoreaner im Exil und die Südkoreaner im Lande selbst auf die Wiedervereinigung der beiden Koreas hoffen und dafür arbeiten. Übrigens war ich auch bei einigen hohen Parteifunktionären zu privaten Essen eingeladen. Es waren zum großen Teil Widerstandskämpfer aus der Zeit der japanischen Besetzung Südkoreas. Bei einem dieser Essen war ich so naiv, den Leuten etwas über das Leben im Ausland zu erzählen, aber ich merkte, daß das an ihnen einfach abglitt. Einmal, ein einziges Mal, fragte mich einer, ob ich nicht Mitglied der nordkoreanischen Arbeiterpartei werden wolle. Diese Frage hatte ich erwartet und gefürchtet. Aber ich sagte klar: Nein, ich bin Musiker, nicht Politiker. Daraufhin hat keiner mich je mehr gefragt. Meine Reise endete mit einem doppelten Ergebnis: mit großer Bewunderung für die Leistung des Aufbaus und mit tiefem Befremden über die Veränderung der Landschaft und mehr noch der Menschen. So also war tatsächlich meine Reise nach Nordkorea verlaufen, und nicht, wie es die Anklage behauptete: ich sei als kommunistischer Sympathisant und Spionage-Chef dort gewesen.

L.R. Es gibt in einigen deutschen Illustrierten aus jener Zeit Bilder von dir und Su Ja, aufgenommen während des Prozesses und nach der ersten Urteilsverkündung. Ihr seht beide still gefaßt aus. Wie war dir wirklich zumute?

I.Y. Man zeigt nicht, was man fühlt. Ich hatte mich schon mit dem Tod auseinandergesetzt, ich hatte ihn angenommen, innerlich. Als ich jetzt das Urteil »lebenslänglich« hörte, erwachte in mir wieder der Wille zum Leben, und ich war einverstanden damit, wie meine Mitangeklagten in Revision zu gehen. Dazu kam noch etwas, das mir Mut gab: das Telegramm, das aus

169

Bonn kam und das meine Freunde geschickt hatten nach der Aufführung meiner Oper ›Der Traum des Liu Tung‹, die gerade in die Zeit der Urteilsverkündung fiel.

L.R. Der Wortlaut: »Today greatest success Liutung Bonn everybody waits for new opera and your return.« Unterzeichnet war es vom Dirigenten Zender, vom Verleger Harald Kunz und von Günter Freudenberg. Diese Nachricht in diesem Augenblick, das war wie ein Lichtstrahl, der ins tiefe Dunkel fiel. Du hattest schon den Tod angenommen. Dennoch, da du ja kein Stoiker bist, sondern ein lebendiger und verwundbarer Mensch, hatte es im Juli 1967 einen Tag der äußersten Verzweiflung gegeben. Wir haben schon andeutungsweise darüber gesprochen. Möchtest du nicht Genaueres darüber sagen?

I.Y. Nein, nein. Die Sache ist zu groß, um darüber zu reden.

L.R. Als dich damals der ›Spiegel‹-Reporter mit deinem dick verbundenen Kopf sah, was hast du ihm gesagt? Er hat sicher nach der Art der Verwundung gefragt.

I.Y. Ich habe ihm gesagt, ich sei mit dem Kopf gegen einen scharfen Gegenstand gefallen und habe mich dabei schwer verletzt, man habe mich deshalb zur Behandlung ins Gefängniskrankenhaus gebracht, und das stimmte ja auch. Ich lag dort einige Wochen schwer bewacht von drei KCIA-Leuten, die Tag und Nacht um mein Bett herum saßen, rauchten, Karten spielten und redeten. Schließlich brachte man mich in die Zelle zurück. Es dauerte lange, bis die Wunden heilten.

L.R. Damals warst du also im Gefängniskrankenhaus, aber später kamst du in ein normales Krankenhaus. Wie geschah das?

I.Y. Das habe ich Su Ja zu verdanken. Sie hatte bei der Urteilsverkündung am 13. Dezember 1967 drei Jahre Zuchthaus bekommen, aber die Strafe war auf Bewährung ausgesetzt. Nun drängte der KCIA, daß sie so rasch wie möglich nach Berlin zurückkehre. Sie solle demonstrieren, daß wieder einer der Entführten zurückkam, sogar die angeklagte Frau eines der Hauptangeklagten. Aber Su Ja erklärte hartnäckig, sie gehe erst dann, wenn man mich vorher in ein richtiges Kranken-

170

haus eingewiesen habe. Ein Diplomat der deutschen Botschaft, Herr Schmidt, half sehr viel dabei. Die Verhandlungen mit dem KCIA und der Justizbehörde waren langwierig und zäh. Immer wieder versuchte man, Su Ja nach Deutschland zu schicken, und immer wieder weigerte sie sich zu gehen, sie nutzte klug die Spannungen zwischen Südkorea und der Bundesrepublik, die damals sehr stark waren. Schließlich wurde ich dann doch ins Krankenhaus gebracht. Als Su Ja mich im Krankenhaus wußte, flog sie nach Deutschland, kam aber bald wieder zurück. Ich fühlte mich gesundheitlich miserabel. Aber jeden Morgen, wenn ich aufwachte, war ich glücklich, nicht in der Zelle zu sein. Ich blieb zwar weiter von KCIA-Leuten bewacht, hatte aber ein richtiges Bett, bekam gutes Essen und Medikamente, sogar Briefe und Zeitungen erreichten mich, und vor allem: Su Ja durfte ungehindert zu mir kommen. Einmal war sogar ein deutsches Fernseh-Team bei mir, um zu filmen, wie gut es mir gehe. Das war natürlich für die südkoreanische Politik bestes Propagandamaterial. Bezahlt wurden die Krankenhauskosten mit Spenden aus Deutschland. Ich bin allen, die damals geholfen haben, tief zu Dank verpflichtet.

L.R. Dann kam der Prozeß in zweiter Instanz.

I.Y. Das Urteil wurde revidiert: statt lebenslänglich fünfzehn Jahre Zuchthaus, in der dritten Instanz waren es dann zehn Jahre.

L.R. So zäh ließ Park Chung Hee sich deine Lebensjahre abhandeln! Wer hatte denn bei diesen Urteilen eigentlich das entscheidende Wort: die Justizbehörde oder der KCIA?

I.Y. Das bedarf einer längeren Erklärung. In Südkorea war es, jedenfalls damals, so: die Richter der ersten Instanz sind eigentlich nur Vollzugsorgane des KCIA. Sie führen Befehle aus nach dem Willen des KCIA. In der zweiten Instanz übt der KCIA zwar den Druck, aber es ist da doch etwas geblieben von einer normalen Rechtsprechung. Und die dritte, die oberste Instanz war relativ frei. Als das Material dort angelangt war, zur letzten Entscheidung, schickten sie es an ein

unteres Gericht zurück mit der Forderung einer neuen Über-
prüfung. Die Beweise gegen die Angeklagten seien unzuläng-
lich. Einen Freispruch wagten sie nicht, aber das Strafmaß
erheblich herunterdrücken, das konnten sie doch. Nach dieser
Rückgabe des Prozeßmaterials an die untere Instanz geschah
in ganz Seoul etwas Unheimliches: über Nacht waren in der
Stadt überall Plakate geklebt worden mit massiven Beschuldi-
gungen gegen die hohen Richter, sie seien ebenfalls Kommunisten und sie konspirierten mit den Verhafteten, und sie
würden durch Attentate getötet werden. Am nächsten Tag
stand das alles in den Zeitungen, und die bedrohten Richter
verlangten von der Regierung Polizeischutz und bekamen ihn
auch, ihre Häuser wurden bewacht, und auf dem Weg zu den
Dienststellen hatten sie Polizeigeleite. Natürlich war dem
ganzen Volk klar, wer die Plakate geklebt hatte: nachts ist
Sperrstunde, kein Mensch kann sich auf die Straße wagen.
Niemand ist unterwegs als der KCIA. Er allein kann in aller
Ruhe nachts die Plakate kleben. Aber der Zweck der Aktion
war auch klar: Einschüchterung der Richter und der Regierung. Oberste Macht in Korea ist der KCIA.

L.R. Wie überall in der Welt. Der CIA ist die vierte Internationale.

I.Y. Ich habe einmal in Seoul folgendes erlebt: Ich wurde oft vom
Gefängnis zum KCIA-Gebäude gebracht zu einem Verhör.
Ich wurde mit einem Jeep des KCIA hingebracht, mit Blau-
licht und Sirenengeheul. Eines Tages konnte ein anderer
Wagen, ein großer, sichtlich ein Regierungswagen, nicht
schnell genug beiseite fahren, und es gab beinahe einen
Unfall. Der KCIA-Fahrer, ein ganz einfacher Mann, stieg aus
und beschimpfte den Fahrer des Regierungswagens aufs gröb-
ste. Er sagte dabei: »Wer ist denn der, der da drin sitzt?« Der
Fahrer sagte: »Der Herr Staatssekretär So-und-so.« Der
KCIA-Fahrer sagte: »So ein Scheißkerl, sitzt da und sagt kein
Wort, anstatt daß er dich ausschimpft.« Nachher hörte ich,
wie der KCIA-Fahrer die Geschichte voller Wut einem andern KCIA-Fahrer erzählte. Der sagte: »Warum hast du den
Kerl vom Regierungswagen nicht geschlagen?« Ich habe öf-

ters Ähnliches erlebt. Einmal war ich wieder beim KCIA zum Verhör; da war auch der Chefredakteur einer Zeitung, ein sehr angesehener Mann, er hatte in einem Artikel etwas geschrieben, was eine Kritik an der Regierung war. Er wurde von einem KCIA-Unterbeamten, einem ganz ungehobelten Burschen, beschimpft wie ein Verbrecher, und der Beschimpfte stand da mit gesenktem Kopf und mußte sich stumm anhören, wie der Bursche schrie: »Du Scheißkerl, willst du erfahren, wie es im Kasten ist?« Mit Kasten meinte er die Folterkammer. Auf diese Art hat man die Presse eingeschüchtert. Trotzdem hat die Presse viel Mut bewiesen. Einmal, als ich noch in der Einzelhaft war, lag bei meinem Verhör eine Zeitung auf dem Tisch, und ich sah mit einem raschen Blick meinen Namen. Ich konnte überfliegen, was da stand: es war eine Nachricht über eine Drohung der bundesdeutschen Regierung an die koreanische; der Bundestag verlangte den Abbruch der Beziehungen zu Südkorea und die Rückgabe des Bundesverdienstkreuzes, das Park bei seinem Besuch in Bonn vom Präsidenten Lübke erhalten hatte. Diese Notiz stand in der koreanischen Zeitung, ganz klein, aber immerhin: sie stand da! Und später, als ich im Krankenhaus lag, wetteiferten die Zeitungen geradezu, mehr und immer Neues über mich zu bringen, und vor allem Ereignisse, die für mich ehrenvoll waren, zum Beispiel, daß die Hochschule für Musik in Hannover mir eine Stelle anbot, daß ich in die Hamburger Akademie der Künste gewählt wurde, daß die Stadt Kiel beschlossen hatte, mir den Kulturpreis zu verleihen, und so fort. Sie taten alles, um mein Prestige in Korea zu erhöhen und dadurch die Verurteilung immer schwieriger zu machen. Einmal kam ein südkoreanischer Journalist zu mir, um mich zu interviewen, als sich herumgesprochen hatte, daß ich eine Oper komponiere, die in Deutschland 1969 uraufgeführt werden sollte. Es war deutlich, daß die südkoreanische Presse in aller Stille unablässig einen Druck auf die Regierung ausübte. Dennoch war ich noch immer ganz unsicher über den Ausgang des Prozesses. Letzten Endes konnten Park und der

KCIA mit mir nach ihrem Gutdünken verfahren. Ich wußte freilich, daß man in vielen Ländern der freien Welt für mich arbeitete. Zu meinem Prozeß in der zweiten Instanz waren meine Freunde Harald Kunz und Freudenberg gekommen, sie durften mit mir sprechen. So erfuhr ich, was alles in Bonn für mich getan wurde. Diese beiden Männer, Kunz und Freudenberg, haben sich in schwerster Zeit als echte Freunde erwiesen. Kunz, mein Verleger, war mein Rechtspfleger, er kümmerte sich um meine Kinder, später auch um meine Frau, er kümmerte sich um die Wohnung, er verwaltete das Geld, das ich durch Aufführungen in meiner Abwesenheit verdient hatte, er sorgte für Aufführungen, er schrieb mir viele Briefe über meine Kinder und alle Aufführungen. Als er nun mit Freudenberg zum Prozeß gekommen war, meldete er sich als Zeuge. Er sagte, ich sei nie Kommunist gewesen, und er wisse genau das Motiv meiner Reise nach Nordkorea, nämlich meinen Wunsch, endlich jene Grabfresken zu sehen, die mich inspirierten. Die beiden, er und Freudenberg, haben dann in Deutschland über mich berichtet und jeden Zweifel an meiner politischen Integrität ausgeräumt. Du weißt ja, daß es Zeitungen gab in der Bundesrepublik, die mich für einen Kommunisten ausgegeben hatten und jene Studenten, die für mich demonstrierten, für linke Randalierer hielten.

L.R. Ja, ich habe den Bericht aus ›Christ und Welt‹ vom 21. Juni 1967, in dem steht: »In mehreren Universitäts-Städten gehen Studenten, froh, einen Anlaß gefunden zu haben, auf die Straße . . .« Es wird die Vermutung ausgesprochen, daß die Entführten selber Agenten im Dienste Nordkoreas waren, die aber der bundesdeutschen Dolce vita erlagen . . . »Die volle Wahrheit wird die Öffentlichkeit nie erfahren.« Die Überschrift dieses Artikels heißt ›Das Korea-Spiel‹. Damals hatte ja auch Strawinsky, aufgefordert, den Musikerappell für dich zu unterschreiben, gesagt, er unterschreibe, weil er gegen Justizmorde sei, aber er halte dich für einen, welcher der Schattenkomponist für Mao Tse-tung sein könnte . . .

I.Y. Ja, aber daran hat doch sonst niemand geglaubt.

L.R. In jenen Monaten im Gefängnis also hast du gearbeitet. Du hast die Oper ›Die Witwe des Schmetterlings‹ fertig geschrieben, und außerdem die beiden kleinen Instrumentalstücke ›Riul‹ für Klarinette und Klavier, und ›Images‹ für Flöte, Oboe, Violine und Cello. Erzähl doch, wie es dazu kam, daß du komponieren durftest und auch konntest!

I.Y. Eines Tages, ich glaube im August 1967, teilte man mir mit, daß mir erlaubt war, in der Zelle zu arbeiten, und daß ich, auf Ersuchen meines deutschen Musikverlegers, Notenpapier und Bleistifte und Radiergummi bekomme. Es dauerte bis zum 6. Oktober, bis ich die Sachen erhielt. Der KCIA hatte natürlich jedes leere Notenblatt auf Geheimbotschaften hin chemisch untersucht, auch die Bleistifte und Gummis. Ich bekam übrigens nur einen der sechs versprochenen.

L.R. Ja, ich weiß warum: solche Gummis kannte man bei euch in Korea nicht, die untersuchte man auf ihre Beschaffenheit, und dann machte man sie nach, das hat man mir in Korea erzählt. Seit der Einfuhr deiner Gummis gibt es in Südkorea eine Radiergummi-Industrie, so wenigstens habe ich's gehört.

I.Y. So? Das ist lustig. Nun: als ich Papier und Bleistifte hatte, fing ich sofort an zu arbeiten, in der Gefängniszelle. Die Oper war fertig am 5. Februar 1968, und Su Ja konnte sie nach Deutschland mitnehmen, und da ist sie dann, im Frühling 1969, in Nürnberg uraufgeführt worden, in meiner Abwesenheit, denn ich war immer noch eingesperrt.

L.R. Wie konntest du eigentlich arbeiten, krank und eingesperrt und mit dem Wissen, daß die Todesstrafe für dich beantragt war?

I.Y. Ich hatte ja vorher ein Drittel der Oper geschrieben, und das Grundkonzept war da, ich wußte also genau, wie es weitergehen mußte.

L.R. Ja, schon. Aber, weißt du, ich war ja auch im Gefängnis und hatte den Prozeß am Volksgerichtshof und mußte mit dem Todesurteil rechnen. Ich hätte nicht arbeiten können unter diesen Bedingungen. Aber ich war ja auch keine weise Taoistin, fünfzig Jahre alt, sondern eine junge Rebellin, die ge-

175

spannt den Wettlauf zwischen den Russen und den Amis in Deutschland und meinem Prozeß in Berlin verfolgte. Ich bewundere dich. Eine solche Distanz zu sich selber haben . . . Und dann noch dazu eine komische Oper zu schreiben! Das ist der Sieg des Taoismus: das Bewußtsein vom Leben als Traum, ein Bewußtsein, das identisch geworden ist mit der ganzen Existenz und darum auch schwerster Prüfung stand- hält. Es ist auch der Sieg deiner schöpferischen Kraft über eine Summe von Widrigkeiten, die sich deiner Arbeit entge- genstellten. Es genügte, deiner schöpferischen Potenz ein wenig Atem zu lassen, und schon wurde sie tätig. Natürlich hat dir auch das Wissen geholfen, daß die Oper im Westen aufgeführt werde, dort, wo so viele Freunde um deine Befrei- ung kämpften. Diese Menschen wolltest du auch nicht enttäu- schen, du wolltest ihnen beweisen, daß du ihrer Anstrengun- gen würdig seist. Und dann kam auch noch dein starkes Verantwortungsgefühl für deine Familie: du mußtest, auch im Gefängnis, Geld verdienen. Aber ich weiß, daß das alles nur zweitrangige Gründe waren. Der eigentliche Impuls, der dich trieb, diese, gerade diese Oper vom Schmetterlingstraum zu schreiben, war das Streben, deine äußere Unfreiheit als einen »Traum« zu betrachten. Man kann sagen, du hast dich auf wahrhaft tod-ernste Weise in der gleichen Lage befunden wie Dschuang Dse in deiner Opera buffa. An dieser Oper arbei- tend, hast du deine eigene, geistige und schließlich deine reale Befreiung bewirkt.

I.Y. Ja, ich war im Gefängnis und war doch nicht gefangen, das ist wahr. Und oft war ich geradezu glücklich. Ich hörte immerfort Musik über mir, eine Musik, die in mir selber war, aber auch über mir. Aber die äußeren Umstände waren schlecht. Ich hatte keinen Tisch in der Zelle, so mußte ich das Notenpapier auf den Fußboden legen und im Knien oder Hocken arbeiten. Später bekam ich ein niedriges Tischchen. Es war sehr kalt im Spätherbst und Winter. Meine Hände waren steif vor Kälte, und alle paar Takte mußte ich sie mit meinem Atem wärmen. Ich war am ganzen Körper geschwollen, und es fiel mir schwer, mich zu bewegen und aufzustehen. Oft hatte ich starke Schwindelgefühle und mußte mich an die Wand lehnen, um nicht umzufallen. Anfänglich war es nicht leicht zu komponieren. Aber ich habe mich an die Klänge erinnert, die ich früher geschrieben hatte, und damit habe ich die Basis gefunden, auf der ich weiterarbeiten konnte. Als ich dann wirklich wieder in der musikalischen Phantasie lebte, vergaß ich Schmerzen und Verzweiflung und fühlte mich frei. Wirklich: ich konnte in die Luft fliegen, ich konnte überall sein, wo ich wollte. Ich war tatsächlich oft glücklich in dieser Zeit. Ich dachte nicht, daß meine Partitur für die Nachwelt bleiben würde. Ich war nicht einmal sicher, daß sie je aufgeführt würde, im Gegenteil: ich war fast überzeugt, daß der KCIA sie beschlagnahmen und vernichten würde. Was mich trieb zu arbeiten, war die Arbeit selbst. Und ich wollte auf diese Art auch zeigen, daß man einen freien Geist zwar einsperren kann, aber nicht töten. Aber ich war doch recht elend, körperlich, und oft machte mein krankes Herz Schwierigkeiten, und ich dachte, ich würde bald sterben. Aber ich arbeitete immer weiter. Und am 3. Februar 1968 war die Partitur fertig. Ich konnte sie in die Hände meiner Frau legen. Das heißt nicht, daß die Partitur nun gleich nach Deutschland kam! Sie kam natürlich zuerst zum KCIA, und da wurde sie gründlich untersucht auf Geheimschriften hin, aber auch auf ihren künstlerischen Wert, stell dir vor: man gab sie einem Professor für Komposition in Seoul, der keine Ahnung hatte von moderner Technik, und der erklärte die Arbeit für schlecht, das erzählte mir ein KCIA-Mann. Nun, dieses Urteil hat mich nicht berührt, auch nicht, daß man sagte, das sei vom Text her eine nihilistische Oper. Ich war so erschöpft, daß ich im Gefängniskrankenhaus mit Tiefschlaf und Spritzen, ich weiß nicht welchen, behandelt werden mußte. Nun: die Partitur bekam Su Ja endlich ausgehändigt, und sie brachte sie nach Berlin.

177

VI

Befreiung und Neubeginn

I.Y. Die Uraufführung sollte in Nürnberg sein, Mitte Februar. Man dachte, bis dahin sei ich frei und könne anwesend sein. Ich war nicht frei und nicht anwesend.

L.R. Die Premiere war am 23. Februar 1969, und sie war ein großer Erfolg.

I.Y. Meine Freilassung war nicht das, was ich wollte, nämlich meine volle Rehabilitierung durch Freispruch, sondern ein sogenannter Gnadenakt des Präsidenten. Die Freilassung erfolgte überraschend: ich wurde eines Tages gerufen, da standen drei Leute vom KCIA und sagten mir, ich sei frei. Ich konnte das nicht glauben, aber man gab mir meine Zivilkleidung und entließ mich. Als ich zum Gefängnistor hinauskam, wartete da eine große Menge Menschen, die Sache hatte sich schon herumgesprochen, ehe ich sie wußte. Viele Journalisten waren da, aber die Schwester meiner Frau nahm mich sofort mit sich nach Hause. Es war ein unerhörtes Ereignis, daß ein Gefangener, der das Todesurteil bekommen sollte, freigelassen wird. Ich blieb noch einen Monat in Seoul, mich ein bißchen zu erholen. Ich war noch sehr schwach, aber so glücklich, meine Heimat wiederzusehen nach elf Jahren Europa und zwei Jahren Gefängnis. Natürlich war ich vom KCIA auf Schritt und Tritt bewacht. Ehe ich nach Europa zurückflog, gab uns die Regierung ein Fest und lud uns zu einer Reise durch Korea ein. Wir waren sieben Freigelassene. Wir wurden vom KCIA politisch belehrt, und zuletzt wurde uns gesagt, daß wir, wieder in Europa, doch regelmäßig Berichte an den KCIA schicken sollten. Sie gaben uns die genaue

179

Anschrift mit der Nummer des Postfachs. Sie haben wohl
wirklich gedacht, wir würden zum Dank für die Freilassung
nun KCIA-Spitzeldienste tun. Wir haben darüber nur gelacht,
als nähmen wir den Vorschlag als Spaß. Zuletzt wurde ich
zum obersten KCIA-Chef gerufen, zu Herrn Kim Hyung Uk.
Ich hatte noch nicht die offizielle Erlaubnis, das Land zu
verlassen, obwohl die koreanischen Zeitungen schon darüber
geschrieben hatten. Dieser Kim sprach in seinem Zimmer
unter vier Augen mit mir. Er sagte: »Herr Yun, wir haben
Ihnen durch unsere Aktion zu internationalem Ruf verholfen.
Wir müssen es hinnehmen, daß sie nach Deutschland zurückkehren. Aber seien Sie sehr vorsichtig dort. Wenn Sie irgend
etwas gegen uns unternehmen, können wir Sie zwar nicht ein
zweites Mal auf gleiche Weise nach Korea holen, aber wir
haben viele Methoden, einen Gegner unschädlich zu machen.« Dann mußte ich vorgelegte Papiere unterschreiben,
auf denen ich versprechen mußte, im Ausland niemals über
die Entführung und die Details des Prozesses zu berichten
und auch nie Negatives über Südkorea zu sagen. Andernfalls
könne man auch meine Verwandten in Korea verhaften.
Sippenhaft. Was blieb mir anderes übrig: ich unterschrieb.
Und dann endlich durfte ich das Land verlassen. Unterwegs,
als ich im Taxi zum Flughafen fuhr, reichte mir ein Freund
eine Nummer der ›Times‹. Da stand ein langer Bericht über
mich und daß ich bald befreit würde, und es war auch ein
Bericht über die Uraufführung meiner Oper in Nürnberg.
Aber die Zensur hatte viele Sätze mit schwarzer Tusche
unleserlich gemacht. Am Flughafen warteten viele koreanische und ausländische Journalisten, und es war eine starke
Atmosphäre der Freude und Herzlichkeit. Und im Flugzeug,
für das ich nur ein Zweiter-Klasse-Ticket hatte, wurde ich in
die erste Klasse geführt. Dort war außer mir niemand. Aber
von der Besatzung kam auch niemand. Solange wir über
koreanischem Territorium waren, wagte niemand, mit mir zu
reden. In Tokio warteten einige deutsche Journalisten am
Flughafen. Sie wollten mich interviewen. Aber ich konnte

ihnen nichts sagen, das tut mir heute noch leid, sie hatten stundenlang gewartet, aber ich war in der heiklen Lage, unterschrieben zu haben, daß ich nichts Negatives sage. So war es dann auch am Flughafen in Hamburg. Da warteten einige Freunde, darunter Freudenberg, aber auch Presse. Ich beriet mit meinen Freunden, was ich sagen sollte und durfte. Ich mußte mich diplomatisch verhalten. Am Flughafen Tempelhof sagte ich ganz leise ins Mikrophon: »Ich freue mich, wieder in Deutschland zu sein. Hier ist der Ort, wo ich menschlich und künstlerisch eine Heimat fand. Ich hoffe, hier künftig in Frieden leben und arbeiten zu können. Ich freue mich, daß es der deutschen Regierung gelungen ist, mich zu befreien, und ich freue mich auch, daß dabei die guten Beziehungen zwischen Korea und der Bundesrepublik erhalten blieben. Ich danke allen, die sich für mich eingesetzt haben.« Hier muß ich noch etwas nachholen und ausführlicher erzählen. Ja, »ich danke allen, die sich für mich eingesetzt haben«.

Der Reporter des ›Spiegel‹ hatte mich im Gefängnis mit meinem verbundenen Kopf gesehen. Als sein Interview erschienen war, wurde meinen Freunden und Bekannten klar, was meine Verschleppung bedeutete. Einer der ersten, der sich für mich einsetzte, war Rainer von Barsewisch. Er fuhr mit seinem VW von Hamburg bis nach Italien, um eine ›Aktionsgemeinschaft‹ dieser Freunde und Bekannten zu bilden. Der Dirigent Francis Travis korrespondierte unermüdlich mit wichtigen Persönlichkeiten des Musik- und des allgemeinen Kulturbereichs. Dabei soll sein Haar in wenigen Tagen ganz grau geworden sein. Er ging zum Ministerium in Bonn, veranstaltete in Deutschland und mehreren europäischen Ländern Konzerte mit meinen Werken. Harald Kunz, Günter Freudenberg, der Schweizer Komponist Edward Staempfli, der chilenische Komponist Juan Allende-Blin, der Organist Gerd Zacher, mein Rechtsanwalt in Deutschland, Heinrich Hannover, der Komponist Wolfgang Steffen, Dr. Drück vom WDR, um nur einige Namen zu nennen, sind oft zusammengekommen und haben aktiv für mich gearbeitet. Viele haben großzügige Spenden für mich oder meine Kinder gegeben, von namhaften Musikern wie Michael Gielen, György Ligeti, Heinz Holliger, Aurèle Nicolet, Edith Picht-Axenfeld, Hansheinz Schneeberger, Hans Zender, Bernhard Kontarsky bis zu Unbekannten. An diesen Spendenaktionen haben sich viele Kirchengemeinden beteiligt. Ähnliches geschah in anderen europäischen Ländern, in den USA und in Japan. Elliott Carter, Chou Wen-Chung und andere waren tätig, Lukas Foss und Gerhard Samuel dirigierten oft meine Orchestermusik. Nicolas Nabokov nutzte gemeinsam mit Strawinsky und Carter seine Beziehungen zu hohen Politikern in den USA, um einen Druck auf den koreanischen Präsidenten Park auszuüben. In Japan haben sich viele Musiker an den Protestaktionen beteiligt. Im Prozeß hat der Gerichtsvorsitzende die Bittschrift vorgelesen.

Aber wir sprachen ja von meiner Rückkehr nach Deutschland. Da habe ich also endlich meine Familie wiedergesehen, und bald konnte ich nach Nürnberg fahren zur dritten Aufführung meiner Doppel-Oper ›Träume‹.

L.R. Unter deinen Briefen aus jener Zeit fand ich einen, den Harald Kunz dir vor der Premiere schrieb. Du warst noch im Gefängnis. Der Brief beginnt so: »Jetzt schminken sich in Nürnberg gerade die Sänger zu der Vorstellung, die eigentlich Ihre große Heimkehr-Gala sein sollte . . .« Dieses Mal nun warst du anwesend. Wie wars dir?

I.Y. Ich habe mich während der Vorstellung gewundert, wie nahtlos die Arbeit geworden war. Keine Spur von jenen Unterbrechungen, die ich beim Arbeiten machen mußte, wenn ich körperlich elend und seelisch verzweifelt war und nicht hoffen konnte, daß diese Partitur je zur Aufführung komme. Der Abend in Nürnberg war ausgezeichnet: Inszenierung, Bühnenbild, vor allem der Dirigent Hans Gierster, Sänger, ich konnte mir nichts besser wünschen.

L.R. Ja, es war insgesamt ein großer Erfolg. Einige feindselige Stimmen sagten, du verdanktest den Erfolg deiner politischen

1972

Stellung; man spiele die künstlerische Arbeit hoch um der politischen Sensation willen. Aber in der ›Zeit‹, die diesen Vorwurf kritisch besprach, steht, davon könne keine Rede sein; es handle sich bei dieser Oper schlechthin um »ein musikalisches Ereignis ersten Ranges«, und diese Oper sei ›ein Beweis dafür, was ein schöpferischer Geist einem gequälten Körper abzuringen vermag . . . »Isang Yun hat über die beiden Einakter eine Fülle phantastischer Musik ausgegossen. Weit zauberischer noch als auf der Bühne geht es in der schillernden, leuchtenden Magie seiner Musik zu. Das im durchaus westlichen Sinn avantgardistische Klangbild ist durch fernöstliches Kolorit bereichert; Elemente der altchinesischen, beziehungsweise altkoreanischen Hof- und Tempelmusik fließen mit zwölftönigen Bildungen zusammen. Yun erreicht das eigentümliche Kolorit seiner Musik nicht nur durch eine höchst raffinierte Instrumentation, die das europäische Orchester mit hölzernen Mehrklang-Peitschen, Ratschen, Schellen, Schlittenglöckchen exotisiert, sondern vor allem durch bestimmte Verfremdungen der instrumentalen Spielpraktiken, durch ständige Verwandlung einzelner Töne. Die extremen Farbwechsel, die sehr differenzierte rhythmische Bewegungs-Scala, die Kontraste von meditativer Ruhe und orgiastischem Taumel, von gespannter Stille und furioser Dramatik sind faszinierend. Nicht minder starke Atmosphäre geben die reich ornamentierten Gesangstimmen mit ihren schleifenden Melismen . . . Im zweiten Stück scheint die Musik insgesamt noch reicher, noch inspirierter, noch leuchtender zu sein . . . Isang Yuns berückenden Traummusiken wurde lebhaft applaudiert.« (Wolfram Schwinger). ›Die Welt‹ schrieb: »Das neue Stück Yuns überrascht durch die Vitalität seiner Tonsprache, die Prägnanz seiner dramatischen Akzente, durch die Geschmeidigkeit des Umgangs mit den Ausdrucksmöglichkeiten der menschlichen Stimme. In seinem eigenwilligen Rezitativ-Stil wirken offenbar Fermente der altchinesischen Tradition nach: im vokalen Kolorit, in eigentümlichen Verzierungen und Verschleifungen gewisser Intervalle, im Vermischen gesprochener und gesungener Phrasen. Jenseits von aller naturalistischen Direktheit ist damit ein stark stilisierendes Moment gegeben . . . Wesentlicher Träger der Formstruktur ist das Orchester, das, auch in den rein instrumentalen Zwischenspielen, zwar nie sinfonisch deutend selbständig hervortritt, immer aber, bei sparsamster, bisweilen geradezu kammermusikalischer Behandlung, mit gleichsam leitmotivisch aufgegliederten und kontrapunktierten Klanggruppen, oft aber auch mit starken rhythmischen Energien und plastischen Motiven das Geschehen auf der Bühne leidenschaftlich kommentiert und spannungsvoll verdichtet. Was an der Musik fesselt, ist nicht nur der exotische Klangreiz. Vielmehr spürt man hinter dieser irisierenden, in erregenden Klangfarben schimmernden Oberfläche, hinter der gleichsam vegetativ wuchernden Ornamentik der weitgeschwungenen Melodienbögen eine starke innere Spannung, eine leidenschaftliche Dynamik, die zuweilen jäh, fast erschreckend, durchbricht in dämonisch funkelnden Figurationen der Instrumente . . . Mit westlichen Kunstbegriffen ist die Musik kaum zu fassen, da sie keine thematische Arbeit oder motivische Entwicklung, keine harmonische oder rhythmische Struktur in unserem Sinne erkennen läßt und dennoch immer wieder überraschende Parallelen zu Gestaltungsprinzipien der jüngsten abendländischen Musik aufweist: nicht als Pseudo-Morphose einer äußerlichen Angleichung, sondern als Synthese, die auf innerer Stilverwandtschaft beruht.« (Heinz Joachim)

In der ›FAZ‹ stand: »Eine großartigere Aufführung als die im Nürnberger Opernhaus hätte sich Isang Yun nicht wünschen können . . . 31 Schlußvorhänge riefen die Beteiligten vor die Gardine.« In ›The Korean Times‹ wird in einem Interview vom 7. März ausführlich über diese Premiere berichtet, es habe 31 Vorhänge gegeben, »while, ironically, composer Yun lay on a wooden bed of a Seoul prison. The composer says: At the most honorable moment of a composer I had to look at the wardroof in inmates clothes. The room was cold, without

185

a stove, and there was only a ›honey-pot‹ (ein Klo-Eimer) beside me. Yun might have sung an aria in his opera Butterfly's dream: Hundred years of time is only the moment of a butterfly dream in the springtime. More ironically: on the date of december 9, 1967, when the opera was formally slated to be staged at Bonn, Yun recieved a prosecution demand of capital punishment for involvement in the East-Berlin spycase . . .« Das scheint eine sachliche Berichterstattung, ist aber eine Anklage des Parkregimes.

L.R. Das war also damals noch möglich. Der Alptraum war also vorüber. Aber träumst du nicht noch heute von jener Zeit?

I.Y. O ja, ich habe schreckliche Träume von Verfolgung, Folter und Eingesperrtsein. Wenngleich das Leben ein Traum ist, so hinterlassen auch Träume Narben, die, geträumt auch sie, im Traum schmerzen.

L.R. Wie ist das eigentlich bei dir: ich möchte meine Gefängniszeit nicht missen, ich machte einige wichtige Erfahrungen, die ich sonst nie gemacht hätte. Und du?

I.Y. Ich möchte das alles lieber nicht erlebt haben.

L.R. Du glaubst nicht, daß durch diese äußerste Leid-Erfahrung deine Kunst noch eine weitere Dimension bekam?

I.Y. Kunst ist etwas Unabhängiges, sie ist da oder ist nicht da. Nach meiner Verurteilung zu lebenslänglicher Haft ließ mich der Staatsanwalt rufen, und er hatte die Unverschämtheit, mir zu sagen: »Herr Yun, Sie werden im Gefängnis eine wunderbare Oper schreiben.« Ich sagte ihm, ich sei doch nicht wie der Hase in der Blechkiste.

L.R. Was will das sagen?

I.Y. In Korea gibt es eine Medizin, ein altes Hausmittel, zu dem man Hasenurin braucht. Aber wie bekommt man den Urin? Man sperrt den Hasen in eine Kiste mit einem Blechdeckel und schlägt darauf, dann erschrickt der Hase und läßt Wasser. Bin ich ein Hase, den man einsperren muß, damit man Musik von mir bekommt?

L.R. Einverstanden: für die Kunst braucht man vermutlich wirklich kein Leiden. Aber ich meine doch, du hättest manches nicht *so* geschrieben, wie es ist. Ich denke ans Cellokonzert. Du hast darin deine Auseinandersetzung mit dem Tod ausgedrückt, und die Begegnung mit dem Tod hattest du eben im Gefängnis, und ohne diese Erfahrung hättest du dieses Cellokonzert nicht geschrieben.

I.Y. Dann hätte ich ein anderes geschrieben.

L.R. Nun gut. Erinnere dich aber daran, was du mir gesagt hast, als wir zur deutschen Erstaufführung dieses Cellokonzerts in Berlin, September 1976, gingen. Du hast gesagt: »Wenn du jetzt dieses Stück hörst, mußt du wissen, daß es viel von mir sagt. Du weißt, daß das Cello mein Lieblingsinstrument ist. In diesem Stück ist es meine Stimme, die Stimme meiner Seele. Du mußt dir vorstellen: es ist Abend nach einem langen Gefängnistag. Endlich bläst ein dazu angestellter Gefangener den Zapfenstreich im Hof.«

I.Y. Diese einfache Melodie habe ich verwendet in meinem Chorwerk ›An der Schwelle‹.

L.R. »Nach dem Zapfenstreich«, so sagtest du, »beginnt die große Stille. Ich bin allein in meiner Zelle. Ich weiß, daß das Todesurteil beantragt ist. Ich erwarte den Tod. Ich will nicht sterben, ich will leben und arbeiten, ich fühle so viel Musik in mir, die ich schreiben möchte, ich bäume mich auf gegen den Tod, aber ich ergebe mich. Ich klage, aber ich nehme den Tod an. In diesen Nächten hörte ich den Laut der Tempelblöcke, mit dem die Mönche in einem nahen buddhistischen Kloster ihre Stundengebete begleiten. Du weißt, wie das klingt, du hast es gehört in Bulgugsa. Du hast gesagt, es klingt, wie wenn schwere Wassertropfen auf einen Resonanzboden fallen, einer nach dem andern, es klingt dumpf und hart, aber musikalisch. In der Nachtstille klingt es laut. Ich hörte diese Laute, und ich bildete mir ein, die Mönche schlügen die Tempelblöcke immer dann, wenn ein Gefangener gestorben ist. Wieder einer und wieder einer, so dachte ich, und dann komme ich an die Reihe. Das wurde mir wie eine Obsession. Ich hatte nicht wirklich Angst vor dem Sterben, aber ich mußte mich immer aufs neue damit abfinden, nicht mehr arbeiten zu können.

Und dieses Aufbäumen und die Ergebung, der Schmerz und der Friede, das ist in diesem Stück.« So hast du mir gesagt vor dem Konzert. Aber ich hätte das auch selbst verstanden, denn es ist deutlich genug. Wenn du das Stück nicht so privat interpretieren willst, kann man auch sagen (und das ist im Grunde dasselbe), daß du nach dem Yang-Yin-Prinzip verfahren bist: Leben ist der eine Pol, Tod der andere.

I.Y. Die beiden Elemente streiten nicht, sie suchen einander, sie ergänzen sich. Ich kann aber auch noch anders interpretieren, und es ist immer dasselbe. Ich kann sagen: Das Cello ist der Mensch. Er wird rein geboren, aber mit der Geburt sofort in das Schicksal hineingeworfen, das er bewältigen muß. Das habe ich im ersten Teil des Konzerts ausgedrückt, deshalb ist er sehr heftig.

L.R. Wenn ich dich richtig verstehe, ist das Cello der Mensch und das Orchester die Welt und das Schicksal.

I.Y. Ja, und im zweiten Teil wächst der Mensch in sein Schicksal hinein. Seine Kraft wächst, seine Persönlichkeit wächst. Aber dann kommt wieder die Begegnung mit der Bedrohung, mit dem Chaos. Es gibt dabei immer wieder Momente der Stille und Momente des Aufruhrs. Aber dann gerät der Mensch in eine wirklich extreme Notlage, in der er gezwungen wird, seinen Eigenwillen aufzugeben. Da kommt er zu sich selber, und er fragt sich, wer er denn sei und wo er stehe im Leben und in der Welt. Niemand hilft ihm dabei, er ist ganz allein mit sich, und er schaut den Tod an und muß sich mit ihm befreunden.

L.R. Das war deine eigene Situation im Gefängnis.

I.Y. Ja. Und ich wollte nicht in der Qual sterben, nicht im Aufruhr, sondern ganz in Frieden und in Harmonie. Diese Harmonie findest du im Stück im großen Cellosolo. Da ist die Harmonie reiner Klang geworden.

L.R. Aber dann kommt offenbar wieder eine Phase der Auflehnung.

I.Y. Ja, denn ich lebte weiter, und im Leben sind wir immer in einer Notlage, in einer Unfreiheit, und wir sind immer einge-

spannt in das Schicksal aller Menschen, wir sind immer mit-
schuldig, wir sind nicht allein und nur für uns da. Immer von
neuem müssen wir uns befreien. Und nun denk an den
Schluß: es geht immer höher und höher. Das Cello macht
einen Oktavensprung: es will die absolute Befreiung, aber es
erreicht sie nicht, nur fast.

L.R. Siehst du, das Leiden der Gefängniszeit hat dir doch zu
großen neuen Erkenntnissen verholfen, die sich in Musik
umsetzten. Ist nicht auch in den ›Images‹, die du im Gefängnis
komponiert hast, diese Grenzerfahrung ausgedrückt?

I.Y. Ja, in der Form des Verzichts, des Entsagens. Ich hatte damals
sehr zu kämpfen gegen schwere Depressionen. Das war in der
Zeit, als ich dachte, ich würde in zweiter Instanz doch das
Todesurteil bekommen. Da schrieb ich ›Images‹, und obgleich
ich eigentlich im Dunkel der Hoffnungslosigkeit lebte, was
meine Befreiung anlangte, so sah ich doch innerlich wieder
ein Licht, und ich konnte arbeiten. Gerade in diesem Stück
ging es mir darum, zur Harmonie zu gelangen und Leben und
Tod als Ergänzung zu sehen und den Tod in vollem Frieden zu
erwarten. Aber du mußt auch bedenken, daß ich dieses Stück
konzipiert hatte, als ich noch frei war. Ich war 1966 von der
Ford-Foundation eingeladen worden, in den USA drei Monate lang Vorträge zu Aufführungen meiner Stücke zu halten.
Da lernte ich Charles Boone kennen. Er war Leiter eines
Studios für elektronische Musik in Mills College, San Francis-
co. Er gab mir den Auftrag für ein kammermusikalisches
Stück. Als ich dann im Gefängnis war, bemühte er sich sehr
um mich, indem er die Presse veranlaßte, immer wieder über
mich zu schreiben. Eines Tages erschien in der südkoreanischen Presse die Nachricht, daß ich einen Kompositionsauftrag aus den USA habe. Ich wurde gefragt, ob ich ihn ausführen könne. Ich sagte zu und begann gleich zu schreiben. Die
Erinnerung an die Grabfresken in Nordkorea inspirierte mich
wieder stark.

L.R. Ob du wohl dein Chorwerk ›An der Schwelle‹ nach den
Gedichten des politischen Häftlings Albrecht Haushofer, den

›Moabiter Sonetten‹, geschrieben hättest, wenn du nicht selbst an jener Schwelle gestanden hättest, nämlich der zwischen Leben und Tod? Auch Haushofer war zum Tod verurteilt. Er wurde nicht begnadigt. Damals, unter Hitler, half kein internationaler Appell an den obersten Gerichtshof, da gab es keine Begnadigungen, keine außenpolitischen Rücksichten, da wurde hingerichtet ohne Erbarmen und ohne Räson. Du schriebst das Chorwerk 1975. Es wurde bei den Kasseler Kirchenmusiktagen uraufgeführt. Ich fand nicht viele Kritiken darüber, seltsamerweise. In denen, die ich fand, ist die Rede von einer »Kunst der Schmerzen«, und davon, daß der Komponist »keine ästhetische Distanz« wollte. Das Instrumentarium stehe für die brutale Außenwelt, während vom Solopart ekstatische Ruhe ausgehe. Diese Sonette müssen dich stark berührt haben. Die Situation, in der sie geschrieben wurden, war auch die deine: »Die Mittel, die aus diesem Dasein führen/ ich habe sie geprüft/ Ein jäher Schlag/ und keine Kerkerwand ist mächtig/ meine Seele zu berühren./ Bevor der Posten, der die Tür bewacht/ den dicken Klotz von Eisen sich erschlösse/ Ein jäher Schlag/ und meine Seele schösse/ hinaus ins Licht . . . Was hält mich noch?/ die Schwelle steht mir offen./ Es ist uns nicht erlaubt uns fortzustehlen/ mag uns ein Gott, ein Teufel quälen . . .« Zwischen die einzelnen Verse hast du Worte der Hoffnung gesetzt aus dem Buch Isaias: »Fürchte dich nicht/ Ich bin bei dir/ ich weiche nicht/ denn ich bin dein Gott.« Auch das Erlebnis der inneren Freiheit in der äußeren Unfreiheit hat Haushofer mit dir gemeinsam: »Die Feßler, die der Gnade Macht verwirren/ bin ich von ihnen freier als ich war/ so dank ichs diesem letzten halben Jahr . . .« Mit den Feßlern meinte er seine Wünsche, sein Hängen am Leben. Was war das nächste Stück, das du nach deiner Befreiung schriebst?

I.Y. Auf mich wartete viel Arbeit. Ich hatte schon im Gefängnis in Seoul die Anfrage bekommen, ob ich an der Musikhochschule Hannover eine Kompositionsklasse übernehmen wolle, und ich hatte zugesagt. Es war ein Gastvertrag. Da mußte ich jede

Woche von Berlin nach Hannover fliegen, das war anstrengend. Ich hatte auch Gierster in Nürnberg zugesagt, für das Dürer-Jahr etwas zu schreiben, und dem Westdeutschen Rundfunk etwas, und vor allem: ich hatte ja schon vor der Entführung den Auftrag angenommen, für die Kieler Woche eine Oper zu schreiben, und dann bekam ich auch noch die Berufung an die Musikhochschule Berlin, wo ich eine Kompositionsklasse übernehmen sollte. Das war sehr viel, aber ich habe alle Verpflichtungen erfüllt.

L.R. Die Oper für Kiel war ›Geisterliebe‹, das Stück für Nürnberg ›Dimensionen‹, dazu kam ein Cello-Solostück für Siegfried Palm und schließlich ›Namo‹ für den WDR. Dann der große Auftrag für die Münchner Oper zu den Olympischen Spielen. Du sagst manchmal, du seist an Leib und Seele gebrochen aus dem Gefängnis zurückgekommen. Nun: körperlich hast du Schaden genommen, aber geistig und seelisch keineswegs. Deine schöpferische Kraft ist wie eine Springflut ausgebrochen, und seither ist der Strom niemals schwächer geworden. Wir werden nicht von allen folgenden Werken sprechen können, sondern uns auf einige beschränken. Beginnen wir mit der Kieler Oper, das heißt mit jener Oper, die ein Auftrag für die Kieler Woche 1971 war.

Wieder ist der Stoff ostasiatischen Ursprungs, benachbart dem der ›Träume‹, aber nicht dem Bereich des Konfuzianismus und Taoismus zugehörig, sondern dem des Schamanismus. Schamanismus, das ist der Glaube an die Existenz einer für sich bestehenden Geisterwelt, die aber mit der Menschenwelt Verbindung aufnehmen kann. Die Geister können gut oder böse sein, helfend oder zerstörend. Die Verbindung zwischen den beiden Welten stellen bestimmte Personen her: die Schamanen. Sie haben eine priesterliche und ärztliche Funktion. Sie erlangen die Einweihung im Laufe eines langen strengen Exer-

191

zitiums, bei dem sie die jeder Initiation notwendig innewohnende Erfahrung von Sterben und Auferstehen aus dem Totenreich machen. Als Initiierte haben sie magische Fähigkeiten. Sie können sich mit Hilfe von Gesang und Trommeln, bisweilen von Drogen, in Trance versetzen. Dann verläßt ihre Seele den Leib, begibt sich auf die Reise, tritt in andere Leiber ein (»Seelenwanderung«), auch in die Leiber von Tieren. Die Seele kann auch die Unterwelt betreten und dort gefangene Seelen befreien und wieder ihrem Leib zuführen. Sie kann Dämonen abwehren, Künftiges prophezeien, fruchtbar machen, Kranke und Besessene heilen, aber auch großes Unheil bewirken. Unter den Schamanen gibt es weiße und schwarze Magier. Schamanismus gibt es in Ostasien wie überall. Spuren davon sind, mehr oder minder sublimiert, noch in jeder Hochreligion enthalten.

Im ostasiatischen Schamanismus spielen bestimmte Tiere eine wichtige Rolle, vor allem die Füchse. Sie erscheinen als Verkörperung von Schlauheit, aber auch echter Weisheit, von Erotik, aber auch sexueller Besessenheit. Es gibt »gewöhnliche« und »heilige« Füchse. Die gewöhnlichen sind nicht interessant, sie leben wild in den Bergen. Die heiligen aber suchen die Gesellschaft der Menschen, denn es ist ihr heißes Bestreben, selber Mensch zu werden. Dazu haben sie zwei Wege: ein asketisches Leben, das sich vom Töten und Schadenbringen fernhält, oder die methodische Reinigung und Transformation ihrer Tierseele durch eine Art Yoga: so ein heilig sterbender Fuchs begibt sich in die Einsamkeit und unterzieht sich langen, anstrengenden Übungen: er stößt mit jedem Atem eine helle Substanz aus (seine Seele) und fängt sie einatmend wieder auf und so fort, dabei wird diese Substanz immer heller und erscheint schließlich als glühend leuchtende Kugel. Das ist die menschliche Seele. Nun stirbt der Fuchs, und die freigewordene Seele sucht sich einen menschlichen Leib. Am einfachsten ist es, in den Leib eines soeben Verstorbenen einzugehen, aber möglich ist auch das Besitzergreifen lebender Menschen durch Fuchsgeister. Füchsinnen suchen sich dazu Frauen aus, entweder sehr junge und erotische (in vielen

Kulturen ist der Fuchs erotisch-sexuelles Symbol), oder aber
solche, die zu religiösem Fanatismus neigen, also, wie wir in
der Sprache der Tiefenpsychologie sagen, zur »Kompensation
der Übersexualität«. Noch nicht ganz gereinigte und transfor-
mierte Fuchsmenschen-Seelen können, wenn sie sich eines
Menschen bemächtigen, ihn wider ihren eigenen Wunsch und
Willen verderben und töten.
Einen solchen Fuchs- und Seelenwanderungsstoff wählt Isang
Yun für seine dritte Oper. Sie sollte heißen ›Geliebte Füchsin‹,
wurde aber dann umbenannt in ›Geisterliebe‹. Das Libretto
schrieb Harald Kunz. Die Geschichte, die ihm zugrunde liegt,
stammt aus der Sammlung alter chinesischer Erzählungen,
dem ›Liao Chai Chi I‹. Der Titel der Erzählung, die das Libretto
benutzt, heißt ›Wiedergeburt‹. Damit ist der Schlüssel zum
Verständnis der Geschichte dargeboten: »Geboren werden
heißt sterben, sterben heißt geboren werden.«

Ein trockener Gelehrter, ein Intellektueller, soll, nach dem Willen der im mythischen Hintergrund der Geschichte wirkenden »Großen Mutter«, welche Tod und Geburt regiert, durch die Liebe zweier Füchsinnen, Elementar-Triebgeistern, zum »ganzen Mann« gewandelt werden, denn: bloßer Intellekt ist nicht menschlich, so wie bloßer Trieb nicht menschlich ist. Die Liebe kann Intellekt und Trieb zu einem ausgewogenen Ganzen einen. Jedoch: die Liebe zwischen Geistern und Menschen ist gefährlich und kann Tod bringen. Aber die Füchsinnen in ›Geisterliebe‹ sind keine bloßen Triebwesen mehr, sie sind schon auf dem Weg zur Menschlichkeit. Darum könnte das Liebeswagnis glücken. Es glückt nicht: der Mann ist zu schwach für ein solches Ereignis, er stirbt, so wie vorher die Füchsinnen, zu schwach für Menschenliebe, starben. Aber nach dem Gesetz der Wiedergeburt war ihr Tod kein endgültiger. Sie kehren ins Leben zurück. So wird auch der Tod des Mannes nicht endgültig sein. Er wird wiederauferstehen. So dreht sich das Rad der Wandlungen, und was in diesem Leben nicht glückte, kann in einem andern glücken.

Die deutschen Kritiker hatten ihre Mühe, dem Stück stofflich auf den Grund zu kommen. Sie versuchten höchst angestrengt westlich-intellektuelle Interpretationen: es handle sich um ein Lehrstück, eine Art Entwicklungsgeschichte, ein Erlösungsdrama in Form eines Traumspiels. Man schrieb, das »wagnerisch anmutende Erlösungsmotiv« sei hier traumpsychologisch umgedeutet zum symbolischen Erlebnis der Neuwerdung, aber im ostasiatischen Kostüm der Stirb-und-Werde-Lehre, einer west-östlichen Mischung aus Taoismus und Theosophie. Man schrieb auch, in ›Geisterliebe‹ werde auf die noch relativ junge abendländische Tradition bewußtgemachter Traumarbeit angespielt, es werden dabei aktuelle Probleme wie Leibfeindlichkeit, Vernunftanbetung, auch Identitätskrisen in diesem Stück der »Selbstwerdung durch mystische Versenkung« sichtbar. Man kann freilich alles durch alles deuten, und je reicher ein Stoff ist und je tiefer er im mythischen Untergrund der menschlichen Existenz beheimatet ist, um so mehr Deutungen läßt er

194

zu. Es ist schon viel, daß sich die Kritiker so ernsthaft um einen Zugang bemühten. Freilich sind derart intellektuelle Interpretationen überanstrengt. Man sollte solche Stoffe einfach aufnehmen und durch sich selbst wirken lassen.

Das Libretto war im Entwurf weit folkloristischer, bunter, unterhaltsamer. Die Leitung des Kieler Theaters wünschte es sich anderes oder auch ganz anders: man schlug Isang Yun vor, keinen ostasiatischen Stoff zu nehmen, sondern einen von Claudel oder auch eine griechische Tragödie. Damit aber konnte sich Isang Yun nicht befreunden. So blieb es bei ›Geisterliebe‹. Aber im Laufe vieler Beratungen wurde aus dem phantastisch-romantischen Libretto etwas weit Einfacheres, Großräumiges, auf den Handlungskern Konzentriertes, das dann auch, in dieser Gestalt, einen beträchtlichen Erfolg hatte.

Für Isang Yun lag der Anreiz zur Arbeit nicht im Inhalt, sondern in den formalen Möglichkeiten und Problemen, die der Stoff anbot. Was ihn lockte, war: die Verschiedenheit der Menschen- und der Geisterwelt und die Verwandlung der Geschöpfe der einen Welt in die der andern musikalisch auszudrücken: das Wachsen des menschlich Beseelten in den Stimmen der Füchsinnen, und das Schwinden der menschlichen Kraft in der Stimme des dämonisch ausgezehrten Mannes. Dazu kam hier die Gelegenheit, eine seiner stärksten Jugenderinnerungen in moderner Musiksprache zu beschwören: die Stimme der zugleich episch berichtenden und dramatisch-ekstatisch sich steigernden Schamanin, wechselnd mit den eher neutral kommentierenden, halb singenden, halb sprechenden Chören der Zuhörerinnen.

Wieder war Isang Yun inspiriert von den »Dimensionen« des Lebens: die Dimension des Dämonischen ist charakterisiert durch tiefe Blechbläser und tiefes Schlagwerk, die des Menschlichen durch helle Perkussion, Bläser und Streicher, welche durch verschiedene Arten von Glissando und Tremolo eine schwebende, schwirrende, ungewisse, verzaubernde Klangatmosphäre schaffen: Farbteppiche, wie sie so typisch sind für Yuns Musik, die aber hier in ›Geisterliebe‹, dramatischer, dynamisch schärfer voneinander abgesetzt wirken als in früheren Werken. Interessant und logisch ist es, daß, entsprechend den Verwandlungen der Personen, welche jeweils ihren »Ort« bezeichnende Klangfelder haben, diese Felder selbst sich wandeln: die schreckhaft dunklen Flächen der Dämonenwelt (mit Posaunenglissandi und tiefer Perkussion) werden aufgehellt und nehmen gewichts- und zeitmäßig ab, während die hell flirrenden an Festigkeit zunehmen. Yang und Yin spielen sich in die große Harmonie ein.

›Sim Tjong‹

1969 erhielt Isang Yun, kaum aus dem Gefängnis zurückgekehrt, den Auftrag, für die Olympischen Spiele 1972 in München die Festoper zu schreiben. Die Münchner Spiele standen unter dem Zeichen der Verbundenheit aller Kulturen. Isang Yun sagt, es habe nahegelegen, dabei an ihn zu denken, wenn man eine Oper haben wollte, die Fernöstliches brachte. Der Auftrag war für ihn eine große Freude. Nachdem unter den drei Stoffen, die er dem Intendanten der Münchner Oper vorgelegt hatte, ›Sim Tjong‹ ausgewählt worden war, begann er im April 1971 mit der Arbeit. Fast genau ein Jahr später war sie beendet.
Der Stoff ist koreanischen Ursprungs: eine Variante des vielleicht ältesten koreanischen Märchens. Seine Grundfigur ist folgende: Einem Gelehrten, der durch zu vieles Studieren blind geworden war, schenkt der Himmel noch spät eine Tochter, Tjong. Die Mutter stirbt bei der Geburt. Der Vater, ein Yangban, ist unfähig zur Erwerbsarbeit. Um die Tochter zu ernähren, geht er betteln. Als sie heranwächst, übernimmt sie es, den Vater durch Betteln zu ernähren. In diese enge Vater–Tochter-Beziehung mischen sich schicksalverändernd zwei Außenstehende: ein buddhistischer Bettelmönch, der dem Vater Sim das Augenlicht verspricht, wenn er dem Kloster dreihundert Säcke Reis stiftet, und ein hexenhaft böses Weib, das es abgesehen

Probe zu ›Sim Tjong‹ mit Harald Kunz

hat auf den alten Sim und sein Haus, darum die Tochter loswerden will und sie an Matrosen verschachert, die jedes Jahr dem Meeresgott ein reines Mädchen opfern müssen, damit er ihnen wohlgesinnt bleibe. Der Preis für das Mädchen sollten die dreihundert Säcke Reis sein, die Sim so leichtfertig versprochen hatte und niemals würde aufbringen können. Tjong weiß von dem Handel und läßt sich opfern, damit ihr Vater sein Augenlicht wiederbekomme. Sie springt ins Meer. Ihr Opfer wird vom Meeresgott angenommen und auch vom Himmel; es kommt aber nicht ihrem Vater zugute, sondern ihr selbst: sie stirbt nicht in der Meerestiefe, sondern erwacht zu neuem Leben im Palast des Meereskönigs. Während sie dort lebt, läßt sich ihr Vater von der bösen Alten einspinnen und verkommt. Sein Augenlicht hat er trotz der dreihundert Säcke Reis, die er dem Buddha opferte, nicht wiedererlangt. Das Lebensopfer der Tochter scheint vergeblich. Aber die Himmli-

197

schen haben ihre besonderen Absichten: eines Tages steigt
Tjong aus dem Meer, verborgen in einer Lotosblüte, die so
wunderbar groß und leuchtend ist, daß die Matrosen, die sie
schwimmen sehen, sie herausholen, um sie dem Kaiser zu
schenken. Vor dem Kaiser öffnet sich die Blüte, das Mädchen
tritt hervor, der Kaiser macht sie zu seiner Gemahlin, sie offenbart ihm ihr Geheimnis, der Vater Sim wird geholt, die Tochter
befreit ihn von seiner Verblendung und damit auch von seiner
Blindheit.

Diese Nacherzählung ist nur das nackte Gerüst und erweckt
den Eindruck eines konfuzianischen Lehrstücks: die gehorsa-
me Tochter opfert sich für den Vater und wird dafür belohnt.
Die Geschichte ist aber viel reicher, vielschichtiger, tiefer, be-
deutsamer. Wer je versucht hat, einen solch wesentlich taoistischen Stoff in der westlichen, der Logik verhafteten Sprache zu
erklären, verzweifelt bei diesem Unterfangen, wenn er, mit
anderen als intellektuellen Mitteln, wenigstens ahnungsweise
in die Sinntiefe geschaut hat. Um mit Lao Tse zu sprechen:
»Den Fisch darf man nicht aus der Tiefe nehmen.« Er erträgt
das trockene Element der Analyse nicht. Nur in der Meditation
offenbart er sich.

Was also hier gesagt wird über den Sim-Tjong-Stoff, ist nichts
weiter als eine Art Brückenbau für den westlichen Leser oder
den Hörer der Oper Isang Yuns. Für uns ist die (religiös fundier-
te) Tiefenpsychologie eine halbwegs brauchbare Brücke. Hier
nur einige Andeutungen:

Tjong ist die menschliche Seele, die Anima. Sie gehört dem
Himmel an. Ihr Erdenschicksal wird von den Himmlischen
bestimmt, vom ewigen Gesetz.

Was außen ist, ist innen: das Gesetz ist auch in ihrer eigenen
Seele und in ihrem Willen. Ihr Schicksal ist es, eine Weile auf
der Erde zu leben und sich zu erfüllen, dabei auch in andere
Schicksale verändernd einzutreten. Wenn sie getan hat, was
sie tun sollte und wollte, so wird sie sterben. Aber Tod ist nicht
Tod: das Totenreich ist auch das Reich der Wiedergeburt. In
die Tiefe des Meeres tauchend, wird sie zu neuem Leben

erweckt und zur eigentlichen Vollendung ihres Schicksals gerufen, das, an der Seite des Kaisers, ein bedeutendes ist. Auch dieses Leben wird nicht dauern, wir wissen es, obwohl in der Geschichte davon nicht mehr die Rede ist: alles ist Wandel, alles ist Wiederkehr.

Daß Tjong ihre Sorgepflicht für den Vater ernst nimmt, das ist konfuzianische Tradition. Daß sie dabei ihr Leben opfert, überschreitet das geforderte Pflichtmaß. Sie wächst damit ins Heldenhaft-Heilige. Das ist nicht mehr konfuzianisch-vernünftig, das ist teils buddhistisch, teils taoistisch. Buddhistisch ist die Idee des Mitleids und der Erlösung (der eigenen und der andrer) durch Liebe und Selbstopfer. Aber es ist auch taoistisch. Bei Lao Tse finden sich hinweisende Sätze wie dieser: »Der Berufene entäußert sich seines Selbst, und sein Selbst bleibt erhalten.« Das ist freilich (und ganz im Sinne der Vier-Einheit der Grabfresken, von der schon ausdrücklich die Rede war) auch christlich. »Wer sein Leben hingibt, der wird es gewinnen.« Das ist ein Wort Jesu.

Das Selbstopfer des Helden, sein Tod, seine Auferstehung, seine Krönung und Sendung samt der Läuterung derer, für die der Held sich opfert, das ist ein archetypisch-mythischer Ereigniskomplex. Daß der Held in ›Sim Tjong‹ eine Frau ist, das ist wiederum taoistisch. Das Weibliche ist das Weiche, Biegsame, Nachgebende. Aber: »Auf der ganzen Welt gibt es nichts Weicheres als das Wasser, und doch kommt ihm nichts gleich in der Art, wie es dem Harten zusetzt. Das Schwache besiegt das Starke, das Weiche besiegt das Harte.« Sim Tjong, die (nach konfuzianischer Anschauung) »nur« ein Mädchen ist und bei ihrer Geburt die Eltern enttäuscht, wird, gerade weil sie ein Mädchen ist und ganz weiblich, eine reine Yin-Gestalt, zur Heldin. Es ist die Anima, welche zur Erlöserin wird, nicht der Animus, nicht der Sohn.

Der Vater Tjongs ist arm und blind. Er hat, als seine Frau starb und Tjong ihn verließ (um zu sterben), seine Anima verloren und damit seine Erinnerung an seine Zugehörigkeit zum Reich der Himmlischen. Darum verfiel er seinem Schatten, der bösen

199

Alten, Paeng Dok. Tjong opfert sich für den Vater, und indem sie es tut, befreit sie sich von ihm, von der falschen Autorität, und damit befreit sie zugleich auch ihn von seinem Schatten und führt ihn schließlich zurück zu den Himmlischen, wohin auch er gehört, wie jeder Mensch, denn jeder ist »gut« und letzten Endes unverderblich. Das erinnert von ferne an Goethes Satz der Himmlischen: »Wer immer strebend sich bemüht, den können wir erlösen.« Aber die Erlösung (Sims) kann erst dann geschehen, wenn er sein Schattenschicksal ganz ausgelebt hat und zur Wandlung reif ist. Nur so erfüllt sich das Tao.

Mit diesen Andeutungen soll, wie gesagt, keineswegs der Sinngehalt von ›Sim Tjong‹ ausgeschöpft werden. Im Gegenteil: es soll gezeigt werden, wie unendlich reich dieser Stoff ist und wie er eigentlich alles enthält, was ist.

Natürlich ist es reizvoll, auch andere, minder tiefgehende Deutungen zu wagen. Und man hat sie gewagt.

Das Libretto wurde 1970 geschrieben. Zwischen 1969 und 1972 befaßten sich Dramaturgen und Kritiker mit dem Stoff. Die Aufsätze, die in jener Zeit entstanden, tragen deutlich den Stempel jener Jahre unmittelbar nach 1968, dem Jahr der jungen Rebellen. Damals wurde alles und jedes mit den Augen des Soziologen angeschaut und in Soziologensprache gesagt. So wurde geschrieben, die alte Geschichte Sim Tjong gehöre in den Bereich der subversiven Literatur, welche gesellschaftliche Mißstände aufgreife. Sim, der Vater, ist demnach der Vertreter einer Gesellschaftsschicht, die historisch-sozial überfällig ist: die der Yangban, der Feudalherren, welche, auch verarmt, sich weigern, einen Brotberuf zu nehmen, und lieber betteln, sich aber dennoch als Elite fühlen und gebärden und dadurch das arbeitende Volk provozieren.

Tatsächlich gibt es in Korea eine Reihe alter Maskenspiele, in denen solche Yangbans lächerlich gemacht und überlistet werden. So kann man, wenn man will, auch aus dem Sim-Tjong-Stoff ein subversives Moment herausholen. Der alte Sim wird nicht eben sympathisch gezeichnet. Er ist degeneriert, seine Ehe ist lange unfruchtbar. Außerdem ist Sim blind, man sagt,

200

Probe zu ›Sim Tjong‹ mit Günther Rennert

Probenpause. In der Garderobe der Hauptdarstellerin Lilian Sukis
Rechts Harald Kunz

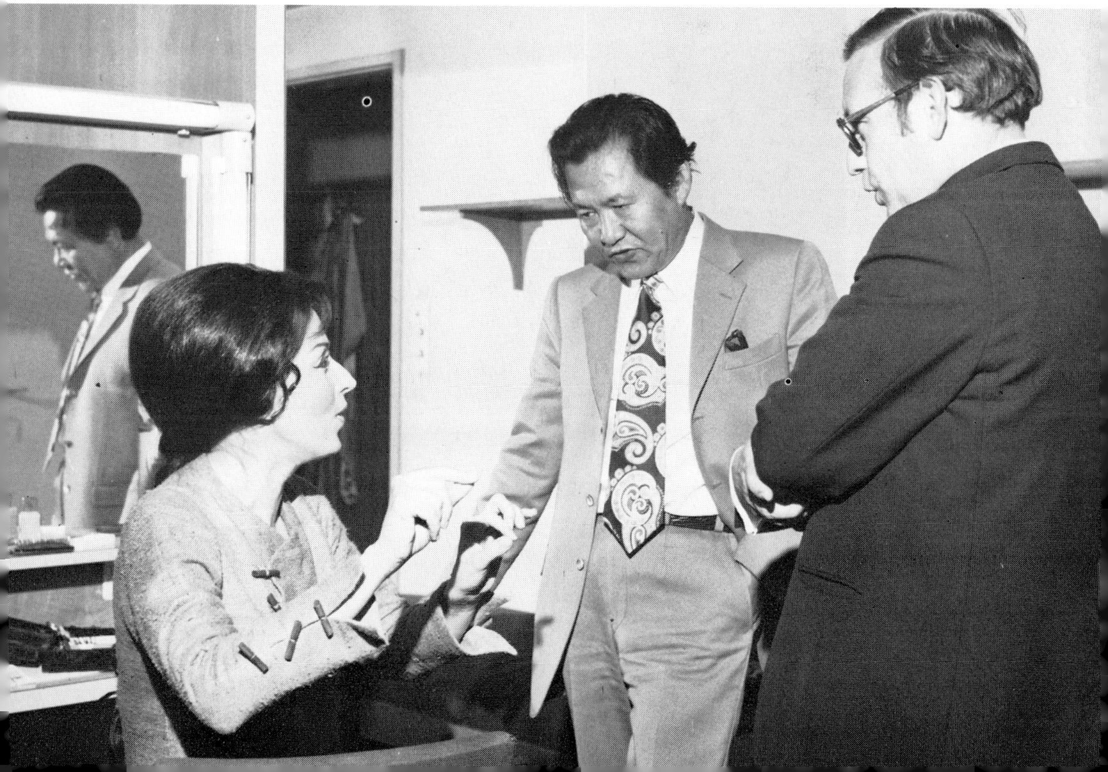

von zu vielem Lesen und Studieren. Das will sagen: er ist einer, den das einsame Studieren blind machte für die Wirklichkeit des Lebens. Er ist ein großer Egoist: um sein Augenlicht wiederzubekommen, verspricht er, was er nicht halten kann, und fordert so das Schicksal heraus: seine Tochter muß sein Gelübde erfüllen, wie es die strenge Tradition erfordert, und darauf baut er nach dem Rat der bösen Paeng Dok. Zu allem hin ist er auch dumm und geil und fällt auf die Schlampe Paeng Dok herein. Auch der Buddhismus wird kritisiert: kommt da so ein Bettelmönch und betrügt den Alten um dreihundert Säcke Reis: das Geschäft mit dem Wunderglauben.

Man kann aus allem herauslesen, was man herauslesen will, also auch aus einer tiefsinnigen Legende die moderne Gesellschaftskritik. Tatsächlich hat man in Nordkorea 1957 eine Ballettfassung des alten Sim-Tjong-Stoffes gemacht: Tjong ist die mutige Klassenkämpferin, die das Volk rettet, das ausgebeutet wird vom Klerus (dem buddhistischen Mönch und seinem Kloster), von der bürgerlichen Klasse (Paeng Dok), von den Kapitalisten und Imperialisten (den Seeleuten, die das Mädchen opfern, damit ihre Geschäfte florieren). Dem degenerierten Yangban Sim (der spätbürgerlichen Gesellschaft) kann nur geholfen werden durch eine verjüngende Verbindung mit dem Volk: die mutterlose Tjong findet in den drei Frauen am Brunnen ihre Ammen. Man versteht das Konzept und die Absicht, aber man erschrickt über diese Simplifizierung des Lebens, auch wenn sie für nötig gehalten werden mag um wichtiger aktueller Ziele willen.

Auch in Südkorea wird ›Sim Tjong‹ als eine der alten traditionellen Opern aufgeführt. Der Münchner Intendant Rennert flog eigens nach Seoul, um sich dort eine Aufführung anzusehen.

Man sagte mir bei meinem Besuch in Südkorea, daß unter den Spielen, welche die Studenten erlaubterweise zur Pflege alten Kulturguts aufführen, auch der Sim-Tjong-Stoff sei. Von den Studenten werde er insgeheim so gedeutet: Tjong ist die Seele des koreanischen Volks; sie stirbt unter der Folter, die der Diktator befiehlt, aber sie verwandelt sich, und, sich verwandelnd, verwandelt sie auch den alten blinden Vater: den Diktator, damit rettet sie das ganze Volk.

Das Motiv der Rettung des ganzen Volks findet sich auch im endgültigen Textbuch zur Oper Isang Yuns. Dort steht als Regiebemerkung: »Von allen Seiten kommt das Volk auf die Spielfläche, darunter viele Kranke, Blinde, Krüppel und armselige Gestalten. Mit Sim Tjongs Lotosblüte werden die Kranken geheilt.«

Bei der Münchner Aufführung fiel dieses Bild weg. Man fragt sich, warum. Man hört als Antwort: gerade eben habe man in Bayreuth im ›Tannhäuser‹ statt der komisch feierlichen Pilger einfache Leute in Arbeitskleidung auftreten lassen, und nun könne man das in München nicht nachahmen. Es wurde aber vermutet, daß der Grund ein andrer war: München sah diese Oper als ein international gesellschaftliches Ereignis, zu dem »feine Leute« aus der High Society kamen, Leute, von denen die Journalisten zu sagen sich gedrängt fühlten, es seien »ungewöhnlich elegante Leute« gewesen, ein Super-Festspiel-Publikum, das etwas Exotisch-Unverbindliches sehen wollte und nicht Randfiguren wie Arme, Krüppel, Blinde . . . Das Weglassen des letzten Bildes aber ist eine Verfälschung der Idee des Stücks: Tjongs Opfer erlöst nicht nur den Vater, die Wirkung reicht viel weiter, nämlich »ins Volk«.

Die legitime Sucht, die Geschichte der Sim Tjong gesellschaftskritisch auszuwerten, ging damals, 1972, so weit, daß im Programmheft zur Premiere geschrieben wurde, der alte Sim wußte seine Tochter »nichts anderes zu lehren als die kanonischen Geschichten von Kindesopfern für notleidende Eltern, und so weiß die Tochter nichts Besseres, als diesen liebevoll nachzueifern. Dieser blinde Gehorsam kann die Blindheit des Vaters nicht aufheben, sondern unterstützt seine Torheit . . . Es ist völliger Wahnsinn, daß sie ihr Leben hingibt, um das blinde Versprechen des Vaters einzulösen. Eine zutiefst unbewußte, instinktive Enttäuschung drängt sie in die Alternative. In ihrer kindlich unreifen Abhängigkeit und anerzogenen Demutshaltung versteigt sie sich inbrünstig in die leidenschaftliche Vorstellung, ihr Vater könne durch das Opfer tatsächlich sehend werden ... Das Drama korrigiert in sozialer Hinsicht einen erstarrten, formalistisch gewordenen konfuzianischen Sittenkodex.«

Darüber hinaus packten Yun die rein künstlerischen Möglichkeiten, die der alte Stoff bietet: Wieder sind es die »Dimensionen«, die drei Ebenen, auf denen das Leben sich abspielt und nach drei verschiedenen Arten von Musik verlangt: die himmlische, aus der Tjong kommt; die irdische, auf der sie ihr Schicksal inmitten der guten und schlechten Gegebenheiten zu erfüllen hat; und schließlich die elementare Unterwasserwelt, in die sie taucht, um verwandelt wiederzukehren. Jede Gestalt der Oper hat, je nach ihrer Zugehörigkeit zu einem dieser drei Bereiche, ihre eigene Klangwelt. Es gibt keine Leitmotive, sondern charakterisierende Leitinstrumente: zu Tjong gehören Flöte, Harfe, Celesta, zur bösen Frau Paeng Dok das Englischhorn, zum Meereskönig Streicherflageoletts, zum Kaiser gehört eine höfisch zeremonielle Musik, der die besondere Spielweise der westlichen Instrumente einen fernöstlichen Klangcharakter verleiht. Auch Stimmlage und Stimmcharakter sind hierarchisch geordnet und bezeichnen jeweils genau den Ort im Kosmos, an dem die betreffende Person steht. Zwischen Gesang und Sprechen gibt es den Sprechgesang und den Wechsel von Singen und Sprechen. Paeng Dok, die böse Erdgebundene, singt fast nicht, sie spricht. Sim, der Vater, der sowohl erdgebunden wie erlösungsfähig ist, spricht meist und singt wenig. Tjongs Mutter, der Erde wie dem Himmel zugehörig, singt mehr, als sie spricht. Nur Tjong, trotz irdischer Inkarnation eine Himmlische, ist reine Singstimme.

Auch die drei Ebenen des Seins sind klanglich voneinander verschieden. Zur überirdischen Sphäre gehören Posaunen und Tuben und klarer Vokalgesang; die irdische ist von der unterirdischen abgesetzt durch ein klangliches Zwischenreich von Streicherflageoletts, die etwas Schillernd-Wässeriges haben; zum unterirdischen Reich gehören tiefe Bässe und unklarer, konturenloser Sprechgesang.

Probe zu ›Sim Tjong‹: Hertha Töpper, Kunz, Yun, Rennert, Su Ja Yun

So genau ist die Konzeption durchgeführt, daß auch Tjongs strahlender Sopran sich verdunkelt, wenn sie im Wasserreich lebt. Es wäre jedoch falsch zu denken, Isang Yun habe sich von seiner eigenen Konzeption vergewaltigen lassen. Da es keine intellektuelle ist, bleibt sie offen; alles ist in fließender Bewegung.

Es ist aufschlußreich, heute, 1977, die Kritiken zu lesen, die nach der Uraufführung 1972 geschrieben wurden.

Zum Stoff wurde einiges Törichte gesagt: wie: »Das Stück trieft von Edelmut.« So schrieb einer in völliger Unkenntnis der fernöstlichen Herkunft des Stoffes und seiner weltweit gültigen Archetypik.

Es gab auch bayerische Stimmen, die beleidigt sagten, es sei nicht einzusehen, daß Bayern keinen Bayern fand, der eine Festoper hätte schreiben können, es gebe immerhin Orff und Egk. Warum müsse es ausgerechnet ein Koreaner sein . . .

205

Fast einhellig gelobt wurde die Aufführung als solche, samt Dirigent (Wolfgang Sawallisch), Regisseur (Günther Rennert), Bühnenbildner (Jürgen Rose), Chorleiter (Wolfgang Baumgart), Orchester und Darsteller. Begeistert lobten alle die Tjong der jungen Lilian Sukis. Man schrieb, sie habe »die verlangte Stimm-Akrobatik spielend geleistet«.

Die meisten Partien Yuns sind schwer bis sehr schwer zu singen. Seine Stimmführungen sind ungewohnt in der Musik des Westens. Mit dynamischen Freiheiten, mit Vierteltönen, Glissandi und Portamenti verraten sie die koreanische Gesangstradition. Große Intervallsprünge gibt es nicht, aber häufigen Wechsel der Register, den die westliche Gesangsschule nicht kennt. Jedoch hat Yun nicht versucht, westlichen Sängern das sehr hohe Falsett und die kehligen Register zuzumuten, die den fernöstlichen Sängern so natürlich liegen.

Die koreanische Vokalmusik ist dennoch aus Yuns Opern hörbar für den, der diese Art Musik mit eigenen Ohren an Ort und Stelle aufgenommen hat. Der Chor der Seeleute ist Yuns Erinnerung an die Lieder der Fischer, die er hörte, wenn er als Kind mit seinem Vater nachts aufs Meer hinausfuhr. Das Lied der Frauen am Brunnen erinnert an jene Lieder, welche die Frauen beim Reispflanzen sangen. Die Bettelrufe Sims hörte Isang Yun in den Gassen seiner Heimatstadt, und die Musik vom Kaiserhof ist jene, welche die Wandertheater aufführten, denen er als Kind selbstvergessen nachlief von Ort zu Ort. Aber er übernimmt dieses Fernöstliche nie direkt, sondern überträgt es in die moderne europäische Klangsprache.

Auch in der Orchesterpartitur findet sich koreanische Musik nicht wörtlich zitiert. Isang Yun verwendet darin keine koreanischen Instrumente, weder Piri statt Oboe, weder Taegum statt Querflöte noch Gayagum statt Harfe. Aber er verfremdet den Klang westlicher Instrumente durch besondere Spielweisen, so daß man fernöstliche Musik zu hören glaubt. Das Orchester deckt die Singstimmen nie zu, es läßt Raum, wie umgekehrt die Sprech- und Gesangspartien Raum lassen für die Instrumentalmusik. Man kann sagen, daß Orchester- und Sängerpartien der

206

Länge und Intensität nach gleichwertig sind, jedoch voneinander auf merkwürdige Weise unabhängig. Das erschwert den Sängern die Arbeit: sie erhalten vom Orchester kaum Intonationshilfen. Aber schließlich sind Sänger avantgardistischer Musik an diese Art der Behandlung gewöhnt.

Was den Kritikern von 1972 Schwierigkeiten machte, ist Yuns »Zugeständnis« an das Melos. Hier scheiden sich die Urteile: was die einen als Positivum werten, nämlich die Wiedereinsetzung der Melodie, erscheint den andern als Rückfall in die »gute alte Oper«. Jemand schrieb, das sei »Hofmannsthal auf Koreanisch« (er meinte wohl: Strauss-Hofmannsthal). Andere sprachen von »Spät-Expressionismus«, von »etwas angegrauter Avantgarde«, auch von »pseudo-koreanischem Stil«.

Wenn ich, als Nichtmusikerin, aber kritisch geübte Hörerin, etwas dazu sagen darf: auch mir scheint die Behandlung der Stimmen weniger interessant als die des Orchesters. Harald Kunz, mit dem ich darüber sprach, sagt, es rühre daher, daß die Libretti (die er schrieb) der Musik Yuns zu sehr entgegenkommen und es ihm zu leicht machen, sie zu komponieren, und ihn zu einer gewissen schönen Glätte verführten. Die künftigen Textbücher dürften es dem Komponisten nicht zu bequem machen, die Musik den Worten melodisch und rhythmisch zu applizieren.

Man kann allerdings auch sagen, daß wir, sofern wir viel avantgardistische Musik hören, uns zu sehr an harte Verfremdungen und Sperrigkeiten gewöhnt haben, so daß wir jedes schöne Melos schon als unerlaubt, unzeitgemäß, billig empfinden.

Einige Kritiker allerdings glaubten, Melodien zu vermissen, wo andere deren zu viele hörten . . .

Einige Kritiker schrieben, es sei doch erstaunlich, »wie bereitwillig wir plötzlich wieder szenische Finesse und Opulenz genießen«. Der heutige Leser jener Kritiken bekommt den Eindruck, als seien die Rezensenten widerwillig dem Zauber der Yunschen Oper verfallen und suchten sich durch Ironie, auch Selbstironie, davon zu befreien.

Den einen schien die Oper zu westlich, den andern zu fernöstlich-exotisch. Den einen war sie zu fremdartig, den andern zu einheimisch vertraut. Einige schrieben bedauernd und als sei es ein Mangel, Isang Yun könne sich von dem spezifischen Kolorit der ihm vertrauten Klangsphäre nicht trennen. Andere monieren westliche Einflüsse und zitieren Debussy, Alban Berg, Schreker, Messiaen. Tatsächlich schreibt Isang Yun östlich und westlich, das heißt: er will Östliches und Westliches verbinden, aber nicht so, als nehme er etwas von diesem und etwas von jenem und erzeuge so einen exotischen Effekt. Der Laie hört freilich vor allem das Fremde. Er hört einen fremdartigen Orchesterklang, aber wenn er die Zusammensetzung des Orchesters sieht, findet er kein vermutetes fremdes Instrument. Die Besetzung ist herkömmlich, abgesehen von einigem Schlagwerk, aber derartiges findet er auch bei anderen europäischen Komponisten der Moderne. Die fernöstliche Wirkung muß also von einer besonderen, verfremdenden Behandlung der gewohnten Instrumente kommen. Kann man Partitur lesen und mit herkömmlichen Partituren vergleichen, so findet man ungewohnte Notierungen und besondere Spielanweisungen, und diese sind es, von denen die fremde Klangwirkung herrührt.

Was der Laie ferner als fremdartig erfährt, ist das Fehlen einer erkennbaren rhythmischen Gliederung. Er könnte allenfalls, wenn er skandierte, merken, daß es sich um einen durchgängigen Viervierteltakt handelt. Wenn er das nicht tut, hört und fühlt er einen Klangstrom, der kaum akzentuiert ist, auf lange Strecken durchsichtig klar, sich mit einem Mal verdichtend, verdunkelt, sich zusammenballt, um plötzlich großartig auszubrechen, aber nach kurzer Zeit wieder ruhig dahinströmt, jedoch auf einer andern Ebene, höher oder tiefer und in einem andern Farbton, in einem andern Lichtgrad und einem andern Größenmaß. Der ruhig aufnehmende Zuhörer erlebt, daß er teilhat an einer wechselnden Bewegung, die immer wieder aufgefangen wird von einer tiefen Ruhe. So kann er hörend begreifen, was Isang Yun darstellen will mit seiner Musik: »Bewegtheit in der Unbewegtheit«.

Der Fachmann (H. H. Stuckenschmidt) beschreibt und erklärt das Fremdartige sachkundig so:

»Wer in der Partitur exotische Muster erwartet, Fünftonmelodien, unvariierte Wiederholung von Phrasen, primitive Rhythmen, monodische Linien und Verzicht auf Harmonik, der wird sich umzustellen haben. Sie ist, mit einem Orchester von dreifachem Holz, vierfachem Blech, zahlreichem Schlagzeug, Harfe und Celesta, das Raffinierteste an Übergängen, an verästelter Vielstimmigkeit, was seit vielen Jahren für eine Oper komponiert worden ist . . . Immer wieder tönen große Komplexe zusammen, Riesenakkorde und Stimmengewebe. Aber sie gehen meist auf einen Kern von wenigen Tönen zurück, wie der dreißig-stimmige Schlußakkord auf neun . . . Auch die melodischen Gestalten im Einzelgesang, in den wichtigen Duetten und den Chören begnügen sich oft mit Gruppen von fünf bis sieben Tönen, die durch Permutation, durch methodischen Austausch ihrer Stellung fast unbegrenzter Variation unterliegen . . . Nach dem Lesen des Klavierauszugs ist man oft überrascht, wie einfach sich das hyperkomplizierte Schriftbild in tönende Wirklichkeit umsetzt.«

Was in der Musik Isang Yuns »westlich« wirkt, ist, neben dem »Verzicht auf exotische Muster« und exotische Instrumente, die westliche Kompositionstechnik, die Atonalität und die hie und da erscheinende serielle Technik der Zwölftonmusik, die Isang Yun studiert hat.

Ein Kritiker schrieb: »Was diese Musik von der europäischen radikal unterscheidet, ist die geistige Haltung und künstlerische Denkweise des Ostasiaten.«

Was diese »künstlerische Denkweise« ist, darüber ist schon hinlänglich gesprochen worden. Was aber ist gemeint mit der »geistigen Haltung«?

Stuckenschmidt schrieb, Yun gehöre »mit dem Japaner Toshiro Mayuzumi zu den fernöstlichen Musikern, die ihre Formung durch Geist und Technik der abendländischen Satzkunst erfahren haben, sich aber weiter zum Buddhismus bekennen«.

Es ist nicht der Buddhismus, aus dem Yuns Musik sich speist,

209

sondern der Taoismus mit seinem Wissen von der ruhenden Mitte des rollenden Rades, vom Gleichgewicht, von den kosmischen Entsprechungen, von der unendlichen Harmonie, von der »Bewegtheit in der Unbewegtheit«. Eine solche Mitte zu haben, eine so klare geistige Haltung, das ist nicht mehr allgemeiner und selbstverständlicher Besitz westlicher Künstler. Das meint Stuckenschmidt, wenn er schreibt: »Als Oper von hohem künstlerischem Anspruch und ethischem Wert hat ›Sim Tjong‹ in einer Zeit allenthalben drohender Anarchie eine Funktion.«

Es ist seltsam, daß fast jeder Kritiker bei Yun die ethische Qualität seiner Person und seiner Musik erkennt und daraus ableitet, Yun habe die Absicht, mit ›Sim Tjong‹ »ein moralisches Exempel zu statuieren und einen ethischen Appell zu erlassen«. Da er offenbar so wirken wollte, sei es ganz unbegreiflich, daß er die Chöre, die doch in Worten sinndeutend sind, so komponiert, daß man eben diese Worte nicht versteht. Der ethische Wert der Aussage werde solcherart vom ästhetischen zugedeckt.

Nun: natürlich konnte Isang Yun, wenn er gewollt hätte, die Chöre wortverständlich setzen. Aber er wollte eben nicht. Ihm kommt es nicht auf die erzieherische Wirkung von Sinnsprüchen an. ›Sim Tjong‹ ist, entgegen der naheliegenden Ansicht, kein konfuzianisches Lehrstück, sondern die taoistisch absichtslose Darstellung eines weltentiefen Ereignisses, das ebenso »wirklich« wie symbolisch und archetypisch ist. Was von den Chorworten den Hörer erreichen soll, das hat er so abgesetzt und betont, daß es verstanden werden muß. Es ist ein Irrtum zu meinen, in Yuns Werken seien es die Worte, welche die Aussage tragen. Es ist die Musik selbst, die jene erfahrbare und erfahrene ethische Wirkung hat.

Ich habe mir angewöhnt, darauf zu achten, welche Wörter ein Gesprächspartner besonders oft und mit besonderem Gewicht gebraucht. Solche Wörter sind immer Schlüssel-Worte. Bei Isang Yun habe ich in unsern langen intensiven Gesprächen als Schlüssel-Worte gefunden: Friede und Reinheit. Erst vor kur-

210

zem fiel mir dazu ein Satz von Thomas Mann ein, seine frühe Definition dessen, was »Geist« ist: »Geist ist die Kraft, die Reinheit und Frieden will.« So können wir also Yuns Worte »Friede« und »Reinheit« gleichsetzen mit »Geist«. Was Isang Yun insbesondere mit »Friede« meint, ist das taoistische Gleichgewicht. Was meint er mit »Reinheit«? Ich fand, daß er eine dreifache Reinheit meint: die des ethischen Verhaltens, die des Denkens und die der künstlerischen Mittel.

In seinem Verhalten ist er konfuzianisch moralisch: ihm gelten unverbrüchliche Werte wie: eheliche Treue, Wahrheitsliebe, Freundestreue, absolute Verantwortlichkeit gegenüber der Familie und den Schülern, Hingabe an die Arbeit.

Einmal erzählte er mir, er habe als Kind seinen Eltern eine verhältnismäßg große Geldsumme gestohlen. Der Diebstahl blieb unbemerkt. Er hat sich diese Tat nie verziehen. Als junger Mann, Leiter eines Internats, wurde er einer Veruntreuung beschuldigt, die er nicht begangen hatte; aber als er erkannte, daß er zu solcher Tat fähig wäre, verließ er den Ort der möglichen Versuchung und gab seine Stelle auf. Als er im Gefängnis saß, quälte ihn mehr als Folter und Haft der Gedanke, sein südkoreanisches Volk halte ihn für fähig, verräterisch ein Doppel-Spionagespiel mitgemacht zu haben (etwas, dessen er unfähig ist).

Reinheit ist auch in seinem Denken: es ist aufs Tao gerichtet und läßt sich nicht beirren.

Aus der Reinheit des Verhaltens und Denkens gewinnt seine künstlerische Arbeit ihre Wahrhaftigkeit. Er sagte mir einmal, er habe heute noch ein Unbehagen, ein »schlechtes Gewissen«, wegen einiger Flüchtigkeiten und einiger Zugeständnisse bei Auftragsarbeiten, seien es Zugeständnisse an eine experimentelle Richtung, die nicht die seine war, oder an ein konventionelles Publikum. 1965 fand in der Bundesrepublik ein Festkonzert anläßlich des Staatsbesuchs Park Chung Hees statt. In allerletzter Stunde kam eine junge Cellistin, die durchaus mitwirken wollte, zu Isang Yun und bat ihn dringend, ein Stück für Cello und Klavier zu schreiben. Er tat es ihr zu

Gefallen, aber widerwillig. Das Stück erwies sich dann als viel zu schwer für diese Cellistin und blieb damals unaufgeführt. Als Isang Yun im Gefängnis war, fand Harald Kunz beim Ordnen der Papiere in Yuns Wohnung das Manuskript. Zufällig waren im Verlag Bote & Bock gerade der Cellist Wolfgang Boettcher und der Dirigent Hans Zender. Sie sahen sich das Stück an und spielten es vom Blatt. Man beschloß, es in den Bremer ›Musica Viva‹-Konzerten aufzuführen. Harald Kunz schrieb Isang Yun. Der antwortete mit Nein. Er fand das Stück nicht gut. Es wurde trotzdem aufgeführt, denn man hielt es für nicht schlecht. Es wurde danach sogar viele Male aufgeführt. Als Isang Yun aus dem Gefängnis zurückkam, war es für ihn zu spät, das Stück zurückzuziehen. Doch fühlt er sich jedesmal von neuem beschämt, wenn es aufgeführt wird. Aus künstlerischer Gewissenhaftigkeit hat er alle, aus der koreanisch-japanischen Zeit stammenden Kompositionen vernichtet.

Reinheit im Künstlerischen bedeutet Stil-Reinheit, wobei »Stil« sich nicht nur auf die kompositorische Einheitlichkeit, Sauberkeit und Fehlerlosigkeit bezieht, sondern auf die Übereinstimmung zwischen Person und Werk, zwischen »Weltbild« und Arbeit. Schreibt ein nicht-religiöser Mensch einen religiösen Hymnus, weil er dazu einen Auftrag von einer Kirche bekommt, so spürt man die Inkongruenz sofort als Leere und Lüge. Jeder künstlerisch Arbeitende weiß, wann er inhaltslos schafft und Hohlräume der Phantasie mit Geschwätz ausfüllt. Bei meiner Kenntnis der Musik Isang Yuns wage ich zu sagen, daß man solche Leerstellen, solche Verlegenheiten in ihr nicht findet. Alles ist kompakte Substanz.

Es ist aber falsch, Isang Yun eine ethisch-erzieherische Absicht zu unterstellen. Ein Kritiker schrieb über ›Sim Tjong‹, daß Yun die ostasiatische Ethik dem Westen hätte näherbringen können, wenn er sie in der Originalsprache und im originalen fernöstlichen Darstellungs-Ritual dargeboten hätte, »kompromißlos distanziert von westlichen Vorstellungen«, etwa so, wie es das japanische Kabuki-Theater bei seinen Gastspielen im Westen mache.

›Sim Tjong‹: Das letzte Gebet vor dem Sprung ins Meer.
Lilian Sukis als Tjong

Der blinde Sim (William Murray) erfährt, daß seine Tochter freiwillig in den
Tod geht.

Thronende Götterwelt

Tjong in der Lotosblüte, vor dem Kaiser

Augenblick des Wiedersehens: Wolfgang Brendel (Kaiser, William Murray und Lilian Sukis

Nun geht es aber Isang Yun nicht um die ostasiatische Ethik, sondern um Kunst, und zwar um seine ureigene. Und wer da meint, der Sim-Tjong-Stoff sei rein fernöstlich, der irrt: es ist, das soll wiederholt werden, ein archetypischer Stoff, den es, so oder so, in allen Kulturkreisen gibt und der unmittelbar verstanden werden kann, wenn man sich nicht vorfixiert auf die Einbildung, es handle sich dabei um etwas Exotisches, das keine Bedeutung habe für uns außer einer ästhetischen. Das Kernmotiv der Oper, das Selbstopfer für eine Idee, einen Menschen, eine Gemeinschaft, und der damit verbundene, das Opfer begründende Glaube an den Sinn, das ist etwas allgemein Gültiges, Innerseelisches. Natürlich fiel es einem Rezensenten ein, auf Puccinis ›Butterfly‹ anzuspielen. Ein ernsthafter Vergleich zwischen der treuen Selbstmörderin Puccinis und der sich opfernden Tjong Yuns ist höchst aufschlußreich. Butterfly ist die fernöstliche Frau, gesehen mit den Augen des Westens; eine einzelne Frau mit einem Einzelschicksal, das sich wiederholen läßt, ohne daß es deshalb aus dem Individuellen, Gelegentlichen herauskäme. Butterfly lebt aus dem individuellen, sentimentalen Liebesgefühl. Puccinis Oper bleibt auf der Ebene des bürgerlichen, wenn auch rührenden Konflikts. Tjong ist ganz unsentimental. Sie ist idee- und sachgebunden, sie ist in ihrem Verhalten geleitet von der kristallharten konfuzianischen Tradition. Ihr Schicksal ist, wiewohl in der Oper auch als ein individuelles dargestellt, dennoch ein über-individuelles, das seinen Sinn bekommt vom großen SINN, vom TAO. Es wiederholt sich nicht punktuell, sondern ereignet sich immer und überall.

Nun: ob vom Publikum verstanden oder nicht – die Münchner Gala-Premiere war das, was man einen großen internationalen Erfolg nennt. Es ist aber amüsant zu lesen, wie die bei der Aufführung anwesenden Kritiker den unmittelbaren Publikumserfolg beschrieben. Man fragt sich, selbst Opfer der Kunstkritik, ob denn Kritiker nicht fähig sein müssen, schlichte Fakten genau zu registrieren. So schreibt einer »vom rauschenden Beifall«, ein andrer von »höflich respektvollem«, ein

216

andrer von »freundlichem«; einer sagt, das Publikum habe sich »nur von Lilian Sukis' Leistung zu intensiverem Beifall hinrei-ßen lassen«, ein anderer schreibt von »einhellig starkem Bei-fall«, und Stuckenschmidt schrieb, »es gab langanhaltenden stürmischen Beifall, den auch der Komponist zahlreiche Male dankbar quittieren konnte«. (Dankbar nämlich den ausgezeich-neten Leistungen des Ensembles.)

Großes Lob bekam Jürgen Rose für sein Bühnenbild, das festspielmäßig prächtig, doch nicht überladen, und delikat zauberisch war. Es gab in der Bühnenmitte, mehr zur Rampe vorgerückt, die etwas erhöhte Spielfläche, rechts und links stilisiert chinesisch-barocke Landschaften aus Fels und Wol-ken, auf denen die Himmlischen (die Chöre) thronten, in statuarischer Ruhe das ganze Spiel hindurch, Sinnbild der Unbewegtheit, Gegenpol zur Bewegtheit auf der Spielfläche, wodurch man mit den Augen anschauen wird, was die Ohren akustisch aufnehmen können: die »Bewegtheit in der Unbe-wegtheit«. Zwischen den auf die Felsen und Wolken postierten Chören und der Spielfläche wurde, jeweils die Szene charakte-risierend, ein schmaler Vorhang herabgelassen, der nach dem Muster der fernöstlichen Rollbilder mit Tusche-Graphik bepin-selt war: einfache Bilder, die bewußt kontrastierten zur barock-bizarren Üppigkeit der thronenden Götterwelt.

Es gab außer dem Lob auch kritische Stimmen, die meinten, daß »die gradlinige Unschuld der uralten Geschichte preisge-geben wurde für raffinierte Koloristik, faltenreiche Drapierung, schillernden Exotismus«. Es bestehen grundsätzlich zwei Mög-lichkeiten der Aufführung dieser Oper: eine rauschend prunk-volle als Festereignis, und eine ganz einfache, wie mit wenigen Pinselstrichen gezeichnet, für mittlere und Studiobühnen, für diese natürlich mit stark reduzierter Besetzung. Diese Konzep-tion entspricht Isang Yuns philosophischen, sozialen und künstlerischen Grundsätzen: im Teil ist das Ganze, im Einfa-chen die Fülle; jeder Teil eines Musikstücks hat dieselbe Struk-tur wie das jeweils Ganze; jedes Instrument für sich gespielt, jede Stimme für sich allein gesungen, muß die gleiche Aussage

machen wie das ganze Orchester. So muß auch eine stark
vereinfachte Aufführung von ›Sim Tjong‹ den vollen Gehalt
vermitteln. Daß so etwas möglich ist, zeigt Isang Yun mit seiner
zweifachen Fassung von ›Namo‹.

›Namo‹ ist inspiriert vom koreanischen Schamanengesang.
Was dort eine einzige Frauenstimme singt, verteilt Isang Yun
auf drei Frauenstimmen von gleichem Stimmfach und -timbre.
Das ist die vokale Anwendung der »Hauptton«-Technik: die
drei sich gleichenden Stimmen sind wie eine einzige, die sich
aufspaltet und darum immer ganz eng jeweils ein und denselben Ton umspielt. Das ist nicht nur eine interessante Kompositionstechnik, sondern Darstellung eines akustisch-physiologischen realen Phänomens: keine menschliche Stimme ist eindeutig, exakt wie ein scharfer Bleistiftstrich, sondern hat ihre
flächige Breite. Sie ist etwas Lebendiges, das zwar es selber
bleibt, aber unausgesetzt sich in sich selber verändert durch
die natürlichen Schwingungen der Stimmbänder, wodurch ein
Ton zugleich immer einen Spielraum für mehrere Töne bildet.
Dieses akustische Phänomen ist auch ein psychologisches:
nichts, was ist, ist nur es selber; alles enthält auch anderes;
nichts ist eindeutig; keine menschliche Stimme kann nur eine
einzige Stimmung ausdrücken, immer schwingen unausgesprochene Regungen mit; jede Stimme ist ein Bündel von
Stimmen. Da das so ist, müssen drei Stimmen kompositionstechnisch auch wieder zu einer einzigen zusammengefaßt werden können. In der Tat: Isang Yun ist es gelungen, aus der
dreistimmigen Kantate eine Fassung für eine Solostimme zu
machen, und diese Fassung ist ebenso stark wie die dreistimmige.

Natürlich wäre eine »reduzierte« Fassung der Oper ›Sim Tjong‹
ein weit schwierigeres Unterfangen, doch muß es möglich
sein.

Sonderbar ist, daß westliche Kritikerohren Isang Yuns Musik
verschieden hören, westliche Temperamente verschieden reagieren auf sein Musiktheater. Die einen loben die dramatische
Intensität und den Reichtum der Musikfarben und Rythmen,

während andere von Monotonie sprechen. Ein Rezensent schrieb, die Musik Yuns sei »auch in dieser Oper ›Sim Tjong‹ ein Klangteppich, der sich immer wieder einem sogenannten Hauptton anlagert und instrumental sich bis zu jedem Musiker höchst kompliziert verästelt. Dennoch wirkt für unsere westlichen Ohren die Partitur steril.« Es ist gerade Yuns meisterlich realisiertes Konzept von der »Bewegtheit in der Unbewegtheit«, was westlichen Kritikern Schwierigkeit macht.

Alles in allem: ›Sim Tjong‹ ist eine Oper von großem Erfolg auch insofern, als sie heftige Diskussionen um Grundsätzliches entfachte. Was sagt Isang Yun selbst zu den so konträren Vorwürfen, er sei zu westlich, er sei zu östlich-exotisch?

I.Y. Jeder Zuhörer sieht meine Position zwischen Osten und Westen anders, und das ist richtig so. Man kann meine Musik so oder so hören, als östliche oder als westliche. Daß man das kann, bezeichnet genau meinen Ort. Ich bin weder ein typischer Ostasiate noch ein vereuropäisierter. Ich bin von zwei Kulturen geprägt. Es ist ganz anders bei mir als bei modernen europäischen Komponisten, die in der westlichen Kultur aufgewachsen sind und sich von diesem festen Fundament aus mit östlicher Musik beschäftigen und etwas von der östlichen Musik in ihre westliche hineinnehmen, ohne eine tiefere Verschmelzung zu wollen, Debussy, Boulez, Messiaen und andere. Aber alle diese Komponisten sind physisch und geistig in ihrem eigenen Kulturraum verblieben und haben den fremden Raum nur gelegentlich berührt. Bei mir ist das ganz anders, ich habe meinen Heimatraum physisch verlassen, ich bin eingetaucht in die westliche Welt, ich lebe dort ständig, und ich fing im Westen noch mal von vorne an, Komposition zu studieren. Ich hatte zwar in Japan und Korea westliche Musik bis zu den Spätromantikern kennengelernt, aber ich habe dort nicht gefunden, was ich suchte. Um das von Grund auf zu lernen, ging ich nach Paris und Berlin. Und ich blieb in der westlichen Welt. Ich mußte mich sozusagen künstlerisch auf Leben oder Tod auseinandersetzen mit der gesamten westlichen Kultur und westlichen Musik. Das geht nicht so, als ob man nur westliche Kompositionstechniken zu lernen brauchte und schon wäre man ein westlicher Komponist. Man muß zunächst seine eigene Herkunft vergessen und Tabula rasa sein für das Neue und sehr Fremde. Ich habe mir die westliche Musik lernend erkämpfen müssen. Danach mußte ich mich wieder erinnern, daß ich eine östliche Herkunft habe. Und dann erst konnte ich lernen, das, was in mir östlich ist, also das, was strömt, in westlicher Musiksprache auszudrükken, das heißt, statt strömen zu lassen, nun aufzubauen, zu strukturieren, aber so, daß es genau das ist, was ich sagen will, in der Musiksprache, die ganz meine eigene, originale ist. Aber weißt du, ich finde die ganze Frage, ob ich westliche oder östliche Musik mache, uninteressant. Ich schreibe die Musik, die ich schreiben muß, weil ich ich bin. Natürlich kann sich ein Musikwissenschaftler damit beschäftigen, lange Analysen zu machen.

L.R. Jetzt möchte ich dir eine typische Journalistenfrage stellen: Wer von den westlichen Musikern hat dich beeinflußt?

I.Y. Wie würdest du an meiner Stelle diese Frage beantworten?

L.R. Ich würde sagen: »Die ganze westliche Musik hat mich beeinflußt, vor allem die Wiener Schule mit Schönberg voran, ich mußte mich mit der westlichen avantgardistischen Musik auseinandersetzen, dazu bin ich nach Europa gekommen.« So würde ich antworten. Aber ich wiederhole dennoch meine Frage: Gibt es westliche Komponisten, die dich auf eine besondere Art und in besonderer Intensität beeinflußt haben. Wie ist es mit Strawinsky?

I.Y. Natürlich hat er mich fasziniert mit seiner kräftigen, spontanen, klaren Musik. Aber seine und meine Musikwelt sind zu verschieden, als daß ich irgendeine Verbindung oder Prägung hätte bekommen können.

L.R. Aber Schönberg?!

I.Y. Ja, den habe ich gründlich studiert, einige meiner frühen im Westen entstandenen Arbeiten, ›Fünf Stücke für Klavier‹, ›Musik für sieben Instrumente‹ und das Dritte Streichquartett, sind in Zwölftontechnik geschrieben. Allerdings habe ich mir doch schon damals, 1959, einige Modifikationen der strengen Reihentechnik erlaubt. Später habe ich öfters noch Fragmente von Reihentabellen verwendet.

L.R. Und Blacher?

I.Y. Er hat mich sehr interessiert, sonst wäre ich nicht sein Schüler geworden. Aber wir haben nicht viel Gemeinsames. Es gibt einige moderne Komponisten, die ich sehr schätze: Lutoslawski, Stockhausen, Nono, Ligeti, Penderecki, Bernd Alois Zimmermann. Aber ich bin immer nur ein kleines Wegstück mit ihnen gegangen, dann habe ich meine Art zu komponieren allein weitergeführt.

L.R. Eine ganz andere Frage: die Münchner Aufführung von ›Sim Tjong‹ war ein internationaler Erfolg. Wie reagierte eigentlich Südkorea darauf? Es hatte ja sicher Kenntnis davon. Die koreanische Zeitung ›The Joong-ang Daily News‹ brachte ausnehmend lange Artikel über die Oper, sogar mit Bühnenbildern.

I.Y. Die südkoreanische Botschaft in Bonn hatte eine ganze Mannschaft unter Botschafter Kim nach München geschickt. Und dann hat mich Südkorea nach Seoul eingeladen, man wollte dort ›Sim Tjong‹ aufführen bei der Einweihung des neuen Staatstheaters, und zwar in meiner Gegenwart.

L.R. Das war vier Jahre nach deiner Entlassung aus dem Gefängnis. Sollte die Einladung ein Akt der offiziellen Rehabilitierung sein? Eine Wiederaufnahme der Beziehung?

I.Y. Es war nicht die Regierung, die mein Kommen und die Aufführung wünschte, es war das Volk, es war die Presse, die drängten. Es gab große Artikel in den Zeitungen. Man wollte die Regierung zwingen zu diesem Akt der Wiedergutmachung, und tatsächlich: die Regierung gab dem Druck nach.

L.R. War denn die Seoul-Oper fähig, dieses mit westlicher Technik gearbeitete und sehr schwere Werk aufzuführen?

I.Y. Man wollte die Münchner Aufführung übernehmen, das
heißt: man wollte das ganze Münchner Ensemble verfrachten,
mitsamt den Bühnen-Requisiten. Aber die Verhandlungen
scheiterten schließlich am Finanziellen. Dann plante man, die
Nürnberger Aufführung von ›Träume‹ und auch ›Geisterliebe‹
nach Korea zu bringen. Die Verhandlungen waren schon so
weit gediehen, daß die Flugtickets fürs Ensemble und die
Container für die Requisiten bestellt waren.

L.R. Wer finanzierte denn das Unternehmen?

I.Y. Südkorea; aber die deutsche Bundesregierung stellte eine
große Summe bereit für die Subvention. Mich hat die koreanische Regierung persönlich eingeladen, sie wollte für meine
Reisespesen aufkommen, und in Seoul sollte ich Gast der
Regierung sein.

L.R. Da warst du schon deutscher Staatsbürger. Du hast die Einladung doch wohl nicht angenommen?

I.Y. Ja und nein: ich nahm sie an, aber ich sagte, daß ich zwar zur
Aufführung kommen würde, aber nicht auf Kosten der südkoreanischen Regierung, sondern auf meine eigenen. Ich ging
also nach Bonn zur südkoreanischen Botschaft . . .

L.R. Wo man dich einige Jahre vorher in der Dachkammer eingesperrt und verhört hatte . . .

I.Y. Ja, in Erinnerung daran sagte ich dort: Und wer garantiert
mir, daß ich nicht wieder verhaftet, gefoltert, eingesperrt
werde, oder, da das nicht mehr gut möglich wäre, daß ich
nicht in einem raffiniert inszenierten Verkehrsunfall auf
natürliche Weise umgebracht würde? Die Botschaft versicherte mir, daß man alle Vorsichtsmaßnahmen ergreifen
würde.

L.R. Deine Vorsicht war sehr gerechtfertigt, bedenkt man, was sich
voriges Jahr, 1976, ereignete, als du bei dem internationalen
Treffen um Koreafragen in Japan warst: als KCIA-Leute in
das Hotel eindrangen, um dich zu entführen. Wenn die japanische Polizei nicht gewesen wäre, so säßest du jetzt wieder im
Gefängnis oder wärst tot. Ich verstehe nicht, warum du auf
diese Einladung zur Aufführung überhaupt positiv geantwor-

tet hast. Das widerspricht deiner grundsätzlichen Entscheidung, mit dem Park-Regime nicht zu verhandeln.

I.Y. Ist das so schwer zu verstehen? Ich hatte Sehnsucht, mein
Land wiederzusehen, und zwar als ein freier Mann. Und es
war ja nicht mein koreanisches Volk, das mich eingesperrt
und gefoltert und verurteilt hatte. Dieses Volk war ja selbst in
Gefangenschaft unter der Militärdiktatur. Ich liebte und liebe
dieses Volk, zu dem ich gehöre, auch wenn ich deutscher
Staatsbürger bin. Und die südkoreanische Presse hatte so viel
über mich geschrieben und sich für mich eingesetzt. Ich hatte
das Gefühl, diese Menschen zu enttäuschen, wenn ich nicht
käme. Natürlich wollte ich auch bei der Aufführung meines
Stücks in Seoul anwesend sein. Und dazu kam etwas, das ich
erklären muß; es hängt zusammen mit dem, was man unsern
Ahnenkult nennt. Bei uns werden die Toten meist nicht auf
einem gemeinsamen Friedhof begraben, sondern an einer
Stelle, die der Geomant ausgesucht hat, also an einem Platz,
der, aus magischen Gründen und andern wohl auch, besonders günstig ist für den Toten und darum auch seine Nachfah-
ren. Jeder hat sein eigenes Grab, und manchmal liegen die
Gräber weit auseinander. Man muß die Plätze genau kennen,
sonst werden sie vergessen. Nun ist es aber so, daß sich nur die
Männer einer Familie um die Gräber kümmern müssen und
daher ihre Lage kennen. In unsrer Familie war es mein Vater,
der die Lage aller unsrer Ahnengräber kannte. Und ich, als
der älteste Sohn, bekam dieses Wissen vom Vater. Mich nahm
er mit zur Gräberpflege. Mein jüngerer Bruder war viel zu
klein damals, als mein Vater noch lebte und auch ihm die
Lage hätte zeigen können. Ich allein also besaß die Kenntnis.
Ich hätte mich um die Ahnengräber kümmern müssen. Ich
aber war weit weg und konnte nichts tun. Es quälte mein
Gewissen, diese Pflicht vernachlässigt zu haben, wenn auch
nicht durch eigene Schuld. Wer weiß, ob die Gräber nicht
zerstört und die Gebeine nicht zerstreut sind. Für uns ist ein
menschlicher Überrest kein bloßes Stück Materie, sondern
etwas immer noch Beseeltes und darum Ehrwürdiges.

Darum also wollte ich nach Korea, um nach den Gräbern zu sehen. Das war mir sehr wichtig. Natürlich wollte ich auch meine Verwandten und alten Freunde wiedersehen.

L.R. Wieso ist aber aus dem Plan doch nichts geworden?

I.Y. Das kam so: während der Verhandlungen geschah die Sache mit Kim Dae Jung, du erinnerst dich?

L.R. Er wurde aus Japan entführt. Er war der große Rivale Parks, er hatte bei den Präsidentschafts-Wahlen fast ebenso viele Stimmen wie Park, er war die drohende Gefahr für Park, darum sollte er endgültig beseitigt werden, aber auf ganz geheime Weise, auf unbeschreiblich grausame Weise: man packte ihn lebend in eine Kiste und brachte sie auf ein südkoreanisches Schiff. Von dort aus wollte man sie im Meer versenken. Aber die US-Behörden wurden auf irgendeine Weise davon unterrichtet, und auf ihren Befehl hin kreiste ein US-Hubschrauber über dem koreanischen Schiff und vereitelte die Aktion. So waren die KCIA-Leute gezwungen, Kim Dae Jung lebend nach Korea zu bringen.

I.Y. Ich war damals, im August 1973, gerade in den USA, in Colorado, und dort erreichten mich Telegramme mit Warnungen, ja nicht nach Korea zu gehen in diesem kritischen Augenblick, in dem Park wieder einmal seinen Kurs verschärft hatte. So unterblieb meine Reise und die Aufführung auch.

L.R. So kamst du nicht in deine Heimat, und du wirst erst hingehen, wenn die Regierung Park nicht mehr besteht.

I.Y. Oder wenn Park sich entschlossen hat, zur demokratischen Verfassung zurückzukehren. Aber wann wird das sein . . .

L.R. Ich kenne dein Heimweh und deine große Sehnsucht und deinen Wunsch, den Lebensabend dort zu verbringen, am Meer sitzend, fischend, ein wenig zu komponieren . . .

I.Y. Aber die Musik nicht aufzuschreiben, sondern sie nur zu hören, innerlich. Ich werde immer Musik hören, so hoffe ich.

L.R. Meinst du im Ernst, daß du eines Tages nach Korea gehst, um für immer dortzubleiben? Frag dich einmal ganz streng.

I.Y. Ja, ich weiß nicht recht. Ich bin jetzt zwanzig Jahre in Europa.

Ich bin ebensosehr Europäer wie Koreaner. Und ich bin mitten im europäischen Musikleben. Im Augenblick wäre es mir, nicht nur aus politischen Gründen, unmöglich, in Korea zu leben. Aber später, im Alter . . .

L.R. Es ist aber doch auch denkbar, daß du, vorausgesetzt die Politik wandle sich, nach Korea gingest, um dort ein neues Musikleben aufzubauen.

I.Y. Nein, nein, das sollen meine koreanischen Schüler tun. Ich hatte ein paar sehr begabte und habe auch heute einige. Die werden die musikalische Zukunft Koreas aufbauen.

L.R. Deine Schüler. Sprechen wir einmal von dir als Lehrer an der Hochschule für Musik. Ich habe neulich dein Telefongespräch mit dem jungen Mann gehört, der dein Schüler werden will. Du sagtest: »Hören Sie, so geht das nicht, daß Sie nur für ein, zwei Jahre bei mir studieren wollen. Sie müssen sich von vornherein entscheiden dafür, vier bis fünf Jahre bei mir zu bleiben. Und außerdem, wir müssen uns vorher persönlich genau kennenlernen, wir müssen sehen, ob wir menschlich harmonieren, anders kann ich nicht lehren und können Sie nicht lernen. Es ist eine wichtige und ernste Sache, Musik zu studieren. Das fordert die ganze Kraft.« So hast du gesagt. Du hast gesprochen wie der Abt eines Zen-Klosters, der einen Novizen prüft. Mit der Autorität des Meisters hast du gesprochen. Bist du ein autoritärer Lehrer?

I.Y. Wenn ich das wäre, suchte ich doch nicht den menschlichen Kontakt mit meinen Schülern. Ein Lehrer muß sich auch außerhalb des eigentlichen Unterrichts um seine Schüler kümmern. Sie müssen mit ihren künstlerischen Problemen zu ihm kommen können. Er muß ihnen strenge Arbeit zumuten, aber er muß auch viel Geduld mit ihnen haben. Manchmal, wenn wir einen Schüler bei der Aufnahmeprüfung durchfallen lassen, denke ich daran, wie wenig ich konnte in jenem Alter und wieviel doch in mir steckte an Begabung. Da frage ich mich dann, ob wir das Recht haben, so eine noch verschlossene Begabung abzuwürgen. Ich bin dann traurig, aber ich bin nur einer von den Prüfern und kann nicht entscheiden.

225

L.R. Ich habe eine Reihe von Aufsätzen gefunden, in denen über deine Arbeit als Lehrer berichtet wird. Man schreibt, es sei dir gelungen, aus deiner Klasse eine echte Komponistenschule zu machen, wie es sie lange nicht gegeben habe.

I.Y. Das ist zu hoch gegriffen.

L.R. Aber du hast tatsächlich etwas Neues eingeführt: die enge Zusammenarbeit zwischen deiner Kompositionsklasse und den Instrumentalklassen. Willst du darüber etwas sagen?

I.Y. Das ist so: ich sagte mir, die Kompositionsschüler müssen die Instrumente genau kennen, für die sie schreiben. Sie müssen wissen, was spielbar ist, was nicht, oder was bei der sich ständig entwickelnden Spieltechnik in Zukunft möglich sein wird.

L.R. Du meinst, die Komponisten müßten immer höhere Anforderungen an die Instrumentalisten stellen?

I.Y. Nicht um der Perfektion der Virtuosität willen, sondern um immer neue Möglichkeiten des Ausdrucks und des Klanges zu finden.

L.R. Aber du selbst schreibst Stücke, die wirklich eine Zumutung sind für Solisten. ›Piri‹ zum Beispiel, wo die Oboe, und ›Glissées‹, wo das Cello Wunder vollbringen muß. Und das neue Cellokonzert kann bis jetzt wohl nur Siegfried Palm wirklich perfekt spielen.

I.Y. Aber es kommt mir auch aufs Umgekehrte an: daß in der Zusammenarbeit mit den Komponisten die Instrumentalisten mehr und mehr verstehen von Komposition und daß sie ihrerseits immer neue Anforderungen an die Komponisten stellen mit immer höheren Angeboten an technischem Können.

L.R. Da kann dann beispielsweise ein Flötist zu einem Komponisten sagen: Du, hör mal, ich hab' da eine neue Technik gefunden, ich kann das spielen, kannst du dafür was schreiben?

I.Y. Es geht mir nicht nur um das Ausprobieren neuer Techniken, sondern um ein gemeinsames Streben, neue Ausdrucksweisen zu finden.

226

*Mit der Klasse an der Berliner Hochschule der Künste. Neben Isang Yun,
stehend, Professor Wolfgang Boettcher*

L.R. Ich habe gelesen, du bist mit so einer gemischten Gruppe
schon auf Tournee gegangen. Die Presse schrieb darüber, du
habest diese Konzerte »äußerst bescheiden« »Werkstattpro-
ben« genannt. »Man hörte sechs Arbeitsproben«, die, so lese
ich, »trotz aller Verschiedenheiten des Temperaments und
des Ausbildungsstandes erstaunliche Gemeinsamkeiten auf-
weisen« und »ein gemeinsames Streben von Komponisten
und Instrumentalisten, sich gegenseitig höhere Anforderungen zu stellen«. Da liegt die Frage nahe, ob du von der
Zukunft, ich meine jetzt der Zukunft der Kunst, etwas erwar-
test und ob du nicht meinst, wie viele andere es meinen auf
verschiedenen Gebieten der Kunst, es seien heute alle Stilmit-
tel ausgenützt und erschöpft.

I.Y. Man hat wirklich den Eindruck, als stünden wir am Ende aller
schöpferischen Möglichkeiten. Seit Jahrzehnten forscht und
experimentiert man, und es scheint, als sei alles jetzt zu einem

227

Stillstand gekommen, auch zu einer gewissen Resignation, zu einem Mangel an élan vital. Aber ich bin dennoch sicher, daß die Musik nicht aufhören wird. Die Menschheit muß mit der Welt der Klänge leben. Aber die Umwandlung der gesellschaftlichen Struktur wird andere Formen der Ausdrucks- und Empfängnisfähigkeit für Musik schaffen und andere Arten von Musik, andere Arten von Kunst überhaupt.

L.R. Erlaube mir wieder eine Journalistenfrage: Glaubst du, daß die Menschheit als Menschheit eine Zukunft hat?

I.Y. Du sagst selbst, das sei eine Journalistenfrage. Damit sagst du, sie sei nicht die deine. Auch für mich spielt sie keine echte Rolle in meinem Leben. Die Welt wird so gehen, wie es die ewigen Gesetze vorschreiben. Ich bin nur ein Sandkörnchen im Universum. Was kann ich verändern? Viel wichtiger ist, daß man als einzelner sich der großen kosmischen Gesetze bewußt ist und sich einsichtig damit abfindet.

L.R. Das klingt nach konfuzianisch theoretischer Passivität und nach buddhistischer negativer Praxis. Du findest dich aber eben *nicht* ab mit einem prästabilierten, gesetzmäßig natürlichen, dialektischen Geschichtsablauf. Du hast seit deinen Studententagen eingegriffen. Mit andern Worten: du hast immer politisch-gesellschaftlich gedacht und (notgedrungen oder nicht) auch so gehandelt.

I.Y. Grundsätzlich sind bei mir Kunst und Politik getrennt. Ich bin nur Musiker, sonst nichts, und als Musiker habe ich mit Politik direkt nichts zu tun. Als Musiker habe ich nur ein einziges Ziel: meinem künstlerischen Gewissen zu folgen und seinem hohen Anspruch auf Reinheit und große Dimensionen des Bewußtseins. Aber erinnere dich, was ich dir von meinem Vater erzählte: er war nur Gelehrter, sonst nichts, und er lag herum und las und dichtete. Aber als einmal eine Überschwemmung kam und das Haus bedrohte, sprang er auf und half Dämme bauen. Immer bei Katastrophen ist der Künstler ein Mensch wie alle andern auch und muß etwas tun für alle, also Politik machen helfen. Aber das kann immer nur für kurze Zeit seine Aufgabe sein. Den großen Ablauf des Geschehens kann man nicht beeinflussen, aber kurze Strecken kann man modifizieren.

L.R. Aber du hast doch einmal gesagt, daß du mit deiner Kunst etwas bewirken willst, denn deine Kunst sei, sagtest du selbst, gesteuert von deinem zutiefst humanitären Gewissen, das dich zwingt, dich nie außerhalb der Gesellschaft zu stellen. Du hast übrigens einmal gesagt, du möchstest politische Lieder schreiben. Hier eine Frage, die man heute oft an Künstler stellt, um sie zu provozieren: Für wen schreibst du?

I.Y. Ich schreibe für einen gewissen Hörer, der mein Du ist. Aber das ist kein konkreter Zuhörer, auch keine bestimmte Schicht des Volks. Es ist mein anderes Ich. Dieses Du, das mein anderes Ich ist, hält mir den Maßstab vor, und es ist ein strenger.

L.R. Das würde heißen, daß du eine elitäre Kunst machst.

I.Y. Ja und nein. Ich mache eben Kunst. Meine Kunst. Aber ich will dennoch, daß meine Musik allgemein verständlich bleibt, darum schreibe ich ja in beiden Idiomen, dem westlichen und dem östlichen. Meine Musik ist eigentlich allgemein verständlich.

L.R. Das meinst du! Zwischen Verstehen und Verstehen ist ein Unterschied. Man kann Teile deiner Musik unmittelbar aufnehmen und sie schön finden, sogar eingängig schön. Aber erinnere dich, wie ich reagierte, als ich zum erstenmal deine Musik hörte. Du hattest mich nach einer Akademietagung in Berlin zu dir nach Hause mitgenommen, und du spieltest mir die Bandaufnahme von ›Dimensionen‹ vor. Du hattest mir sicher den Titel gesagt, aber, daran gewöhnt, daß moderne Komponisten ihre Stücke irgendwie benennen, je fremdartiger und inhaltsloser, um so besser, hatte ich auf den Titel nicht gehört. Erinnerst du dich an meine Reaktion?

I.Y. Natürlich! Du hast gesagt: Herr Yun, Ihre Musik bewegt mich zu Tränen.

L.R. Ja, und du hast dich gar nicht gewundert, daß ich etwas so scheinbar Emotionales sagte. Aber was war es denn an deiner Musik, was mich so bewegte? Es gibt einige Stellen in der

229

Musik, die mich zu Tränen bewegen, manches in den letzten
Beethoven-Quartetten oder bei Mozart in einigen Quartetten
und Quintetten, und es sind immer solche Stellen, an denen
der Himmel hörbar wird, die ewige Ordnung, die vierte
Dimension. Ich habe dich damals gefragt, ob es dich, einen
modernen Komponisten, schockierte, wenn ich sagte, ich
habe mir beim Anhören dieses Stücks etwas vorgestellt. Du
wolltest wissen, was ich mir vorgestellt hatte. Ich sagte sehr
zögernd, daß ich deutlich drei voneinander abgesetzte Ebenen
erlebt habe: die menschliche, auf der hart gekämpft wird; die
elementar-unterirdische, aus der dunkle Triebe aufsteigen,
und die überirdische, himmlische mit ihrer bleibenden hohen
Harmonie. Ich sagte, das Stück habe mich erinnert an mittel-
alterliche europäische Mysterienspiele. Du hast gesagt: So ist
es. Von da an verstanden wir uns auch wortlos. Aber: ich
hätte eben deine Musik nicht so unmittelbar verstehen können, wäre mir die Vorstellung der »Dimensionen« nicht so
vertraut gewesen von der Mystik her und auch durch meine
Beschäftigung mit östlicher Philosophie. Ich will damit sagen:
um deine Musik ganz zu begreifen, muß der Hörer gewisse
Voraussetzungen mitbringen, entweder bildungsmäßige oder
intuitiv-religiöse. Wie soll jemand die selbständige Qualität
des einzelnen Tones verstehen oder die Struktur mit den
Entsprechungen von laut und leise, hoch und tief, hart und
weich, bewegt und unbewegt, nicht nur akustisch hören, sondern in ihrer Sinntiefe verstehen, der nichts weiß von der
Lehre der polaren Entsprechungen? Nein, *so* einfach ist es
nicht, deine Musik zu verstehen. Es *ist* eine elitäre Musik.
Aber jede große elitäre Musik kann auch von vielen verstanden werden, nur nicht ganz, meine ich. Es ist schon wichtig,
daß man in deine Musik eingeführt wird. Als ich neulich beim
Sender Freies Berlin einige deiner Bänder abhörte, die ›Fluktuationen‹ und ›Namo‹ und ›Bara‹ und wieder die ›Dimensionen‹, war da eine Funkangestellte, die die Bänder einlegte.
Ich hörte jedes Band zweimal, einmal mit der Partitur, einmal
ohne. Das Mädchen strickte mit langen dicken Nadeln gleich-

mütig vor sich hin. Ich fragte sie schließlich, ob sie mit dieser Musik gar nichts anfangen könne. Sie sagte nein. Ich sagte: Ich glaube, Sie hören auf die falsche Art zu, falls Sie überhaupt zuhören; wenn Sie wollen, kann ich Ihnen etwas zu dieser Musik sagen. Sie wollte. Ich sagte: Sie müssen diese Musik nicht über sich ergehen lassen wie einen Klangstrom, der bald angenehm, bald wehtuend ist. Versuchen Sie einmal, sich die Musik gezeichnet und gemalt vorzustellen. Passen Sie auf: zuerst kommt ein Klangteppich in vielen Farben, in sich wellenförmig bewegt. Der Teppich hat eine starke, klare Endkante, da hört er auf, mit einem Mal. Dann wird ein einzelner Faden herausgezogen, ein Faden, der lebendig ist, bald dicker, bald dünner wird, sich bewegt und plötzlich sich spaltet in drei Fäden, die nun miteinander spielen, bald ist der eine unten, bald der andre. Auf einmal ist das kleine Spiel zu Ende, und mit einem Schlag kommt ein neuer großer Farbklangblock, aus dunkleren Farben gewebt und auch tiefer gehängt . . . Und so fort. Das Mädchen war interessiert, und nun hörten wir zusammen das Stück noch einmal. Dann sagte das Mädchen: Das müßte man einem sagen, damit man so eine Musik zu verstehen beginnen kann. Dieses Erlebnis zeigte mir: es ist einerseits schwierig, eine Musik wie die deine zu hören und zu verstehen, andrerseits aber nicht schwer, sie bis zu einem hohen Grad verständlich zu machen.

I.Y. Man bemüht sich ja auch darum, sie den Hörern verständlich zu machen in den Programmheften zu Konzerten und Opern, und auch im Rundfunk gibt es immer wieder gute Werkanalysen. Ich selbst mache manchmal solche Sendungen. Harald Kunz, der ja ein sehr guter Kenner meiner Musik ist und nicht einfach Musikverleger, hat ausgezeichnete Analysen meiner Werke geschrieben, die auch Laien verstehen.

L.R. Die Analysen beschäftigen sich mit dem fertigen Werk. Sprechen wir jetzt vom unfertigen, vom noch nicht als Partitur existierenden Werk. Wie arbeitest du? Aber bitte antworte mir auf diese Frage nicht so, wie einst Paul Klee auf diese Frage geantwortet hat!

I.Y. Was sagte er?

L.R. Er sagte: Ich setze mich hin, nehme ein Blatt Papier und einen Stift oder Pinsel und beginne zu zeichnen oder zu malen.

I.Y. Ja, wie ist das bei mir ... Es ist so: eines Tages, eines Augenblicks höre ich etwas, eine Klangfolge. Ich höre es mit inneren Ohren, in der Klang-Phantasie. Es ist etwas Neues. Es enthält ein neues Problem, formal und inhaltlich gesehen. Eine Schwierigkeit. Ich höre das, aber es ist noch nicht plastisch, nicht greifbar, nicht aufzuschreiben. Aber es ist da, und es bleibt da. Es arbeitet weiter in mir, ich arbeite daran, ich bleibe von Morgen bis Abend dabei, ich möchte jahrelang so weiterarbeiten, still in mir reifen lassen, was da entsteht. Meist habe ich nicht soviel Zeit dafür, wie ich möchte, weil ich Aufträge habe, die ich zu einem bestimmten Zeitpunkt ausgeführt haben muß. Aber ich überstürze nichts. Ich lasse mir soviel Zeit wie eben möglich. Fast immer ist es mir auch gelungen, den Termin einzuhalten. Aber ich möchte doch immer viel mehr Zeit haben. Nun: ich arbeite im Kopf, innerlich, an dem Stück. Ich bin nicht ganz frei dabei, denn wenn es sich um einen Auftrag handelt, und wir Komponisten leben ja von Aufträgen, ist vieles vorbestimmt: die Länge, die Größe und Art des Orchesters, die Zahl der Solisten, die Größe der Chöre und so fort. Ich kann mit dem Schreiben der Partitur erst dann beginnen, wenn ich, in diesem vorgesteckten Rahmen, eine ganz klare Konzeption des ganzen Stückes habe. Die Arbeit ist also im großen ganzen fertig, ehe auch nur eine Note auf dem Papier steht.

L.R. Ich sah einmal auf deinem Arbeitstisch eine Art Skizze, ähnlich einem Bauplan. Mir scheint, du hast da die Größe der einzelnen Teile dargestellt und ihre Beziehung untereinander. Es war, meine ich, das Flötenkonzert.

I.Y. Ja, manchmal mache ich so etwas. Manchmal mache ich auch eine musikalische Skizze, eine Art stenographisches Konzept, das ich dann ausdehne. Aber meist arbeite ich so, daß ich mich, wenn ich sicher bin, das Stück im Kopf fertig zu haben, hinsetze und zu schreiben beginne. Aber das Anfangen fällt mir immer sehr schwer. Erst wenn dreißig oder vierzig Takte dastehen, komme ich in Fahrt. Dann arbeite ich sechs Stunden am Tag, entweder vormittags oder nachmittags, manchmal auch den Tag hindurch. Wenn die Arbeit läuft, bin ich glücklich und meine, fliegen zu können. Wenn sie stockt, bin ich verzweifelt. Aber das ist bei allen Künstlern so. Ich bleibe bei der Arbeit nicht am Tisch sitzen, ich laufe herum und denke nach. Am Klavier oder einem andern Instrument komponiere ich nie. Manchmal probiere ich auf dem Cello oder der Violine aus, ob etwas technisch spielbar ist. Aber das ist alles sekundär. Wichtig ist, daß die ersten vierzig Takte stimmen. In diesen ersten Takten sind alle Strukturelemente des ganzen Stücks enthalten. Wenn der Anfang stimmt, wird das Stück von selbst stimmen.

L.R. Obwohl du kein serieller Komponist bist und nicht mit der Sicherheit des Mathematikers arbeitest, nur mit der Sicherheit der Intuition.

I.Y. Natürlich ist dabei vorauszusetzen, daß man sein Handwerk kann. Aber das muß sich bei einem Komponisten in meinem Alter und nach so viel Studium von selbst verstehen. Aber diese ersten vierzig Takte, die müssen in jeder Hinsicht stimmen. Mit Konzentration prüfe ich sie wieder und wieder. Erst wenn sie die Prüfung bestanden haben, die Wahrheitsprüfung, dann schreibe ich weiter, und dann geht es sehr schnell. Bei kleineren Arbeiten, zum Beispiel zu einem Zehn-Minuten-Orchesterstück, brauche ich etwa drei Monate, bei der Oper ›Sim Tjong‹ brauchte ich ein Jahr.

L.R. Korrigierst du, radierst du?

I.Y. Nein. Bei Proben ändere ich manchmal etwas. Beim Cellokonzert habe ich ein wenig im Dynamischen geändert, und bei der Kieler Oper natürlich habe ich nach den Textänderungen im Laufe der Arbeit vieles neu geschrieben. Aber normalerweise schreibe ich in einem einzigen Zug nieder, was in meinem Kopf fertig komponiert ist.

L.R. Und wenn ein Stück fertig ist, wie fühlst du dich dann?

I.Y. Ich schöpfe bei keinem Stück meine Möglichkeiten aus. Immer bleibt etwas ungelöst im Formalen. Das mache ich zum Ausgangspunkt für eine andere Arbeit. Ich muß immer etwas Neues in Angriff nehmen. Wenn mir eines Tages nichts Neues mehr einfällt, höre ich auf zu komponieren. Ich wiederhole mich nicht.

L.R. Bist du zufrieden mit den deutschen Aufführungen?

I.Y. Ja, man gibt sich hier sehr viel Mühe, das muß ich dankbar sagen. Ob ich aber dabei glücklich bin? Ich bin nie zufrieden mit meinen Stücken. Ich habe mich selbst ja nie für einen großen Komponisten gehalten, ja für überhaupt keinen.

L.R. Wie groß oder wie nicht groß du bist, das weißt du nicht, und ein guter Taoist stellt diese Frage auch gar nicht! Jetzt mußt du lachen, siehst du! Aber ich versteh' dich schon. Du bist eben der verwundete Drache aus dem Traum deiner Mutter, und du bist das Cello-Gis, das nicht zum A hinaufgelangt – deiner Meinung nach. Aber etwas anderes: wie machst du das eigentlich, daß du derart viel Arbeit leisten kannst, du, der nicht gesund ist? Du hast die Hochschularbeit, du mußt komponieren, du hältst Seminare an auswärtigen Hochschulen, du gibst Konzerte mit deinen Schülern, du gehst zu Proben und Aufführungen, und du hast die politische Arbeit im ›Forum für Demokratie in Korea‹, und du hast Gäste und machst Besuche und Reisen ...

I.Y. Ich möchte aber viel lieber still sitzen und wenig komponieren, am liebsten gar nichts mehr aufschreiben, nur innerlich Musik hören ...

L.R. Vorläufig kannst du dein Leben nicht ändern.

I.Y. Nein, das kann ich nicht, aber später möchte ich in Südkorea sein, am Ende meines Lebens, Korea ist und bleibt meine Heimat. Und wenn auch meine Kinder dort sein werden, dann will ich dort begraben sein.

L.R. Wie sehr du doch Ostasiate bist! Der Ahnenkult lebt noch in dir. Aber vielleicht ist das nicht nur ostasiatisch ... Aber du kannst nicht sicher sein, daß deine Kinder nicht in Europa bleiben werden.

Mit Su Ja, Ugiong und Djong, Berlin 1977

I.Y. Manchmal denke ich, daß ich, später, doch wieder einmal Literatur machen möchte, so wie ich es in Seoul tat vor vier Jahrzehnten. Damals, noch in Tong Yong, während der Besatzungszeit, habe ich viel gelesen, alte koreanische patriotische Literatur. Da gab es auch antijapanische Romane, die mich sehr beeindruckt haben. Es gab eine Zeit, in der ich dachte, Schriftsteller zu werden. Ich schrieb in Seoul drei Romane, oder vielleicht sollte ich sagen, drei längere Erzählungen mit politischem und gesellschaftskritischem Inhalt. Ich weiß nicht, wo sie sind. Vielleicht kann ich eines Tages wieder solche Geschichten schreiben.

L.R. Wir sollten jetzt doch von einem deiner wichtigsten Stücke sprechen, von dem wir bisher nur Andeutungen machten, ich meine ›Dimensionen‹.

I.Y. Aber wir haben in diesen Andeutungen das Wesentliche bereits gesagt. Die drei Dimensionen haben ihre je eigene

235

Klangwelt. Dabei hat die Orgel die Aufgabe, die überirdische Welt auszudrücken. Der Orgelklang symbolisiert das Göttliche, die überirdische Absolutheit, das göttliche Erbarmen. Die Menschen wollen den Himmel erreichen. Der Orgelklang ist in dem Stück immer sehr nah, zum Greifen nahe, aber er entzieht sich immer wieder. Immer ist er ein kleines Stück höher, als der Mensch reichen kann. Der Orgelklang ist dabei menschlich und auch wieder nicht. Er ist immer da.

L.R. Er drückt also das Tao aus.

I.Y. Ja, das Tao. Das ist es.

L.R. Am Schluß des Stückes bleibt, nach dem Erlöschen der Oboe, nur die Orgel übrig. Alle Gegensätze sind bereinigt. Der Kampf ist ausgekämpft. Aber wenn auch die Orgel »morendo« aufhört, dann müßte das Stück eigentlich von vorn beginnen: das Ewige kann nicht sterben, nur der Mensch stirbt, der Orchesterklang kann aufhören, nicht die Orgel.

I.Y. Der Orgelklang geht unhörbar weiter.

Verzeichnis der in Europa
entstandenen Werke

Sämtlich erschienen bei Bote & Bock, Berlin-Wiesbaden.

Diskographie

In der Entstehungsfolge der Werke.

Musik für sieben Instrumente
Hamburger Kammersolisten, Dirigent: Francis Travis
TIME Records, Series 2000, Nr. S/8006

Loyang für Kammerensemble
Ensemble des WDR-Sinfonieorchesters Köln, Dirigent: Hans Zender
(Lizenzausgaben dieser Aufnahme in Frankreich, USA, Japan)
WERGO, Nr. WER 60034

Gasa für Violine und Klavier
Saschko Gawriloff / Bernhard Kontarsky
(Lizenzausgaben dieser Aufnahme in Frankreich, USA, Japan)
WERGO, Nr. WER 60034
Paul Zukofsky / Gilbert Kalish
MAINSTREAM, Nr. MS/5016

Garak für Flöte und Klavier
André Salm / Jean Koerner
GAUDEAMUS, Nr. 73002
Chang-Kook Kim / Rainer Baruth
DA CAMERA MAGNA, Nr. SM 92914

Réak für großes Orchester
SWF-Sinfonieorchester Baden-Baden, Dirigent: Ernest Bour
(Lizenzausgaben dieser Aufnahme in Frankreich, USA, Japan)
WERGO, Nr. WER 60034

Shao Yang Yin für Cembalo
Antoinette Vischer
WERGO, Nr. WER 323

Nore für Violoncello und Klavier
   Bielefelder Duo Fritz und Heidi Kommerell
   CORONA, Nr. SM 300017

Tuyaux Sonores für Orgel
   Gerd Zacher
   (Lizenzausgaben in Frankreich, USA, Japan)
   WERGO, Nr. WER 60034
   Peter Schumann
   CANTATE, Nr. 658229

Glissées für Violoncello solo
   Siegfried Palm
   DEUTSCHE GRAMMOPHON, Nr. 2530 562

Piri für Oboe solo
   Heinz Holliger
   NIPPON COLUMBIA, Nr. DENON OX-7031-ND

Konzertante Figuren für kleines Orchester
   Basler Solisten-Ensemble, Dirigent: Francis Travis
   WERGO, Sonderpressung für Stiftung Volkswagenwerk

In Vorbereitung

Piri für Oboe solo (1971)
   Arbeitskreis Ostasien im Berliner Missionswerk (Heinz Holliger)

An der Schwelle Sonette von Albrecht Haushofer (1975)
   Arbeitskreis Ostasien im Berliner Missionswerk (Bariton: Carl-Heinz Müller, Dirigent Peter Schwarz)

Der weise Mann Kantate über einen Text aus dem Buch »Prediger Salomo« (1977)
   Arbeitskreis Ostasien im Berliner Missionswerk (Bariton: Carl-Heinz Müller, Dirigent Peter Schwarz)

Abgeschlossen im Juni 1977

Register

243

Bildnachweis